Querida familia MAGNIFICAT:

El Kempis dice que no hay que comparar a los santos. Es verdad, aunque cada uno podamos tener una inclinación o sensibilidad particular por algunos. Lo que no cabe duda es que la densidad de santos que se celebran este mes de octubre es muy notable: santa Teresa de Lisieux, san Francisco de Asís, san Bruno, santa Teresa de Jesús, santa Margarita María de Alacoque, san Ignacio de Antioquía, san Juan Pablo II… Siempre aconsejo, desde mi experiencia ya de joven, la lectura de biografías de santos: hoy hay muchas y muy buenas. Son siempre un estímulo para nuestra vida cristiana. Hace décadas poco menos que desaparecieron porque no era válida la pedagogía del héroe. Claro está que lo era, solo que los santos fueron sustituidos por cantantes, futbolistas… Es tiempo de leer vidas de santos: harán mucho bien a los niños… y a los no tan niños.

En Jesús y María,
Pablo Cervera Barranco

• *Aviso a nuestros lectores: Rogamos no enviéis ya ejemplares atrasados hasta nueva comunicación. Gracias.*

Oremos por las intenciones del papa Francisco confiadas a su «Red Mundial de Oración» (Apostolado de la Oración) durante el mes de octubre de 2023

Pablo Cervera Barranco

ORAR POR EL PAPA y sus intenciones pertenece a la esencia de la vida cristiana. Nuestra oración por el sucesor de Pedro se encuentra a diario en la plegaria eucarística, corazón de la celebración de la santa Misa: «Acuérdate, Señor, de tu Iglesia, extendida por toda la tierra, y con el papa Francisco…»

El Papa confía cada mes a su Red Mundial de Oración, el Apostolado de la Oración, dos intenciones (una anunciada al comienzo del año y la otra en la inmediatez del mes en curso) que expresan sus grandes preocupaciones por la humanidad y por la misión de la Iglesia. Son una convocatoria mundial para transformar nuestra plegaria en «gestos concretos». Resumen su plan de acción para movilizarnos cada mes por un propósito determinado que nos invita a construir un mundo más humano y más divino.

◆ *Intención universal: Por el Sínodo*

Oremos por la Iglesia, para que adopte la escucha y el diálogo como estilo de vida a todos los niveles, dejándose guiar por el Espíritu Santo hacia las periferias del mundo.

Tras largo tiempo de preparación y trabajo a nivel mundial, llega el momento para la Iglesia de la celebración del Sínodo de los Obispos sobre el tema de la sinodalidad. El camino común (*sin-odos*) de todos debe converger en Cristo, camino, verdad, vida y meta de todo. Solo escuchándole a él se abre la posibilidad del diálogo. No en vano *dia-logos* significa «a través de la palabra», y Cristo es la Palabra del Padre. El Espíritu Santo hará viva esa Palabra en la Iglesia si se la invoca, escucha y obedece. Todo intento diverso significará algo centrípeto que poco tiene que ver con la misión universal que Cristo ha traído: «Id por todo el mundo a anunciar el evangelio».

Ofrecimiento diario por la Iglesia y por el mundo

℣ *Ven, Espíritu Santo,*
inflama nuestro corazón
en las ansias redentoras
del Corazón de Cristo.

℟ *Para que ofrezcamos*
de veras nuestras personas
y obras, en unión con él
por la redención del mundo.

Señor mío y Dios mío
Jesucristo: por el Corazón
Inmaculado de María
me consagro a tu Corazón,
y me ofrezco contigo al Padre
en tu santo sacrificio
del altar, con mi oración
y mi trabajo,
sufrimientos y alegrías
de hoy, en reparación
de nuestros pecados
y para que venga
a nosotros tu reino.

Te pido en especial:
por el papa
y sus intenciones,
por nuestro obispo
y sus intenciones,
por nuestro párroco
y sus intenciones.

AÑO LITÚRGICO

Ciro y los caminos de la Providencia

Reflexión sobre Isaías 45

Monseñor Robert Barron

Obispo de la Diócesis de Winona-Rochester, en Minnesota

QUE EXISTE una distinción legítima entre lo sagrado y lo secular, entre, en términos políticos, Iglesia y Estado, es bastante obvio. Por ejemplo, ninguna persona responsable piensa que sería prudente que los líderes religiosos elaboraran las leyes particulares que gobiernan una nación o que los funcionarios electos determinasen la política eclesiástica. En los Estados Unidos, afirmamos la intuición de Thomas Jefferson de que existe una especie de muro entre la Iglesia y el Estado que debe permanecer en su lugar.

Habiendo dicho todo eso, sin embargo, somos conscientes de que no se puede llevar este principio a un punto extremo. Porque Dios, creador, sustentador y soberano de todas las cosas, no puede ser confinado en un compartimiento de la realidad. Como causa de la existencia misma de todo lo creado, Dios toca literalmente todo. En palabras de santo Tomás de Aquino, «la providencia de Dios se extiende a lo particular», es decir, a cada rincón y lugar de la creación.

El profeta Isaías ciertamente entendió que Israel era el pueblo elegido de Dios, pero captó, al mismo tiempo, que el Dios creador que habló de manera única a Israel es, al mismo tiempo, Señor de todo el mundo. Por eso, el profeta pudo considerar a Ciro –rey de Persia y hombre completamente ignorante de la revelación ofrecida a los judíos– como un instrumento de los propósitos de Dios: «Así dice el Señor a su ungido, a Ciro, cuya diestra yo he tomado para someter a las naciones delante de él». Aunque su voluntad a veces es bastante oscura, Dios obra en todas las cosas, en todo momento, a través de todos los gobernantes de la tierra. Dos preguntas surgen así naturalmente: ¿Quién es hoy Ciro? ¿Y cómo se vale Dios de él? •

[Traducido del inglés por Silvia Morgan]

Escuela de grandes orantes

«He aquí este Corazón que tanto ha amado a los hombres»

José María Alsina Casanova, hnssc

(*Sacerdote de la diócesis de Toledo, profesor de Teología espiritual en el Instituto Teológico de San Ildefonso. Es el superior general de la Hermandad sacerdotal de los Hijos de Nuestra Señora del Sagrado Corazón.*)

La providencia ha querido que en este 2023 confluyeran los aniversarios de los 150 años del nacimiento de santa Teresa del Niño Jesús y 350 años de la primera aparición del Corazón de Jesús a santa Margarita María de Alacoque, coincidencia que queremos celebrar en este artículo.

Dos almas, una misma misión

Teresa y Margarita, dos almas distintas en la personalidad y en el tiempo, unidas por una misión común: dar a conocer profética y providencialmente al mundo moderno y contemporáneo las insondables riquezas del amor del Corazón de Jesús. Como «esposas del Crucificado», el Señor las hizo confidentes de su Corazón. Ellas se revistieron de los «mismos sentimientos de Cristo Jesús» (Flp 2,5) caracterizándose ambas por vivir la virtud de la humildad en grado eminente.

Si la misión fue la misma, el modo de recibirla, vivirla y transmitirla fue diverso. ¿Cuáles son los matices, diversos y a la vez complementarios, en el modo de dar a conocer el misterio del Corazón de Jesús en Margarita y Teresa? Para ver la diferencia y continuidad entre santa Margarita y santa Teresita, es de particular importancia el escrito de R. Orlandis, «Pensamientos y ocurrencias» (*Cristiandad* 269/XII [1955] 200-202). ¿Cuál es el hilo conductor que une el mensaje de Paray-le-Monial con la doctrina del caminito de Teresa de Lisieux?

Tratando de buscar un hilo conductor entre el contenido profético de las revelaciones a santa Margarita y el carisma doctoral de santa Teresita, nos preguntamos: ¿cuál sería el elemento definidor de las revelaciones de Paray-le-Monial en el que santa Teresita ha penetrado con especial profundidad y que hace de este mensaje divino la medicina que puede sanar el corazón enfermo del hombre de hoy? Sin ánimo de ser pretenciosos, consideramos que es la comprensión del amor misericordioso del Señor, amor que ha llegado hasta el punto de «quejarse amorosa y acerbadamente» (ibíd.) en Paray-le-Monial para despertar en el corazón del hombre de hoy, por medio de santa Teresita, una particular respuesta de amor reparador.

■ El conocimiento de Dios en santa Teresita ■

La fuente de la que santa Teresita bebe para comprender este misterio es el conocimiento que ella ha tenido de Dios. Ella misma dice en qué consiste su misión: «Hacer que se conozca a Dios como ella lo conoce, hacer que se le ame, como ella le ama» (Carta 188 al abate Bellière, en Teresa de Lisieux, *Obras Completas* [Monte Carmelo, Burgos ^{3}2003]). Si en santa Margarita este conocimiento se dio a través de unas revelaciones privadas, en santa Teresita se produce en el trato con Jesús «de corazón a corazón». Parece que es en este sentido que hay que comprender las palabras que le dirige a su hermana Celina: «Yo no veo el Sagrado Corazón como todo el mundo. Pienso que el Corazón de mi Esposo es para mí sola, como el mío es para él solo, y le hablo entonces en la soledad de este delicioso corazón a corazón esperando contemplarlo cara a cara» (Carta 122, a Celina). En calidad de esposa de Jesús, ella conoce los «secretos de este corazón» y así afirma: «De tu discípulo amado yo no soy celosa / yo conozco tus secretos porque yo soy tu esposa / yo me duermo en tu corazón. Él es mío» (PN24/20).

Desde esta mirada contemplativa, santa Teresita se ha hecho eco de esa «queja» al escuchar en su interior con toda fuerza el grito del Señor en la cruz. Así, la imagen de Jesús crucificado en una estampa le hace exclamar: «¡Tengo sed! Estas palabras encendían en mí un ardor desconocido y muy vivo... Quería dar de beber a mi Amado y yo misma me sentía devorada por la sed de almas» (Ms A, 45vº). Esta experiencia es la que le lleva a santa Teresita a ofrecerse por la salvación del alma del criminal Pranzini. Su confianza plena en el amor misericordioso del Señor abrirá las puertas del cielo al que ella considerará «su primer hijo». «A partir de esta gracia sin igual –escribía–, mi deseo de salvar almas fue creciendo de día en día. Me parecía oír a Jesús decirme como a la samaritana: "Dame de beber"» (Ibíd.).

En este momento, el modo de saciar la sed de Jesús lo entiende Teresa como un «intercambio de amor»: «Yo daba a las almas la sangre de Jesús, y a Jesús le ofrecía esas mismas almas refrescadas por su rocío divino. Así me parecía que aplacaba su sed. Y cuanto más le daba de beber, más crecía la sed de mi pobre alma, y esta sed ardiente que él me daba era la bebida deliciosa de su amor» (Ibíd.).

Estamos en el punto de partida de un camino que se había iniciado aquel día de Navidad de 1886, día en el que Teresa confesaba que el Señor había infundido en su alma, en un instante, la «caridad». Para ella esta gracia la entiende como «la necesidad de olvidarse de sí misma para dar gusto a los demás» (Ms A, 45vº).

Desde ahora emprende esta «carrera de gigante» en la que el Señor la instruye y le muestra el contenido de esta «sed», el porqué de esta «queja». Su Maestro se va a servir de ella para mostrar al mundo el caminito para saciar esta sed. Es al final del Manuscrito A donde santa Teresita nos descubre lo que ella ha conocido interiormente:

> «He aquí, pues, todo lo que Jesús exige de nosotros. No tiene necesidad de nuestras obras, sino solo de nuestro amor. Porque ese mismo Dios que declara que no tiene necesidad de decirnos si tiene hambre no tiene reparo en mendigar un poco de agua a la samaritana. Tenía sed... Pero al decir "Dame de beber" lo que estaba pidiendo el Creador del universo era el pobre amor de su criatura. Tenía sed de amor» (Ms A, 46 vº).

■ La «queja amorosa» del Corazón de Jesús ■

Llegados a este punto nos detenemos a considerar el paralelismo entre las palabras de Jesús a santa Margarita en aquella Octava de Corpus de 1675 y lo que ahora comprende santa Teresita. En Paray-le-Monial, Jesús dice a su confidente:

> «He aquí el Corazón que tanto ha amado a los hombres y que no ha ahorrado nada hasta el extremo de agotarse y consumirse para testimoniarles su amor. Y, en compensación, solo recibe, de la mayoría de ellos, ingratitudes por medio de sus irreverencias y sacrilegios, así como por las frialdades y menosprecios que tienen para conmigo en este Sacramento de amor. Pero lo que más me duele es que se porten así los corazones que se me han consagrado» (J. M. Sáenz de Tejada, *Vida y Obras de santa Margarita* [Apostolado Mariano, Sevilla 1977] 28).

Ahora santa Teresita contemplando a Jesús en la cruz confiesa: «Sí, me doy cuenta de que Jesús está sediento. Entre los discípulos del mundo solo encuentra ingratos e indiferentes, y entre sus propios discípulos ¡qué pocos corazones encuentra que se entreguen al amor sin reservas, que comprendan toda la ternura del Amor infinito!» (Ms A, 1 rº).

La nueva luz que ofrece el mensaje de santa Teresita consiste en mostrar el camino que conduce a saciar esta sed de Jesús. Este camino es el mismo que al Amor le ha llevado a hacerse hombre. El camino es la humildad y así lo entiende: «Es propio del amor abajarse». En plena sintonía con san Juan de la Cruz, afirma: «Para que el amor sea plenamente satisfecho necesita abajarse, que se abaje hasta la nada y transforme en fuego esto que es nada» (Ms B, 3 vº).

La verdadera humildad consiste en aceptar el modo de amar que es propio de Dios. Esto se traduce para Teresa en «permanecer pequeñita, sin otra ocupación que la de coger flores, las flores del amor y del sacrificio, a fin de ofrecerlas a Dios para complacerle» (CA 6.8.8). El grito de Jesús en la cruz, su queja amorosa, solamente puede ser escuchado por el hombre que, como santa Teresita, acepta su pobreza desde la contemplación de Dios, que «siendo rico se hizo pobre para enriquecernos a nosotros» (2 Cor 8,9). El amor que ha llegado a ese grado se llama misericordia y esta misericordia es la que ha comprendido santa Teresita.

En el deseo de «hacer amar al amor», santa Teresita recibe en la fiesta de la Santísima Trinidad «la gracia de entender mejor cuánto desea Jesús que le amemos» (Ms A, 84 rº). Como acto de perfecta reparación por los pecados de aquellos hombres que lo ignoran y rechazan volviéndose hacia las criaturas, se consagra a este amor ofreciéndose como víctima, no para recibir los golpes de la Justicia, sino para sumergirse en el torrente de amor que esta «represado» en el Corazón de Jesús. Lo importante para ella es que el amor misericordioso de Dios tenga al menos un alma en la que pueda volcarse sin medida.

Con santa Teresita, la queja amorosa del Corazón de Jesús en Paray-le-Monial ha encontrado un eco que resuena hoy en los más pequeños de la Iglesia de Cristo, en los más débiles. Esta llamada es la que hizo Jesús en los «umbrales de los tiempos modernos» a través de su hija fiel, santa Margarita, y que hoy a través de santa Teresita ha llegado a nosotros no solo como una invitación, sino como un camino para saciar su sed de «amar y ser amado». •

Año litúrgico

Delante de los ángeles tañeré para ti

Manuel González López-Corps

(*El autor, colaborador habitual de* Magnificat, *es doctor en Liturgia por el Pontificio Ateneo San Anselmo (Roma). Es miembro de la Asociación Hispano-Mozárabe «Gothia» (Madrid).*)

Cada domingo profesamos en el Credo nuestra fe en Dios, «creador del cielo y de la tierra, de todo lo visible y de lo invisible». Con la palabra «cielo» o el adjetivo «celeste», indicamos el ámbito de las criaturas espirituales –los ángeles– que rodean a Dios. Los cristianos afirmamos que el Señor, «al comienzo del tiempo, creó a la vez de la nada una y otra criatura, la espiritual y la corporal, es decir, la angélica y la humana, y esta participa de las dos realidades, pues está compuesta de espíritu y de cuerpo» (CEC 326s).

▪ En la historia de la salvación... ▪

En ese mundo no perceptible con la vista hay unas criaturas espirituales, no corporales, que la Sagrada Escritura llama habitualmente mensajeros –en griego, ángeles–. Efectivamente, según la Biblia, los ángeles que contemplan el rostro del Padre celeste (cf. Mt 18,10) son también mensajeros de Dios, «poderosos ejecutores de sus órdenes, prontos a la voz de su palabra» (Sal 102,20). Ellos están al servicio de su plan salvífico, «enviados para servir a los que deben heredar la salvación» (Heb 1,14). Decimos de estos mensajeros y adoradores celestes de la Gloria divina que son criaturas personales, espirituales, inteligentes, libres, gloriosas e inmortales (cf. Lc 20,36; Dan 10,9-12). «El nombre de *ángel* indica su oficio, no su naturaleza. Si preguntas por su naturaleza, te diré que es un espíritu; si preguntas por lo que hace, te diré que es un ángel (mensajero)» (san Agustín).

Todos fueron creados por Dios con una naturaleza buena, pero algunos de ellos se hicieron a sí mismos malos (cf. 2 Pe 2,4). Desde el principio, su «caída» consiste en el rechazo radical e irrevocable de Dios y de su reino y continúa, con nefasta y satánica influencia, engendrando mentira, desobediencia y muerte hasta el día del gran Juicio.

▪ … POR MEDIO DE CRISTO, ÁNGEL DEL PADRE… ▪

«Por medio del Hijo, y para él, fueron creadas todas las cosas, en los cielos y en la tierra, las visibles y las invisibles, los Tronos, las Dominaciones, los Principados, las Potestades: todo fue creado por él y para él» (Col 1,16). Ahora bien, en la plenitud de los tiempos y ante la admiración de los ángeles, el Hijo de Dios se manifestó para deshacer las obras del diablo (1 Jn 3,8), comenzando así a poner toda la creación, visible o invisible, como escabel del Padre. Por eso, cuando Dios, por obra del Espíritu en María, introduce a su Primogénito en el mundo, dice: «¡Adórenle todos los ángeles de Dios!» (Heb 1,6).

Esta presencia espiritual es constante en su nacimiento (cf. Lc 2,8-14; Mt 1,20; 2,13. 19), vida pública (cf. Mc 1,12; Mt 4,11) y agonía (cf. Lc 22,43; Mt 26,53); los ángeles anuncian la resurrección del Señor a las mujeres –miróforas– (cf. Mc 16,1-8) y, a pesar del asombro de la ascensión, revelan su sentido a los discípulos anunciando que él volverá un día del mismo modo (Hch 1,11). Ellos estarán presentes en el Juicio, cuando el Hijo del hombre venga en su gloria (Mt 25,31; Lc 12,8-9; Heb 1,10-11).

■ La liturgia de los Ángeles ■

Comentando el libro del Apocalipsis, en el siglo IV, el bético san Gregorio de Elvira habla del ángel que custodia cada Iglesia (*Tract.* 16). Hoy, el Catecismo (cf. n. 334s) recuerda que toda la vida de la Iglesia se beneficia de la ayuda misteriosa y poderosa de los ángeles (cf. Hch 5,18-20; 8,26-29...). Así descubrimos la presencia positiva de estos espíritus fieles, que sirven a Dios anunciando la salvación y guiando al hombre hacia ella (cf. Jb 38,7; Gén 3,24; Lc 1,11. 26...). E, incluso, cada vida humana, desde su comienzo hasta la muerte, está rodeada de su custodia (cf. Mt 18,10) y de su intercesión (cf. Jb 33,23-24). Y esto la comunidad cristiana lo celebra con veneración solicitando su protección y guía:

• Ante ellos celebra el Oficio de alabanza (cf. Sal 137,1): comenzamos el día del Señor cantando en Laudes: «Ángeles del Señor..., cielos, bendecid al Señor» (Dan 3,58). Y antes de entregarnos al descanso nocturno salmodiamos, en el Oficio de Completas, que a estos espíritus ha dado órdenes para que nos protejan en los caminos y nos guarden del áspid y la serpiente, del león y el dragón (cf. Sal 90,13). Sin temor al espanto nocturno, invocamos como Señora de los Ángeles a la Virgen, que recibió el saludo de Gabriel. Y en las solemnidades concluimos la oración pidiendo la presencia protectora y pacífica de los ángeles, para que alejen las insidias del enemigo.

• En el bautismo, y en circunstancias especiales, se invoca su asistencia en el canto de las letanías (ordenaciones, profesión religiosa, exorcismos, Vigilia pascual, etc.).

• Tantas veces comenzamos la Eucaristía, con humildad, reconociéndonos pecadores y rogamos a los ángeles su intercesión.

• En el canto que acompaña las ofrendas, en los Ritos bizantinos, a los fieles se les asocian estos santos espíritus como canta el «Himno de los querubines». Y tanto en la liturgia de Oriente como en la de Occidente, cada día los cristianos se unen a los ángeles para adorar al Dios tres veces Santo, presentando con ellos a Dios las oraciones de los santos (cf. Ap 8,3-4). También se invoca su asistencia para que la ofrenda eucarística sea llevada hasta el altar del cielo (liturgia ambrosiana, romana y visigótica).

• Están presentes en los cantos de la liturgia de difuntos (*Al Paraíso te lleven los ángeles*) y en la bendición del sepulcro.

▪ Siempre y en todo lugar ▪

En la Iglesia universal, a los ángeles se les dedican días festivos: 8 de mayo, 29 septiembre, 2 octubre, 8 noviembre, etc. Aunque durante el año se celebra más particularmente la memoria y la función particular de ciertos ángeles: Miguel, príncipe de la milicia celestial en la lucha de los creyentes contra Satanás (cf. Dan 10,13. 21; Ap 12,9), nos muestra que nadie tiene el poder de Dios; Rafael, uno de los siete «ángeles que están en la presencia de la majestad del Señor» (Tb 12,15), realiza múltiples servicios a la casa de Tobías, mostrando que Dios sana a los suyos; Gabriel, con la fortaleza de Dios, habla a los profetas (cf. Dan 8,16s), comunica el alegre mensaje del Precursor (cf. Lc 1,14ss) y en la plenitud del tiempo anuncia a María que concebirá y dará a luz al Hijo del Altísimo (cf. Lc 1,26ss).

La fiesta de los Ángeles Custodios celebra la protección y la salvaguarda de nuestras vidas por parte de la Providencia divina. Las antiguas liturgias céltica y mozárabe dieron culto a un cuarto arcángel: Uriel. La literatura judía y los apócrifos completarían el septenario arcangélico con otros nombres.

Como antiguamente a las fuentes de Khonas, Ceretapa y Yürme (Turquía), también hoy se acude en peregrinación a santuarios no menos famosos: Michaelion en Sosthenion, cerca de Constantinopla, Mont-Saint-Michel en Normandía (Francia), San Michele al Gargano en Puglia (Italia), St. Michael's Mount en Cornwall (Inglaterra), San Miguel en la serranía navarra de Aralar (España), y a otros nuevos santuarios de América.

San Manuel Bueno, mártir*

Juan Manuel de Prada

(El autor es escritor. Ha recibido el Premio Planeta y el Premio Nacional de Narrativa, entre otros muchos. Recientemente ha publicado Una biblioteca en el oasis *(*MAGNIFICAT*, Madrid 2021), ya en segunda edición, donde recoge todo lo publicado en* MAGNIFICAT *durante cuatro años. Ha aparecido también traducida al francés.)*

▪ ITINERARIO ESPIRITUAL DE UNAMUNO ▪

SUELE DECIRSE, cuando se aborda la compleja cuestión de la religiosidad de Miguel de Unamuno (1864-1936), que la duda y la «agonía» –en el sentido de lucha angustiosa– acabaron por matar su fe. Pero todo resulta, en realidad, mucho más complejo. Su juventud fue muy sincera y profundamente devota –«soñaba en ser santo», nos llegará a confesar–, con una atracción irresistible hacia los misterios del dogma católico. Quizá sea esta atracción, con la que trata de lograr una penetración racional del misterio, lo que lo empuja a estudiar Filosofía y Letras y a profundizar en la obra de filósofos como Kant, Hegel y Kierkegaard.

Y será este «querer racionalizar la fe» la causa del primer desfallecimiento de su religiosidad, que se produce a los veintidós años. En su *Diario íntimo*, Unamuno nos explica que perdió la fe pensando mucho en el Credo y tratando de racionalizar los misterios; y afirmará que

* MIGUEL DE UNAMUNO, *San Manuel Bueno, mártir* (Cátedra, Madrid [15]2006) 176 págs.

un empacho de teología puede llegar a matar el dogma (frente a la oración, que le parece la única fuente de posible comprensión del misterio).

Todavía en 1895, con más de treinta años, Unamuno confesará a Clarín que sigue teniendo «tendencias místicas». Y, recién casado, volverá a la práctica religiosa, hasta que la enfermedad y posterior muerte en 1902 de su hijo Raimundo Jenaro azuza una terrible crisis de fe, que nunca se solventará del todo. Unamuno necesita agónicamente creer, pero se obstina en convertir la fe en un acto racionalista; y una y otra vez su loco empeño lo conduce a un callejón sin salida.

Trata entonces de volver a la «leche de la infancia», recuperando la fe sencilla y los rezos de sus años primeros, para despertar el sentimiento religioso de antaño. Así se instala en una constante vacilación, en donde la falta de una «fe racional» se compensa por un constante deseo de creer; y los temas religiosos se harán omnipresentes en su obra literaria. En *Del sentimiento trágico de la vida* (1913), Unamuno concluirá que la fe debe asentarse sobre la experiencia personal: «Dios mismo, no ya la idea de Dios, puede llegar a ser una realidad inmediatamente sentida; y aunque no nos expliquemos con su idea ni la existencia ni la esencia del Universo, tenemos a las veces el sentimiento directo de Dios, sobre todo en los momentos de ahogo espiritual».

Su hambre de Dios le llevará a afirmar que «Dios no existe, sino que más bien sobre-existe» (es decir, Dios no es una idea que pueda probarse o refutarse, sino que es una presencia que uno siente). Y desde entonces tratará de superar su escepticismo intelectual para mantener su fe en vilo: «Y si creo en Dios, o por lo menos creo creer en Él –escribirá en su breve ensayo *Mi religión*–, es, ante todo, porque quiero que Dios exista, y después, porque se me revela, por vía cordial, en el evangelio, y a través de Cristo y de la historia. Es cosa de corazón».

■ Una obra que refleja su agonía ■

San Manuel Bueno, mártir debe leerse como una ilustración de esta «agonía» religiosa unamuniana. Publicada originariamente en 1931 –en *La novela de hoy*, una de aquellas colecciones de quiosco que hicieron furor antes de nuestra Guerra Civil–, Unamuno la reeditará apenas un par de años después, en un volumen que completan tres relatos más, de mucho menor calado.

San Manuel Bueno, mártir transcurre en un espacio narrativo simbólico, la aldea de Valverde de Lucerna, inspirada –según el propio Unamuno reconoce– «por el maravilloso y tan sugestivo lago de San Martín de Castañeda, en Sanabria, al pie de las ruinas de un convento de bernardos y donde vive la leyenda de una ciudad, Valverde de Lucerna, que yace en el fondo de las aguas del lago». Y se inicia con una cita muy reveladora de sus intenciones, tomada de la primera carta de san Pablo a los Corintios: «Si solo en esta vida esperamos en Cristo, somos los más miserables de los hombres todos». Sin esperanza en la resurrección de la carne, la fe en Cristo acaba degenerando en angustia; que es exactamente lo que le ocurre a don Manuel Bueno, el sacerdote protagonista de la obra.

Su vida –o siquiera los aspectos de su vida que más afectan a su tribulación– nos la narra Ángela Carballino, una mujer instruida y religiosa que ha estudiado en la ciudad antes de volver a la aldea de su infancia. Ángela –cuyo nombre es también simbólico, pues en cierto modo es la «anunciadora» de don Manuel– se refiere al sacerdote con una veneración lindante en el arrobo: «Se llevaba las miradas de todos, y tras ellas los corazones, y él, al mirarnos, parecía, traspasando la carne como un cristal, mirarnos al corazón». Todo Valverde de Lucerna se halla «lleno y embriagado de su aroma» de santidad; y cuando habla, las palabras parecen encarnarse en la vida.

Aunque desde el seminario don Manuel se ha distinguido «por su agudeza mental y su talento», ha rechazado diversos ofrecimientos que le habrían garantizado una «brillante carrera eclesiástica», por amor a su aldea. Esa «agudeza mental» va a ser, precisamente, la perdición de don Manuel Bueno; y, consciente de ello, el párroco trata de desplegar una incansable labor pastoral: «Su vida –nos informa Ángela– era arreglar matrimonios desavenidos, reducir a sus padres hijos indómitos o reducir los padres a sus hijos, y, sobre todo, consolar a los amargados y atediados y ayudar a todos a bien morir».

Serán muchas las lecciones de caridad que don Manuel Bueno prodigue entre sus paisanos y feligreses; y así conseguirá, por ejemplo, que un hombre que no es padre del hijo de una madre soltera se haga cargo de su crianza, para que luego, cuando se quede inválido, tenga «como báculo y consuelo de su vida al hijo aquel que, «contagiado de la santidad de don Manuel, reconoció por suyo no siéndolo».

▪ *ALTER CHRISTUS* Y HOMBRE ATORMENTADO ▪

Don Manuel es, pues, un auténtico *alter Christus;* y para subrayarlo Unamuno derramará, a lo largo de su novelita, numerosas alusiones evangélicas, hasta el clímax del descubrimiento de su tragedia íntima. Al reclamo de la santidad de don Manuel, que se expresa a través «de su presencia, de sus miradas y, sobre todo, de la dulcísima autoridad de sus palabras», acuden a Valverde de Lucerna muchos enfermos del contorno, a los que advierte con amable ironía: «No tengo licencia del señor obispo para hacer milagros». A todos los trata con el mismo afecto, aunque distingue especialmente con sus desvelos «a los más desgraciados y a los que aparecían como más díscolos».

Pero el sacerdote que se entrega a sus fieles es también un hombre atormentado, que en el sermón de Viernes Santo, al clamar aquella frase terrible de Cristo en el madero –«¡Dios mío, Dios mío!, ¿por qué me has abandonado?»–, logra transmitir a todo el pueblo «un temblor hondo como por sobre las aguas del lago en días de cierzo»; tanto que en una ocasión su madre, que se halla entre las feligresas que lo escuchan, responde desconsolada: «¡Hijo mío!»

La aparente alegría de don Manuel, el ímpetu generoso con el que se entrega a sus labores pastorales, esconde un desgarro interior que a todos trata de recatar. Solo Ángela es capaz de atisbar esa «infinita y eterna tristeza» que se agazapa en su interior: «Con aquella su constante actividad –observa–, con aquel mezclarse en las tareas y las diversiones de todos, parecía querer huir de sí mismo, querer huir de su soledad». Don Manuel, en efecto, aborrece la soledad, porque en ella afloran sus pensamientos más turbios y se hacen dueños de su vida, arrebatándole el contento. De ahí que trate de combatir esos «pensamientos ociosos» con un activismo desaforado; de ahí que se esfuerce tanto –conocedor de los suplicios a los que pueden llevarnos las meditaciones insidiosas– porque sus feligreses estén siempre «contentos de vivir», sin pensar en la muerte ni en lo que vendrá después.

La soberbia de la razón hija del dualismo

Pero don Manuel no deja de pensar; y sus pensamientos lo llevan por andurriales un tanto embrollados. Sabremos, por ejemplo, que no confía en la justicia humana, que contrapone a la divina, como si fuesen compartimentos estancos; y, en general, piensa que la religión no se debe mezclar con la política –«¿Cuestión social? Deja eso, eso no nos concierne»–, pues «la religión no es para resolver los conflictos económicos o políticos de este mundo que Dios entregó a las disputas de los hombres». Son planteamientos erróneos que confunden la necesaria autonomía de las realidades naturales respecto a las sobrenaturales con su independencia absoluta, como postula el entendimiento torticero del pasaje evangélico del denario del César que interesa a la modernidad.

Pero al abogar por esa absoluta independencia, don Manuel revela –acaso sin pretenderlo– la etiología del mal que lo corrompe, ese dualismo típicamente moderno que acaba engendrando una soberbia de la razón. Esa razón ensoberbecida es el pecado de don Manuel, quien al rezar el Credo en la misa, al unísono con sus feligreses, calla sin embargo al llegar a la profesión de fe «en la resurrección de la carne y la vida perdurable», dejando que su voz se zambulla «como en un lago». Y es que la resurrección de la carne, tan eludida en la predicación moderna, es una piedra de toque con la que no puede transigir la soberbia de la razón, como ya descubriera san Pablo en el Areópago.

▪ Transmitir la fe: generosidad heroica hasta el martirio ▪

Sin embargo, esa soberbia de la razón que asfixia su fe la compensa don Manuel con una generosidad heroica. Aunque él no cree en la tierra prometida, no renuncia a su obligación de conducir a su rebaño hasta sus pastos. Don Manuel se compara en algún pasaje de la obra con Moisés; y Ángela, su cronista o «anunciadora», escribirá: «Al llegar a conocer el secreto de nuestro santo, he comprendido que era como si una caravana en marcha por el desierto, desfallecido el caudillo al acercarse al término de su carrera, le tomaran en hombros los suyos para meter su cuerpo sin vida en la tierra de promisión».

Don Manuel no desea que el veneno racionalista que lo ha infectado se contagie; sabe que su misión no es otra sino «hacer vivir a las almas de mis feligreses, para hacerlos felices, para hacerles que se sueñen inmortales y no para matarlos». Y, para lograrlo, necesita que «vivan en unanimidad de sentido»; es decir, que vivan libres de la «agonía» que se entabla en las almas sometidas a las dudas. Unamuno sabe que solo la fe puede mantener unidos a los pueblos; y sabe también que, allá donde no hay religión o la religión se enturbia de racionalismo, solo rige «la liga aparente de la aglomeración».

El martirio que don Manuel asume, pues, consiste en transmitir una fe que su racionalismo aciago no le permite compartir; consiste en «consolar a los demás, aunque el consuelo que les doy no sea el mío». Un martirio que muchos sacerdotes infatuados por el racionalismo (que tratan de volcar o supurar en todo cuanto hablan y escriben) no son capaces de asumir.

De este modo, aunque don Manuel no vive, desazonado por sus angustias, al menos da vida a sus feligreses. ¿Podríamos decir que su vida entera es un fingimiento? Don Manuel se revolverá cuando Lázaro, el hermano de Ángela, formule tal acusación; pues lo más verdadero que hay en él es, precisamente, este martirio o sacrificio personal que somete su «agudeza mental» a las necesidades de la comunidad. También Lázaro terminará acatando este sacrificio, renunciando a su progresismo, que supone a España hundida en una «oscura teocracia» y barbota «todos los viejos lugares comunes anticlericales». Lázaro, que no ha tratado jamás a un cura (aunque, por supuesto, se «figura» cómo son, con esa ciencia infusa que siempre brinda el progresismo), se compromete, ante el lecho de muerte de su madre, a rezar por ella; compromiso que desde entonces cumplirá solemnemente (y no debemos olvidar que nada hay tan grato a los ojos de Dios como la oración del ateo).

■ Lázaro, sucesor de don Manuel ■

«Sigamos, pues, Lázaro, suicidándonos en nuestra obra y en nuestro pueblo, y que sueñe este vida como el lago sueña el cielo», le propondrá don Manuel a Lázaro. Y en esta misión compartida emplearán todas sus fuerzas, primero hasta la muerte de don Manuel; y cuando don Manuel falte, Lázaro la proseguirá inquebrantablemente, convencido de que nadie hay tan peligroso y nocivo como quien arrebata a los hombres el consuelo de la fe. Se preguntará obsesivamente Ángela:

> «Pero, ¿por qué no trató don Manuel de convertir a mi hermano también con un engaño, con una mentira, fingiéndose creyente sin serlo? He comprendido que fue porque comprendió que no le engañaría, que para con él no le serviría el engaño, que solo con la verdad, con su verdad, le convertiría; que no habría conseguido nada si hubiese pretendido representar para con él una comedia –tragedia más bien–, la que representaba para salvar al pueblo. Y así le ganó, en efecto, para su piadoso fraude; así le ganó con la verdad de muerte a la razón de vida. Y así me ganó a mí, que nunca dejé transparentar a los otros su divino, su santísimo juego. Y es que creía y creo que Dios Nuestro Señor, por no sé qué sagrados y no escudriñados designios, les hizo creerse incrédulos. Y que acaso en el acabamiento de su tránsito se les cayó la venda».

■ La justificación de las obras y el misterio de la fe ■

Después de todo, si don Manuel y su discípulo Lázaro hubiesen declarado al pueblo que carecían de fe, nadie los habría creído. Porque, a la postre, las obras cuentan más que las palabras; porque «las palabras no sirven para apoyar las obras, sino que las obras se bastan». Y para un pueblo como el de Valverde de Lucerna no hay más confesión que la conducta. Esta nueva interpretación de «la justificación por las obras» ratifica el temperamento católico de Unamuno, que entiende que la única fe posible es la que se encarna en la vida. Don Manuel ha entendido que solo así podrá salvar a su pueblo; y, aunque el racionalismo le impida creer en la resurrección, no por ello descree de su santa misión de proteger y nutrir la fe de la comunidad que le ha sido confiada.

«¿Has visto, Lázaro, misterio mayor que el de la nieve cayendo en el lago y muriendo en él mientras cubre con su toca a la montaña?», pregunta don Manuel Bueno a su discípulo. Indudablemente, para Unamuno la nieve simboliza –como la semilla en la parábola evangélica– la fe, que cuaja cuando quien la recibe no trata de racionalizarla y se derrite cuando quien la recibe trata de someterla a pesquisas intelectuales. Esta alegoría se profundizará todavía más cuando Ángela afirme, hacia el final de la novela: «Está nevando, nevando sobre el lago, nevando sobre la montaña, nevando sobre las memorias de mi padre, el forastero; de mi madre, de mi hermano Lázaro, de mi pueblo, de mi san Manuel [...]. Y esta nieve borra esquinas y borra sombras, pues hasta de noche la nieve alumbra».

La nieve es el misterio de la fe, que alumbra la noche oscura del alma. Pero, si el lago representa el racionalismo del sacerdote, ¿cómo va a cuajar la nieve también sobre él? El incrédulo Lázaro nos brinda la respuesta, recordándonos que, según la leyenda, en el fondo del lago hay otra Valverde de Lucerna: «Y creo –añade– que en el fondo del alma de nuestro don Manuel hay también sumergida, ahogada, una villa, y que alguna vez se oyen sus campanadas». ●

Antífona mariana

Salve Regina

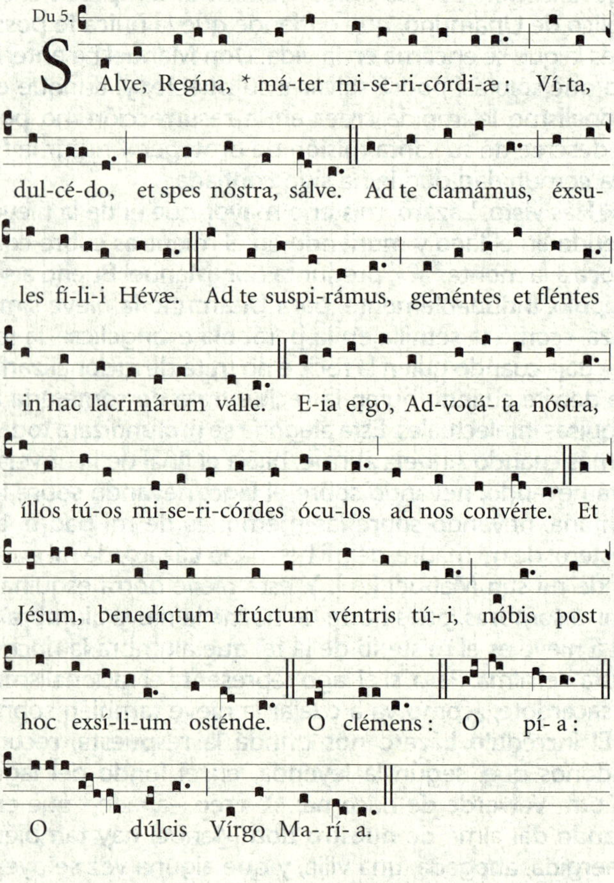

Oración de la noche

antes del descanso nocturno

La caída de la tarde es momento adecuado para revisar la jornada con la mirada de Dios sobre nuestra persona y las acciones del día que termina. Pidamos, además, perdón al Señor por todo lo que no haya sido vivido «en su presencia, en el amor».

Muéstranos, Señor, tu misericordia y danos tu salvación. Gloria al Padre, y al Hijo, y al Espíritu Santo...

Luego se dice:

Yo confieso ante Dios todopoderoso...

PROPUESTA PRIMERA

HIMNO

**Tras las cimas más altas,
todas las noches
mi corazón te sueña,
no te conoce.**

**¿Entre qué manos, dime,
duerme la noche,
la música en la brisa,
mi amor en dónde?**

**¿La infancia de mis ojos
y el leve roce
de la sangre en mis venas,
Señor, en dónde?**

**Lo mismo que las nubes,
y más veloces,
¿las horas de mi infancia,
Señor, en dónde?**

Tras las cimas más altas,
todas las noches,
mi corazón te sueña,
no te conoce.

Gloria al Padre, y al Hijo, y al Espíritu Santo.
Amén.

SALMO 87 (II)

Has alejado de mí a mis conocidos,
me has hecho repugnante para ellos:
encerrado, no puedo salir,
y los ojos se me nublan de pesar.

Todo el día te estoy invocando,
tendiendo las manos hacia ti.
¿Harás tú maravillas por los muertos?
¿Se alzarán las sombras para darte gracias?

¿Se anuncia en el sepulcro tu misericordia,
o tu fidelidad en el reino de la muerte?
¿Se conocen tus maravillas en la tiniebla,
o tu justicia en el país del olvido?

Pero yo te pido auxilio,
por la mañana irá a tu encuentro mi súplica.
¿Por qué, Señor, me rechazas
y me escondes tu rostro?

Desde niño fui desgraciado y enfermo,
me doblo bajo el peso de tus terrores,
pasó sobre mí tu incendio,
tus espantos me han consumido:

me rodean como las aguas todo el día,
me envuelven todos a una;
alejaste de mí amigos y compañeros:
mi compañía son las tinieblas.

Gloria al Padre…

Palabra de Dios

Jeremías 14,9

TÚ ESTÁS en medio de nosotros, Señor; tu nombre ha sido invocado sobre nosotros: no nos abandones, Señor, Dios nuestro.

A tus manos, Señor,
encomiendo mi espíritu. A tus manos...

CÁNTICO DE SIMEÓN

(Texto contraportada A)

Sálvanos, Señor, despiertos, protégenos mientras dormimos, para que velemos con Cristo y descansemos en paz.

ANTÍFONA MARIANA

(Texto página 26)

PROPUESTA SEGUNDA

HIMNO

Buenas noches, Señor, declina el día,
la jornada de hoy ya termina;
te doy gracias, Señor, por el regalo
de haberme dado un día más de vida.
...
Buenas noches, Señor, a ti te ofrezco
el trabajo del día que ha pasado,
las cosas que hice bien, también mis fallos,
y el reposo del cuerpo ya cansado.

Gloria al Padre, y al Hijo, y al Espíritu Santo.
Amén.

SALMO 90

Tú que habitas al amparo del Altísimo,
que vives a la sombra del Omnipotente,
di al Señor: «Refugio mío, alcázar mío,
Dios mío, confío en ti».

Él te librará de la red del cazador,
de la peste funesta.
Te cubrirá con sus plumas,
bajo sus alas te refugiarás:
su brazo es escudo y armadura.

No temerás el espanto nocturno,
ni la flecha que vuela de día,
ni la peste que se desliza en las tinieblas,
ni la epidemia que devasta a mediodía.

Caerán a tu izquierda mil,
diez mil a tu derecha:
a ti no te alcanzará.

Nada más mirar con tus ojos,
verás la paga de los malvados,
porque hiciste del Señor tu refugio,
tomaste al Altísimo por defensa.

No se te acercará la desgracia,
ni la plaga llegará hasta tu tienda,
porque a sus ángeles ha dado órdenes
para que te guarden en tus caminos;

te llevarán en sus palmas,
para que tu pie no tropiece en la piedra;
caminarás sobre áspides y víboras,
pisotearás leones y dragones.

«Se puso junto a mí: lo libraré;
lo protegeré porque conoce mi nombre,
me invocará y lo escucharé.

Con él estaré en la tribulación,
lo defenderé, lo glorificaré;
lo saciaré de largos días,
y le haré ver la salvación».

Gloria al Padre…

Palabra de Dios Apocalipsis 22,4-5

VERÁN AL SEÑOR cara a cara y llevarán su nombre en la frente. Ya no habrá más noche, ni necesitarán luz de lámpara o del sol, porque el Señor Dios irradiará luz sobre ellos, y reinarán por los siglos de los siglos.

A tus manos, Señor,
encomiendo mi espíritu. A tus manos…

CÁNTICO DE SIMEÓN (Texto contraportada A)

Sálvanos, Señor, despiertos, protégenos mientras dormimos, para que velemos con Cristo y descansemos en paz.

ANTÍFONA MARIANA (Texto página 26)

Palabra de Dios para el domingo

David Amado Fernández

HOY LEEMOS el evangelio del padre y los dos hijos a los que ordena ir a trabajar a la viña. Algunos exegetas han visto en el primer hijo una referencia a los gentiles, que se apartaron de Dios por la idolatría, pero que después acogieron la enseñanza del evangelio. A su vez, el segundo hijo simbolizaría al pueblo que parecía haber ratificado la Alianza y que después rechazó al Mesías. La mención de los «publicanos y prostitutas» advierte a los fariseos del peligro de quedarse en un cumplimiento aparente sin que haya verdadera transformación interior.

Seguramente no podemos identificarnos fácilmente con ninguno de los dos hijos. Aunque la parábola nos recuerda que podemos rechazar directamente la oferta de salvación («no quiero») o quedarnos en una mera aceptación formal («Voy, señor. Pero no fue»), lo más probable es que nos encontremos en una lucha continua por sujetarnos a la voluntad de Dios. Ni la aparente sinceridad del hijo que, de entrada, pone las cartas sobre la mesa ni la respuesta complaciente del que no quiere desairar al padre nos dejan satisfechos. Como siempre, la luz hay que buscarla en Jesucristo.

San Pablo exhorta a tener «los mismos sentimientos de Cristo Jesús». Pretender vivir el evangelio sin contar con Cristo no solo es imposible, sino que nos conduce a la arrogancia o nos lleva a la indiferencia. El Apóstol recuerda el camino recorrido por el Señor para redimirnos. Utiliza expresiones muy fuertes que podemos recordar en los momentos en que la soberbia nos dificulte el amor al prójimo: «No retuvo ávidamente», «se despojó de sí mismo», «tomando la condición de esclavo», «se humilló a sí mismo»…

San Pablo nos refiere todo eso para insistir en que debemos amarnos los unos a los otros. Así, para nosotros, el paralelismo del abajamiento pasa por no buscar la rivalidad con los demás, no encerrarnos en nosotros mismos y ser humildes para servir al prójimo. Puede parecernos prosaico que la viña a la que nos mande el Señor a diario sea la de cultivar la amabilidad con nuestros vecinos o cuidar la relación con nuestros familiares. Con frecuencia será ese el lugar en el que debamos responder a Dios y en el que necesitaremos de la gracia de Cristo para que nuestra voluntad se sujete a la suya.

San Pablo señala también que su alegría es que los cristianos permanezcamos concordes en un mismo amor. Se refiere a la caridad, que nos viene de Jesús y que nos une a su sí. Jesús, obediente hasta la muerte, nos ha reconciliado con el Padre y nos ha enviado el Espíritu Santo. Gracias a él, podemos vivir según el mismo amor con que Jesús nos ha amado. Nuestro yo ha de irse identificando con el de Cristo, para que nuestro obrar sea según su querer.

Santa Teresa del Niño Jesús entendió bien este camino, que es imitación del de Jesús y vía para unirse a él, y así lo reflejó en un poema:

Mi alegría es no dejar de ser pequeña
de manera que, cuando caigo en el camino,
me puedo levantar enseguida
y Jesús me toma de la mano.

Siguiendo este camino, ni los logros del pasado nos servirán de excusa ni los posibles fallos nos desanimarán, pues ponemos nuestra confianza en el Señor cuyo proceder siempre es justo, como nos recuerda Ezequiel. En esta línea, decía santa Teresita: «Qué alegría pensar que el buen Dios es justo, es decir, que tiene en cuenta nuestras debilidades, que conoce perfectamente la fragilidad de nuestra naturaleza. ¿De qué, pues, he de tener miedo?» •

La oración universal

Estas intenciones deben ser completadas y actualizadas por la comunidad que celebra.

Invoquemos a Dios, que, por medio de Jesucristo, nos enseñó el camino que lleva a la vida, y digámosle:

℟ *Muéstranos tu misericordia.*

Para que nunca falten en la Iglesia quienes nos instruyan en los caminos del Señor. *Oremos al Señor.* ℟

Para que la unidad y el amor fundamenten la paz y la justicia en nuestra sociedad. *Oremos al Señor.* ℟

Para que la ternura y la misericordia del Señor se hagan presentes en los enfermos, en los que sufren, en los que están solos y en los que son explotados. *Oremos al Señor.* ℟

Para que el Señor destierre de los corazones las envidias, egoísmos y rivalidades. *Oremos al Señor.* ℟

Para que, teniendo los mismos sentimientos de Cristo, vivamos con humildad. *Oremos al Señor.* ℟

Escucha, Señor, nuestras súplicas, mándanos a trabajar a tu viña y no permitas que nada retrase nuestra respuesta a tu amor. Por Jesucristo nuestro Señor.

℟ Amén.

[DOMINGO 1 DE OCTUBRE]

Vigesimosexto domingo del tiempo ordinario

Oración de la mañana

Adoremos a nuestro Dios, ¡aleluya!
Adoremos al Padre, y al Hijo,
y al Espíritu Santo, ¡aleluya!

Alabad al Señor, todas las naciones;
aclamadlo, todos los pueblos.

Fuerte es su amor para con nosotros;
¡la fidelidad del Señor es eterna!

Gloria al Padre, y al Hijo, y al Espíritu Santo,
por los siglos de los siglos. Amén. ¡Aleluya!

Himno

Es domingo; una luz nueva
resucita la mañana
con su mirada inocente,
llena de gozo y de gracia.

Es domingo; la alegría
del mensaje de la Pascua
es la noticia que llega
siempre y que nunca se gasta.

Es domingo; la pureza
no solo la tierra baña
que ha penetrado en la vida
por las ventanas del alma.

Es domingo; la presencia
de Cristo llena la casa:

la Iglesia, misterio y fiesta,
por él y en él convocada.

Es domingo; «este es el día
que hizo el Señor», es la Pascua,
día de la creación
nueva y siempre renovada.

Es domingo; de su hoguera
brilla toda la semana
y vence oscuras tinieblas
en jornadas de esperanza.

Es domingo; un canto nuevo
toda la tierra le canta
al Padre, al Hijo, al Espíritu,
único Dios que nos salva.
Amén.

SALMO 117 (I)

Dad gracias al Señor porque es bueno,
porque es eterna su misericordia.

Diga la casa de Israel:
eterna es su misericordia.

Diga la casa de Aarón:
eterna es su misericordia.

Digan los fieles del Señor:
eterna es su misericordia.

En el peligro grité al Señor,
y me escuchó poniéndome a salvo.

El Señor está conmigo: no temo;
¿qué podrá hacerme el hombre?
El Señor está conmigo y me auxilia,
veré la derrota de mis adversarios.

Mejor es refugiarse en el Señor
que fiarse de los hombres,
mejor es refugiarse en el Señor
que fiarse de los jefes.

Gloria al Padre...

Palabra de Dios — Ezequiel 36,25-27

DERRAMARÉ sobre vosotros un agua pura que os purificará: de todas vuestras inmundicias e idolatrías os he de purificar; y os daré un corazón nuevo, y os infundiré un espíritu nuevo; arrancaré de vuestra carne el corazón de piedra, y os daré un corazón de carne. Os infundiré mi espíritu, y haré que caminéis según mis preceptos, y que guardéis y cumpláis mis mandatos.

Te damos gracias, oh Dios,
invocando tu nombre. Te damos gracias...

CÁNTICO DE ZACARÍAS — (Texto contraportada B)

Todo el que hace la voluntad del Padre es verdadero hijo de Dios. Aleluya.

PRECES

En Jesús podemos decir siempre sí al Padre. Con la confianza de que nunca nos deja, le decimos:

℟ Señor, danos la fuerza de tu amor.

Que la Iglesia permanezca siempre fiel
a tus enseñanzas,
– y todos sus miembros cumplamos tu voluntad
de palabra y con las obras. ℟

Te encomendamos a los que luchan por seguirte
y experimentan la debilidad,
– haz que nunca olviden que no los abandonas. ℟

Ilumínanos para que vivamos intensamente la alegría de este domingo,
– y que en la celebración de la Eucaristía encontremos el consuelo de tu amor. ℟

Acuérdate de los pobres, los refugiados, los que no tienen trabajo, los marginados,
– para que en nosotros puedan descubrir tu cercanía. ℟

Que sepamos compartir nuestros bienes con los demás,
– y alegrarnos del bien que hay en el mundo. ℟

Intenciones libres

Padre nuestro…

Oración

Oh, Dios, que manifiestas tu poder sobre todo con el perdón y la misericordia, aumenta en nosotros tu gracia, para que, aspirando a tus promesas, nos hagas participar de los bienes del cielo. Por nuestro Señor Jesucristo.

Misa

Vigesimosexto domingo del tiempo ordinario

Antífona de entrada

Cuanto has hecho con nosotros, Señor, es un castigo merecido, porque hemos pecado contra ti y no hemos obedecido tus mandamientos; pero da gloria a tu nombre y trátanos según tu gran misericordia (cf. Dan 3,31. 29. 30. 43. 42).

Gloria ——— página 218

Oración colecta

Oh, Dios, que manifiestas tu poder
sobre todo con el perdón y la misericordia,
aumenta en nosotros tu gracia,
para que, aspirando a tus promesas,

nos hagas participar de los bienes del cielo.
Por nuestro Señor Jesucristo.

Lectura de la profecía de Ezequiel 18,25-28

ESTO DICE EL SEÑOR: «Insistís: "No es justo el proceder del Señor". Escuchad, casa de Israel: ¿Es injusto mi proceder? ¿No es más bien vuestro proceder el que es injusto? Cuando el inocente se aparta de su inocencia, comete la maldad y muere, muere por la maldad que cometió. Y cuando el malvado se convierte de la maldad que hizo y practica el derecho y la justicia, él salva su propia vida. Si recapacita y se convierte de los delitos cometidos, ciertamente vivirá y no morirá».
Palabra de Dios.

SALMO 24

℟ **Recuerda, Señor, tu ternura.**

Señor, enséñame tus caminos,
instrúyeme en tus sendas:
haz que camine con lealtad;
enséñame, porque tú eres mi Dios y Salvador,
y todo el día te estoy esperando. ℟

Recuerda, Señor, que tu ternura
y tu misericordia son eternas;
no te acuerdes de los pecados
ni de las maldades de mi juventud;
acuérdate de mí con misericordia,
por tu bondad, Señor. ℟

El Señor es bueno y es recto,
y enseña el camino a los pecadores;
hace caminar a los humildes con rectitud,
enseña su camino a los humildes. ℟

Lectura de la carta del apóstol san Pablo a los Filipenses 2,1-11

Se puede elegir una forma más breve de la lectura siguiente, indicada entre corchetes:

[HERMANOS: Si queréis darme el consuelo de Cristo y aliviarme con vuestro amor, si nos une el mismo Espíritu y tenéis entrañas compasivas, dadme esta gran alegría: manteneos unánimes y concordes con un mismo amor y un mismo sentir. No obréis por rivalidad ni por ostentación, considerando por la humildad a los demás superiores a vosotros. No os encerréis en vuestros intereses, sino buscad todos el interés de los demás. Tened entre vosotros los sentimientos propios de Cristo Jesús.] El cual, siendo de condición divina, no retuvo ávidamente el ser igual a Dios; al contrario, se despojó de sí mismo tomando la condición de esclavo, hecho semejante a los hombres. Y así, reconocido como hombre por su presencia, se humilló a sí mismo, hecho obediente hasta la muerte, y una muerte de cruz. Por eso Dios lo exaltó sobre todo y le concedió el Nombre-sobre-todo-nombre; de modo que al nombre de Jesús toda rodilla se doble en el cielo, en la tierra, en el abismo, y toda lengua proclame: Jesucristo es Señor, para gloria de Dios Padre.
Palabra de Dios.

Aleluya, aleluya, aleluya. Mis ovejas escuchan mi voz –dice el Señor–, y yo las conozco, y ellas me siguen.

Lectura del santo evangelio según san Mateo 21,28-32

EN AQUEL TIEMPO, dijo Jesús a los sumos sacerdotes y a los ancianos del pueblo: «¿Qué os parece? Un hombre tenía dos hijos. Se acercó al primero y le dijo: "Hijo, ve hoy a trabajar en la viña". Él le contestó: "No quiero". Pero después se arrepintió y fue. Se acercó al segundo y le dijo lo mismo. Él le contestó: "Voy, señor". Pero no fue. ¿Quién de los dos cumplió la voluntad de su padre?» Contestaron: «El primero». Jesús les dijo: «En verdad os digo que los publicanos y las prostitutas van por delante de vosotros en el reino de Dios. Porque vino Juan a vosotros enseñándoos el camino de la justicia y no le creísteis; en cambio, los publicanos y prostitutas le creyeron. Y, aun después de ver esto, vosotros no os arrepentisteis ni le creísteis». Palabra del Señor.

CREDO página 219

ORACIÓN DE LOS FIELES página 34

ORACIÓN SOBRE LAS OFRENDAS

Concédenos, Dios de misericordia,
aceptar esta ofrenda nuestra y que, por ella,
se abra para nosotros la fuente de toda bendición.
Por Jesucristo, nuestro Señor.

PREFACIO página 223

ANTÍFONA DE COMUNIÓN

Recuerda la palabra que diste a tu siervo, Señor, de la que hiciste mi esperanza; este es mi consuelo en la aflicción (cf. Sal 118,49-50).

O bien:

En esto hemos conocido el amor de Dios: en que él dio su vida por nosotros. También nosotros debemos dar nuestra vida por los hermanos (cf. 1 Jn 3,16).

ORACIÓN DESPUÉS DE LA COMUNIÓN

Señor, que el sacramento del cielo
renueve nuestro cuerpo y espíritu,
para que seamos coherederos en la gloria de aquel
cuya muerte hemos anunciado y compartido.
Él, que vive y reina
por los siglos de los siglos.

MEDITACIÓN

Salir del pecado y entrar en el reino de Dios

Hermanos, es el momento de salir del lugar de nuestro pecado. Salgamos de nuestra Babilonia para encontrarnos con Dios, nuestro Salvador, como nos exhorta el profeta: *¡Prepárate a enfrentarte con tu Dios, Israel!* Salgamos del abismo de nuestro pecado y aceptemos partir hacia el Señor que ha asumido *una carne semejante a la del pecado*. Salgamos de la voluntad del pecado y vayamos a hacer penitencia por nuestros pecados.

Entonces encontraremos a Cristo: él expió el pecado que no había cometido. Él, que salva a los penitentes, nos dará la salvación. Es misericordioso con los que se convierten. Me diréis: ¿Quién puede salir del pecado por sí mismo? En realidad el mayor pecado es el gusto por el pecado, por el deseo de pecar. ¡Sal de ese deseo, odia el pecado y saldrás del pecado! Si odias el pecado, encontrarás a Cristo. Al que odia el pecado, Cristo le perdona la falta, en la espera de extirpar de raíz nuestros malos hábitos. Sin la gracia de Dios es imposible para el hombre odiar su pecado y desear la justicia. ¡Oh Señor de mano poderosa, Jesús todopoderoso, arranca mi voluntad enferma de la peste de la concupiscencia!

BEATO ISAAC DE STELLA

De origen inglés, fue abad cisterciense del monasterio de Stella, Francia († 1178?).

Oración de la tarde

Señor, ven en mi ayuda; ¡que yo te dé gracias sin fin!

¡Gloria al Padre, y al Hijo, y al Espíritu Santo,
al Dios que es, que era y que viene,
por los siglos de los siglos! Amén. ¡Aleluya!

Himno

Comida celestial, pan cuyo gusto
es tan dulce, sabroso y tan suave,
que al bueno, humilde, santo, recto y justo,
a manjar celestial, como es, le sabe;
Justa condenación del hombre injusto
si come el pan de Dios se encierra y cabe;
el sumo Dios que en sí se da y oculta
diga el bien que de tanto bien resulta.

Pan de ángeles, Dios tan verdadero,
que, aunque se quiebra, se divide y parte,
está un inmenso Dios, trino y entero,
en cualquiera migaja y menor parte;
Agnus Dei, sincerísimo Cordero
que en pan al pecador gustas de darte;
pues eres todo Dios, el que es bastante,
de su deidad en sí cifrada cante.

Eres, pues, Dios, de tu deidad tan digno
que no hay justo ni santo entre los santos
que no se juzgue y tenga por indigno
de bocado que da regalos tantos;
eres Pan para el bueno tan benigno,
que de tribulaciones y de llantos
le produces y das gloriosos bienes,
y para con el malo los detienes.

Eres, pan celestial, lo figurado
de aquel maná sabroso del desierto;
tú lo vivo y aquello lo pintado,
aquello la figura y tú lo cierto;
eres, pan, tan glorioso y endiosado
que a decir tus grandezas yo no acierto:
las angélicas lenguas lo prosigan,
que faltas quedarán aunque más digan.
Amén.

Salmo 113 A

Cuando Israel salió de Egipto,
los hijos de Jacob de un pueblo balbuciente,
Judá fue su santuario,
Israel fue su dominio.

El mar, al verlos, huyó,
el Jordán se echó atrás;
los montes saltaron como carneros,
las colinas, como corderos.

¿Qué te pasa, mar, que huyes,
y a ti, Jordán, que te echas atrás?
¿Y a vosotros, montes, que saltáis como carneros;
colinas, que saltáis como corderos?

En presencia del Señor se estremece la tierra,
en presencia del Dios de Jacob:
que transforma las peñas en estanques,
el pedernal en manantiales de agua.

Gloria al Padre…

Palabra de Dios — 2 Tesalonicenses 2,13-14

Debemos dar continuas gracias a Dios por vosotros, hermanos amados por el Señor, porque Dios os escogió como primicias para salvaros, consagrándoos con el Espíritu y dándoos fe en la verdad. Por eso os llamó por medio del evangelio que predicamos, para que sea vuestra la gloria de nuestro Señor Jesucristo.

Nuestro Señor es grande y poderoso. Nuestro Señor…

Cántico de María — (Texto contraportada A)

No todo el que me dice: «Señor, Señor», sino el que cumple la voluntad de mi Padre entrará en el reino de los cielos. Aleluya.

PRECES

San Pablo nos exhorta a tener los mismos sentimientos de Cristo Jesús. En la tarde de este domingo, le decimos:

℟ Recuerda, Señor, tu ternura.

Cuando nos empecinemos en el mal y nos cueste abandonarlo por la dureza de nuestro corazón, no nos abandones: ℟

Cuando te confesemos de palabra pero no correspondamos con nuestras obras, ven en nuestra ayuda: ℟

Cuando el orgullo nos domine y olvidemos que tú nos has enseñado a servir a los demás, corre a socorrernos: ℟

Cuando juzguemos a los demás por sus faltas aparentes y pasemos por alto nuestros pecados, guíanos por el camino de la conversión: ℟

Cuando proyectemos nuestra vida sin tener en cuenta tu voluntad, olvidando que sin ti nada podemos, ilumina nuestro entendimiento: ℟

Intenciones libres

Padre nuestro…

ANTÍFONA MARIANA

(Texto página 26)

LUNES 2 DE OCTUBRE
Santos Ángeles Custodios

Oración de la mañana

¡Venid, adoremos al Señor delante de los ángeles!

Gloria al Padre, y al Hijo, y al Espíritu Santo…

HIMNO

**Ángel santo de la guarda,
compañero de mi vida,
tú que nunca me abandonas,
ni de noche ni de día.
Aunque espíritu invisible,
sé que te hallas a mi lado,
escuchas mis oraciones
y cuentas todos mis pasos.
En las sombras de la noche,
me defiendes del demonio,
tendiendo sobre mi pecho
tus alas de nácar y oro.
Ángel de Dios, que yo escuche
tu mensaje y que lo siga,
que vaya siempre contigo
hacia Dios, que me lo envía.**

**Testigo de lo invisible,
presencia del cielo amiga,
gracias por tu fiel custodia,
gracias por tu compañía.
En presencia de los ángeles,
suba al cielo nuestro canto:
gloria al Padre, gloria al Hijo,
gloria al Espíritu Santo.
Amén.**

SALMO 41

Como busca la cierva
corrientes de agua,
así mi alma te busca
a ti, Dios mío;

tiene sed de Dios,
del Dios vivo:
¿cuándo entraré a ver
el rostro de Dios?

Las lágrimas son mi pan,
noche y día,
mientras todo el día me repiten:
«¿Dónde está tu Dios?»

Recuerdo otros tiempos,
y desahogo mi alma conmigo:
cómo marchaba a la cabeza del grupo
hacia la casa de Dios,
entre cantos de júbilo y alabanza,
en el bullicio de la fiesta.

¿Por qué te acongojas, alma mía,
por qué te me turbas?
Espera en Dios, que volverás a alabarlo:
«Salud de mi rostro, Dios mío».

Cuando mi alma se acongoja,
te recuerdo
desde el Jordán y el Hermón
y el Monte Menor.

Una sima grita a otra sima
con voz de cascadas:
tus torrentes y tus olas
me han arrollado.

De día el Señor
me hará misericordia,

de noche cantaré la alabanza
del Dios de mi vida.

Diré a Dios: «Roca mía,
¿por qué me olvidas?
¿Por qué voy andando sombrío,
hostigado por mi enemigo?»

Se me rompen los huesos,
por las burlas del adversario;
todo el día me preguntan:
«¿Dónde está tu Dios?»

¿Por qué te acongojas, alma mía,
por qué te me turbas?
Espera en Dios, que volverás a alabarlo:
«Salud de mi rostro, Dios mío».

Gloria al Padre…

Palabra de Dios — Éxodo 23,20-21a

VOY A ENVIARTE un ángel por delante, para que te cuide en el camino y te lleve al lugar que he preparado. Respétalo y obedécelo.

Delante de los ángeles tañeré para ti,
Dios mío. Delante…

CÁNTICO DE ZACARÍAS — (Texto contraportada B)

Todos ellos son espíritus en servicio activo, que se envían en ayuda de los que han de heredar la salvación.

PRECES

A Dios, con confianza le pedimos:

℟ Que tus ángeles guarden nuestros caminos.

Para que los misioneros puedan realizar su tarea,
– y los que dedican su tiempo al servicio de los demás puedan hacerlo sin peligro. ℟

Para que los que promueven la paz no se desanimen,
– y quienes luchan por la justicia contribuyan
al progreso de los pueblos. ℟

Para que los padres acierten en la educación
de sus hijos,
– y los niños y jóvenes encuentren quien los ayude
a ir hacia ti. ℟

Para que los que disciernen su vocación permanezcan
atentos a tu palabra,
– y quienes se han consagrado a tu servicio conozcan
mejor tu voluntad. ℟

Intenciones libres

Padre nuestro...

ORACIÓN

Oh, Dios, que en tu providencia inefable te has dignado enviar a tus santos ángeles para nuestra custodia, concede, a los que te suplicamos, ser defendidos siempre por su protección y gozar eternamente de su compañía. Por nuestro Señor Jesucristo.

MISA

Lunes de la 26ª semana del tiempo ordinario

Hoy, la lectura del evangelio de la memoria de los santos Ángeles Custodios es obligatoria. No se puede elegir el evangelio de la feria, pero se pueden leer la primera lectura y el salmo de la feria, páginas 51-52.

SANTOS ÁNGELES CUSTODIOS *Memoria*

• *En la Biblia, la palabra ángel significa «mensajero», un espíritu purísimo que está cerca de Dios para adorarlo, cumplir sus órdenes y llevar sus mensajes a los seres humanos. En el siglo II el gran sabio Orígenes señalaba que «los cristianos creemos que a cada uno nos designa Dios un ángel para que nos guíe y proteja». En el Nuevo Testamento es tan viva la creencia de que cada uno tiene un ángel custodio que, cuando san Pedro es sacado de la cárcel y llama a la puerta de la casa donde están reunidos los discípulos de Jesús, estos no creen al principio que sea Pedro en persona y exclaman: «Será su ángel» (Hch 12,15). En el año 800 se celebraba en Inglaterra una fiesta a los Ángeles de la Guarda y desde el año 1111 existe una oración muy famosa al Ángel de la Guarda. Finalmente, en el año 1608 el Sumo Pontífice extendió a toda la Iglesia universal la fiesta de los Ángeles Custodios y la colocó el día 2 de octubre.* •

ANTÍFONA DE ENTRADA

Ángeles del Señor, bendecid al Señor, ensalzadlo con himnos por los siglos (Dan 3,59).

ORACIÓN COLECTA

**Oh, Dios, que en tu providencia inefable
te has dignado enviar a tus santos ángeles
para nuestra custodia,
concede, a los que te suplicamos,
ser defendidos siempre por su protección
y gozar eternamente de su compañía.
Por nuestro Señor Jesucristo.**

Lectura del libro del Éxodo 23,20-23

**ESTO DICE EL SEÑOR: «Voy a enviarte un ángel por delante, para que te cuide en el camino y te lleve al lugar que he preparado. Hazle caso y obedécele. No te rebeles, porque lleva mi nombre y no perdonará tus rebeliones. Si le obedeces fielmente y haces lo que yo digo, tus enemigos serán mis enemigos y tus adversarios serán mis adversarios. Mi ángel irá por delante y te llevará a las tierras de los amorreos, hititas, perizitas, cananeos, heveos y jebuseos, y yo los exterminaré».
Palabra de Dios.**

SALMO 90

℟ **A sus ángeles ha dado órdenes para que te guarden en tus caminos.**

Tú que habitas al amparo del Altísimo,
que vives a la sombra del Omnipotente,
di al Señor: «Refugio mío, alcázar mío,
Dios mío, confío en ti». ℟

Él te librará de la red del cazador,
de la peste funesta.
Te cubrirá con sus plumas,
bajo sus alas te refugiarás:
su verdad es escudo y armadura. ℟

No temerás el espanto nocturno,
ni la flecha que vuela de día,
ni la peste que se desliza en las tinieblas,
ni la epidemia que devasta a mediodía. ℟

No se acercará la desgracia,
ni la plaga llegará hasta tu tienda,
porque a sus ángeles ha dado órdenes
para que te guarden en tus caminos. ℟

O bien:

Lunes de la 26ª semana del tiempo ordinario

Lectura de la profecía de Zacarías 8,1-8

VINO LA PALABRA del Señor del universo diciendo: «Esto dice el Señor del universo: Vivo una intensa pasión por Sion, siento unos celos terribles por ella». «Esto dice el Señor: Voy a volver a Sion, habitaré en Jerusalén. Llamarán a Jerusalén "Ciudad Fiel", y al monte del Señor del universo, "Monte Santo"». «Esto dice el Señor del universo: De nuevo se sentarán ancianos y ancianas en las calles de Jerusalén;

todos con su bastón, pues su vida será muy larga. Y sus calles estarán llenas de niños y niñas jugando». «Esto dice el Señor del universo: Y si al resto de este pueblo le parece imposible que suceda esto en aquellos días, ¿será también imposible para mí?» –oráculo del Señor del universo–. «Esto dice el Señor del universo: Aquí estoy yo para salvar a mi pueblo de Oriente a Occidente. Los traeré y vivirán en Jerusalén; ellos serán mi pueblo y yo seré su Dios en fidelidad y justicia».
Palabra de Dios.

SALMO 101

℟ **El Señor reconstruyó Sion,**
y apareció en su gloria.

Los gentiles temerán tu nombre;
los reyes del mundo, tu gloria.
Cuando el Señor reconstruya Sion,
y aparezca en su gloria,
y se vuelva a las súplicas de los indefensos,
y no desprecie sus peticiones. ℟

Quede esto escrito para la generación futura,
y el pueblo que será creado alabará al Señor.
Que el Señor ha mirado
desde su excelso santuario,
desde el cielo se ha fijado en la tierra,
para escuchar los gemidos de los cautivos
y librar a los condenados a muerte. ℟

Los hijos de tus siervos vivirán seguros,
su linaje durará en tu presencia.
Para anunciar en Sion el nombre del Señor,
y su alabanza en Jerusalén,
cuando se reúnan unánimes los pueblos
y los reyes para dar culto al Señor. ℟

Santos Ángeles Custodios

Aleluya, aleluya, aleluya. Bendecid al Señor, ejércitos suyos, servidores que cumplís sus deseos.

● *«SUS ÁNGELES ESTÁN VIENDO SIEMPRE EN EL CIELO». La Providencia nos ha puesto bajo el cuidado de los ángeles, que están atentos al rostro del Padre. Adoran e interceden por nosotros, esperando que vivamos como hijos y correspondamos a tanto amor recibido. Cuánta alegría experimentarán si, al final de los tiempos, nos reciben en su compañía y, a una voz con ellos, entonamos el Cántico del Cordero.* ●

Lectura del santo evangelio según san Mateo 18,1-5. 10

EN AQUEL MOMENTO, se acercaron los discípulos a Jesús y le preguntaron: «¿Quién es el mayor en el reino de los cielos?» Él llamó a un niño, lo puso en medio y dijo: «En verdad os digo que, si no os convertís y os hacéis como niños, no entraréis en el reino de los cielos. Por tanto, el que se haga pequeño como este niño, ese es el más grande en el reino de los cielos. El que acoge a un niño como este en mi nombre me acoge a mí. Cuidado con despreciar a uno de estos pequeños, porque os digo que sus ángeles están viendo siempre en los cielos el rostro de mi Padre celestial».
Palabra del Señor.

ORACIÓN SOBRE LAS OFRENDAS

Recibe, Señor, los dones que te presentamos
en honor de tus santos ángeles,
y concédenos, por tu bondad,
vernos libres, con su continua protección,
de los peligros presentes
y llegar felizmente a la vida eterna.
Por Jesucristo, nuestro Señor.

PREFACIO DE LOS ÁNGELES

En verdad es justo y necesario,
es nuestro deber y salvación
darte gracias siempre y en todo lugar,
Señor, Padre santo, Dios todopoderoso y eterno.

Y proclamar tus alabanzas en tus ángeles y arcángeles
pues lo que se honra verdaderamente en ellos
redunda en tu grandeza y gloria.
Siendo ellos dignísimos de todo honor,
tú eres inmenso y has de ser reconocido
sobre todas las cosas,
por Cristo, Señor nuestro.

Por él, la multitud de los ángeles celebra tu majestad;
a ellos nos unimos en gozosa adoración
cantando a una sola voz tu alabanza: Santo…

ANTÍFONA DE COMUNIÓN

Delante de los ángeles tañeré para ti, Dios mío (cf. Sal 137,1).

ORACIÓN DESPUÉS DE LA COMUNIÓN

Señor, a los que has alimentado para la vida eterna
con tan grandes sacramentos
dirígelos, por ministerio de los ángeles,
en el camino de la salvación y de la paz.
Por Jesucristo, nuestro Señor.

MEDITACIÓN

Los santos ángeles de la guarda: la unidad del universo visible e invisible

De la encarnación a la ascensión, la vida del Verbo encarnado está rodeada de la adoración y del servicio de los ángeles… Su cántico de alabanza en el nacimiento de Cristo no ha cesado de resonar en la alabanza de la Iglesia: *Gloria a Dios…* Protegen la infancia de Jesús, le sirven en el desierto, le reconfortan en la agonía, cuando habría podido ser salvado por ellos... Son también los ángeles quienes «evangelizan» anunciando la Buena Nueva de la encarnación y de la resurrección de Cristo. Con ocasión de la segunda venida de Cristo, anunciada por los ángeles, estos estarán presentes al servicio del juicio del Señor. De aquí que toda la vida de la Iglesia se beneficie de la ayuda misteriosa y poderosa de los ángeles...

Desde la infancia a la muerte, la vida humana está rodeada de su custodia y de su intercesión. «Cada fiel tiene a su lado un ángel como protector y pastor para conducirlo a la vida» (san Basilio). Desde esta tierra, la vida cristiana participa, por la fe, en la sociedad bienaventurada de los ángeles y de los hombres, unidos en Dios.

CATECISMO DE LA IGLESIA CATÓLICA

Exposición de la fe y de la doctrina de la Iglesia católica promulgada por san Juan Pablo II en el año 1992 y cuya versión latina oficial se publicó el día 15 de agosto de 1997.

Oración de la tarde

Nuestro auxilio es el nombre del Señor,
que hizo el cielo y la tierra.

¡Gloria al Padre, y al Hijo, y al Espíritu Santo,
al Dios que es, que era y que viene,
por los siglos de los siglos! Amén.

HIMNO

Ángeles de la gloria y del servicio,
que vivís junto a la fuente de la vida,
la santidad de Dios es vuestra estancia
y su divina faz es vuestra dicha.

Ángeles servidores de la paz
en Belén junto al Hijo de María;
ángeles que rendís adoración
en el desierto al vencedor Mesías.

Jóvenes de celestes vestiduras,
para anunciar en Pascua la noticia,
la Iglesia reconoce vuestros pasos
y da gracias al Padre que os envía.

Ángeles invisibles y callados,
vuestra gracia supera fantasía;
sois gozo de la excelsa Trinidad
y ayuda de la Iglesia peregrina.

Honor y majestad a Jesucristo,
cuyo rostro los ángeles ansían;
honor y gratitud al Unigénito,
al que nos dio su honor con su venida. Amén.

Salmo 44 (I)

Me brota del corazón un poema bello,
recito mis versos a un rey:
mi lengua es ágil pluma de escribano.

Eres el más bello de los hombres,
en tus labios se derrama la gracia,
el Señor te bendice eternamente.

Cíñete al flanco la espada, valiente:
es tu gala y tu orgullo;
cabalga victorioso por la verdad y la justicia,
tu diestra te enseñe a realizar proezas.
Tus flechas son agudas, los pueblos se te rinden,
se acobardan los enemigos del rey.

Tu trono, oh Dios, permanece para siempre,
cetro de rectitud es tu cetro real.

Has amado la justicia y odiado la impiedad:
por eso el Señor, tu Dios, te ha ungido
con aceite de júbilo
entre todos tus compañeros.

A mirra, áloe y acacia huelen tus vestidos,
desde los palacios de marfiles te deleitan las arpas.
Hijas de reyes salen a tu encuentro,
de pie a tu derecha está la reina
enjoyada con oro de Ofir.

Gloria al Padre…

Palabra de Dios — Apocalipsis 8,3-4

VINO UN ÁNGEL con un incensario de oro, y se puso junto al altar. Le entregaron muchos perfumes, para que aromatizara las oraciones de todos los santos sobre el altar de oro situado delante del trono. Y por manos del ángel subió a la presencia de Dios el humo de los perfumes, junto con las oraciones de los santos.

A sus ángeles Dios ha dado órdenes
para que te guarden en tus caminos. A sus ángeles…

CÁNTICO DE MARÍA — (Texto contraportada A)

Sus ángeles están viendo siempre el rostro de mi Padre celestial.

PRECES

Antes de retirarnos a descansar dirijamos nuestra mirada a Dios, a quien los ángeles sirven:

℟ Que tus ángeles guarden nuestros caminos.

Tú que eres la luz que ilumina las tinieblas,
– libra nuestros corazones de la oscuridad
del pecado. ℟

Tú, que has dispuesto que los ángeles cuiden de nosotros,
– escucha las súplicas de los que están en peligro. ℟

Tú que has puesto en nuestro corazón el deseo de ser felices,
– ayúdanos a escoger lo que más conviene para nuestra salvación. ℟

Tú que nos has hecho poco inferiores a los ángeles,
– socorre nuestra debilidad y sé nuestro auxilio esta noche. ℟

Tú que has preparado un lugar junto a ti para los que amas,
– acoge a nuestros hermanos difuntos en tu reino. ℟

Intenciones libres

Padre nuestro…

ANTÍFONA MARIANA (Texto página 26)

SANTOS
DE AYER Y DE HOY

Santa Teresita del Niño Jesús,
ruega por nosotros[1].

BEATO JUAN ELÍAS MEDINA
Sacerdote y mártir (1902-1936)

Nació en Castro del Río, Córdoba, en 1902. Estudió Latín y Humanidades en su pueblo como alternativa al ingreso en el seminario diocesano de Córdoba, que no pudo hacer por falta de recursos económicos. El tercer año de seminario fue algo agitado por culpa de algunas enfermedades que minaron su salud. Fue ordenado sacerdote el 29 de mayo de 1926, tras lo cual ejerció como coadjutor en Pedro Abad a partir de julio del mismo año. Tres años después le trasladaron a Moriles, donde comenzó a sufrir el ambiente hostil hacia la religión que luego desembocaría en la persecución religiosa. El 26 de junio de 1933 fue nombrado cura ecónomo de la parroquia de Ntra. Sra. del Carmen de su pueblo. El 21 de julio de 1936 fue detenido por portar un crucifijo. El 25 de septiembre lo fusilaron junto al cementerio.

Santo ángel de mi guarda, cúbreme siempre con tus alas,
para que nunca tenga la desgracia de ofender a Jesús.

Santa Teresa del Niño Jesús

---

[1] Este mes proponemos las letanías de Santa Teresa del Niño Jesús, cuya memoria litúrgica se celebra el día 1 de este mes. Las frases están tomadas de los escritos de la Santa, cuyo 150 aniversario de nacimiento celebramos este año. Cf. PABLO CERVERA BARRANCO, *366 textos de Santa Teresita del Niño Jesús* (Edibesa, Madrid 2013); SANTA TERESA DE LISIEUX, *Consejos y recuerdos* (Ed. P. Cervera) (Monte Carmelo, Burgos 2023).

MARTES 3 DE OCTUBRE

San Francisco de Borja

Oración de la mañana

¡Aclamemos a Dios, que es admirable en sus santos!

Gloria al Padre, y al Hijo, y al Espíritu Santo,
al Dios que es, que era y que viene,
por los siglos de los siglos Amén.

HIMNO

El trabajo, Señor, de cada día
nos sea por tu amor santificado,
convierte su dolor en alegría
de amor, que para dar tú nos has dado.

Paciente y larga es nuestra tarea
en la noche oscura del amor que espera;
dulce huésped del alma, al que flaquea
dale tu luz, tu fuerza que aligera.

En el alto gozoso del camino,
demos gracias a Dios, que nos concede
la esperanza sin fin del don divino;
todo lo puede en él quien nada puede.
Amén.

SALMO 42

Hazme justicia, oh Dios, defiende mi causa,
contra gente sin piedad,
sálvame del hombre traidor y malvado.
Tú eres mi Dios y protector:
¿por qué me rechazas?

¿por qué voy andando sombrío,
hostigado por mi enemigo?

Envía tu luz y tu verdad:
que ellas me guíen
y me conduzcan hasta tu monte santo,
hasta tu morada.

Que yo me acerque al altar de Dios,
al Dios de mi alegría;
que te dé gracias al son de la cítara,
Dios, Dios mío.

¿Por qué te acongojas, alma mía,
por qué te me turbas?
Espera en Dios, que volverás a alabarlo:
«Salud de mi rostro, Dios mío».

Gloria al Padre…

Palabra de Dios 1 Tesalonicenses 5,4-5

Vosotros, hermanos, no vivís en tinieblas, para que ese día no os sorprenda como un ladrón, porque todos sois hijos de la luz e hijos del día; no lo sois de la noche ni de las tinieblas.

Señor, escucha mi voz,
he esperado en tus palabras. Señor…

Cántico de Zacarías (Texto contraportada B)

De la mano de todos los que nos odian, sálvanos, Señor.

Preces

En esta mañana, dirigimos nuestra mirada a Dios y le decimos:

℟ Señor, escucha nuestra oración.

Tú que has creado el universo con número y medida,
– ilumina a quienes estudian la naturaleza para que te reconozcan como creador. ℟

Tú que te manifiestas de múltiples maneras a los hombres,
– acércate a los que no te conocen. ℟

Tú que quieres que seamos santos,
– habla a los que te buscan en la oración. ℟

Tú que acompañas a tu Iglesia hasta el fin de los tiempos,
– suscita santos que, como Francisco de Borja, nos muestren tu misericordia y nos animen a ponernos a tu servicio. ℟

Intenciones libres

Padre nuestro…

ORACIÓN

Señor Jesucristo, luz verdadera que alumbras a todo hombre y le muestras el camino de la salvación, concédenos la abundancia de tu fuerza, para que preparemos delante de ti caminos de justicia y de paz. Tú que vives y reinas.

MISA

Martes de la 26ª semana del tiempo ordinario

SAN FRANCISCO DE BORJA *Memoria libre*

• *Francisco de Borja nació en Gandía (Valencia) en 1510. Gran privado del emperador Carlos V y caballerizo de la emperatriz Isabel, vivió ejemplarmente en palacio. La vista del cadáver de la emperatriz lo impulsó a despreciar las vanidades de la corte. Fue virrey de Cataluña y duque de Gandía. Después de la muerte de su esposa, en 1546, que acabó de desligarlo del mundo, entró en la*

Compañía de Jesús, de la que llegó a ser superior general. Se distinguió, sobre todo, por su profunda humildad. Dio gran impulso a las misiones. Murió en Roma el 1 de octubre de 1572. Fue canonizado en 1671. •

ANTÍFONA DE ENTRADA

Señor, el justo se alegra por tu fuerza, y cuánto goza con tu victoria. Le has concedido el deseo de su alma (cf. Sal 20,2-3).

ORACIÓN COLECTA

Señor y Dios nuestro,
que nos mandas valorar los bienes de este mundo,
según el criterio de tu ley,
al celebrar la fiesta de san Francisco de Borja,
tu siervo fiel y cumplidor,
enséñanos a comprender que nada hay en el mundo
comparable a la alegría de gastar la vida
en tu servicio.
Por nuestro Señor Jesucristo.

Lectura de la profecía de Zacarías 8,20-23

«ESTO DICE EL SEÑOR del universo: Vendrán igualmente pueblos y habitantes de grandes ciudades. E irán los habitantes de una y dirán a los de la otra: Subamos a aplacar al Señor; yo también iré a contemplar al Señor del universo. Y vendrán pueblos numerosos, llegarán poderosas naciones buscando al Señor del universo en Jerusalén y queriendo aplacar al Señor». «Esto dice el Señor del universo: En aquellos días, diez hombres de lenguas distintas de entre las naciones se agarrarán al manto de un judío diciendo: "Queremos ir con vosotros, pues hemos oído que Dios está con vosotros"».
Palabra de Dios.

SALMO 86

℟ **Dios está con nosotros.**

Él la ha cimentado sobre el monte santo;
y el Señor prefiere las puertas de Sion
a todas las moradas de Jacob.
¡Qué pregón tan glorioso para ti,
ciudad de Dios! ℟

«Contaré a Egipto y a Babilonia
entre mis fieles;
filisteos, tirios y etíopes
han nacido allí».
Se dirá de Sion: «Uno por uno,
todos han nacido en ella;
el Altísimo en persona la ha fundado». ℟

El Señor escribirá en el registro de los pueblos:
«Este ha nacido allí».
Y cantarán mientras danzan:
«Todas mis fuentes están en ti». ℟

Aleluya, aleluya, aleluya. El Hijo del hombre ha venido a servir y dar su vida en rescate por muchos.

• *«QUE BAJE FUEGO DEL CIELO». Los discípulos habían recibido gran autoridad de parte de Jesús, pero todavía nos saben emplearla como el Señor, que manifiesta su poder sobre todo con el perdón. Él quiere que el fuego del amor, y no la llamarada del odio, reine en el corazón de los hombres. Por eso, sigue su camino hacia Jerusalén. Desde la cruz derramará el Amor increado sobre la humanidad.* •

Lectura del santo evangelio según san Lucas 9,51-56

CUANDO SE COMPLETARON los días en que iba a ser llevado al cielo, Jesús tomó la decisión de ir a Jerusalén. Y envió mensajeros delante de él. Puestos en camino, entraron en una aldea de samaritanos para hacer los preparativos.

Pero no lo recibieron, porque su aspecto era el de uno que caminaba hacia Jerusalén. Al ver esto, Santiago y Juan, discípulos suyos, le dijeron: «Señor, ¿quieres que digamos que baje fuego del cielo que acabe con ellos?» Él se volvió y los regañó. Y se encaminaron hacia otra aldea. Palabra del Señor.

ORACIÓN SOBRE LAS OFRENDAS

Señor, por esta oblación que te presentamos
en la conmemoración de san Francisco de Borja,
otorga a tus fieles los dones de la paz y la unidad.
Por Jesucristo, nuestro Señor.

ANTÍFONA DE COMUNIÓN

Buscad sobre todo el reino de Dios, y todo esto se os dará por añadidura, dice el Señor (Mt 6,33).

ORACIÓN DESPUÉS DE LA COMUNIÓN

El sacramento que hemos recibido
en la memoria de san Francisco de Borja
santifique, Señor, nuestras mentes y corazones,
para que merezcamos participar
de la naturaleza divina.
Por Jesucristo, nuestro Señor.

MEDITACIÓN

En camino

Los apóstoles recibieron del Señor la Buena Nueva para trasmitirla a nosotros. Jesucristo ha sido enviado por Dios. Por tanto, Cristo viene de Dios; los apóstoles, de Cristo. Estos dos envíos o misiones vienen nada menos que de la voluntad de Dios. Los apóstoles, revestidos de la certeza de la resurrección de nuestro Señor Jesucristo, equipados con sus instrucciones, afianzados por la palabra de Dios, se pusieron en camino, asistidos por el Espíritu Santo para anunciar que el reino de Dios está cerca. Predicaron en el campo y en las ciudades donde establecieron sus primicias y donde discernían con la ayuda del Espíritu Santo quiénes serían los obispos y los diáconos de los futuros fieles.

¿Es de extrañar que aquellos hombres a los que Dios proveyó de esta misión en Cristo hayan establecido, a su vez, los ministros que acabo de nombrar? Nuestros apóstoles sabían, gracias a nuestro Señor Jesucristo, que los hombres discutirían sobre la función del obispo. Esta es la razón por la que, en su presciencia perfecta, establecieron dichos ministros e instituyeron que, después de su muerte, otros hombres debidamente probados seguirían en la sucesión.

SAN CLEMENTE DE ROMA

Posiblemente fue colaborador de san Pablo; fue el tercer sucesor de san Pedro y autor de la carta a los Corintios (96?). Murió mártir.

Oración de la tarde

Señor, que veamos tu amor y nos des tu salvación.

Gloria al Padre, y al Hijo, y al Espíritu Santo…

HIMNO

Ahora que la noche es tan pura,
y que no hay nadie más que tú,
dime quién eres.

Dime quién eres y por qué me visitas,
por qué bajas a mí que estoy tan necesitado
y por qué te separas sin decirme tu nombre.

Dime quién eres tú,
tú que andas sobre la nieve;
tú que, al tocar las estrellas, las haces palidecer
de hermosura;

tú que mueves el mundo tan suavemente,
que parece que se me va a derramar el corazón.

Dime quién eres; ilumina quién eres;
dime quién soy también, y por qué la tristeza
de ser hombre;
dímelo ahora que alzo hacia ti mi corazón,
tú que andas sobre la nieve.

Dímelo ahora que tiembla todo mi ser
en libertad,
ahora que brota mi vida y te llamo como nunca.
Sostenme entre tus manos;
sostenme en mi tristeza,
tú que andas sobre la nieve. Amén.

Salmo 48 (I)

Oíd esto, todas las naciones,
escuchadlo, habitantes del orbe:
plebeyos y nobles, ricos y pobres.

Mi boca hablará sabiamente,
y serán muy sensatas mis reflexiones;
prestaré oído al proverbio
y propondré mi problema al son de la cítara.

¿Por qué habré de temer los días aciagos,
cuando me cerquen y acechen los malvados
que confían en su opulencia
y se jactan de sus inmensas riquezas,
si nadie puede salvarse
ni dar a Dios un rescate?

Es tan caro el rescate de la vida,
que nunca les bastará
para vivir perpetuamente
sin bajar a la fosa.

Mirad: los sabios mueren,
lo mismo que perecen los ignorantes y necios,
y legan sus riquezas a extraños.

El sepulcro es su morada perpetua
y su casa de edad en edad,
aunque hayan dado nombre a países.

El hombre no perdura en la opulencia,
sino que perece como los animales.

Gloria al Padre…

Palabra de Dios

Romanos 3,23-25a

TODOS PECARON y todos están privados de la gloria de Dios, y son justificados gratuitamente por su gracia, mediante la redención de Cristo Jesús, a quien Dios constituyó sacrificio de propiciación mediante la fe en su sangre. Así quería Dios demostrar que no fue injusto.

Me saciarás de gozo en tu presencia,
Señor. Me saciarás…

Cántico de María

(Texto contraportada A)

Haz con nosotros, Señor, obras grandes, porque eres poderoso, y tu nombre es santo.

Preces

Jesús no deja de mirarnos con bondad y desea que todos los hombres puedan escuchar la buena noticia de la salvación:

℟ Que tu Palabra ilumine a todos los pueblos.

Para que cese toda enemistad entre las naciones y los gobernantes se empeñen en trabajar por la paz. ℟

Para que se acaben las divisiones en el interior de la Iglesia y demos testimonio de unidad ante el mundo. ℟

Para que se acabe toda injusta discriminación y nadie sufra abusos ni maltrato. ℟

Para que los bienes de la tierra contribuyan al pleno desarrollo de todos sus habitantes. ℟

Para que los que te buscan puedan, como san Francisco de Borja, escuchar tu llamada y no les falten fuerzas para seguirte. ℟

Intenciones libres

Padre nuestro…

ANTÍFONA MARIANA **(Texto página 26)**

SANTOS
DE AYER Y DE HOY

Florecita de Jesús,
ruega por nosotros.

SANTOS PELEO, NILO, ELÍAS Y PATERMUCIO
Mártires († 310)

Ubicamos a Peleo, Nilo, Elías y Patermucio en la Palestina de principios del siglo IV, donde dieron su vida en martirio por defender su fe. Los dos primeros eran obispos en Egipto, Elías era presbítero y Patermucio, ermitaño. A todos ellos les tocó vivir en tiempos del emperador Diocleciano, cruel perseguidor de los cristianos. Los confesores condenados a trabajar en las canteras de Palestina habían creado pequeños oratorios para hacer sus oficios divinos. Cuando las autoridades se enteraron, siendo gobernador Firmiliano, se emitió una orden para enviarlos a las minas de Chipre y de del Líbano. El oficial encargado de trasladarlos llegó a la conclusión de que cuatro de ellos no servirían para la tarea, y mandó que fueran quemados vivos en la localidad de Funon, cerca de Petra, en el año 310. Conocemos este martirio gracias a la obra *De Martyribus Palestinae,* de Eusebio de Cesarea.

En el corazón de la Iglesia, mi Madre,
yo seré el amor... Así lo seré todo.

Santa Teresa del Niño Jesús

MIÉRCOLES 4 DE OCTUBRE
San Francisco de Asís

Oración de la mañana

¡Venid, adoremos al Señor
en esta celebración de san Francisco de Asís!

¡Gloria al Padre, y al Hijo, y al Espíritu Santo!

HIMNO

Omnipotente, altísimo, bondadoso Señor,
tuyas son la alabanza, la gloria y el honor;
tan solo tú eres digno de toda bendición,
y nunca es digno el hombre de hacer de ti mención.

Loado seas por toda criatura, mi Señor,
y en especial loado por el hermano sol,
que alumbra, y abre el día,
y es bello en su esplendor, y lleva por los cielos
noticia de su autor.

Y por la hermana luna, de blanca luz menor,
y las estrellas claras, que tu poder creó,
tan limpias, tan hermosas,
tan vivas como son, y brillan en los cielos:
¡loado, mi Señor!

Y por la hermana agua, preciosa en su candor,
que es útil, casta, humilde: ¡loado, mi Señor!
Por el hermano fuego, que alumbra al irse el sol,
y es fuerte, hermoso, alegre: ¡loado, mi Señor!
Amén.

SALMO 76

Alzo mi voz a Dios gritando,
alzo mi voz a Dios para que me oiga.

En mi angustia te busco, Señor mío,
de noche extiendo las manos sin descanso,
y mi alma rehúsa el consuelo.
Cuando me acuerdo de Dios, gimo,
y meditando me siento desfallecer.

Sujetas los párpados de mis ojos,
y la agitación no me deja hablar.
Repaso los días antiguos,
recuerdo los años remotos;
de noche lo pienso en mis adentros,
y meditándolo me pregunto:

«¿Es que el Señor nos rechaza para siempre
y ya no volverá a favorecernos?
¿Se ha agotado ya su misericordia,
se ha terminado para siempre su promesa?
¿Es que Dios se ha olvidado de su bondad,
o la cólera cierra sus entrañas?»

Y me digo: «¡Qué pena la mía!
¡Se ha cambiado la diestra del Altísimo!»
Recuerdo las proezas del Señor,
sí, recuerdo tus antiguos portentos,
medito todas tus obras
y considero tus hazañas.

Dios mío, tus caminos son santos:
¿qué dios es grande como nuestro Dios?

Tú, oh Dios, haciendo maravillas,
mostraste tu poder a los pueblos;
con tu brazo rescataste a tu pueblo,
a los hijos de Jacob y de José.

Te vio el mar, oh Dios,
te vio el mar y tembló,
las olas se estremecieron.

Las nubes descargaban sus aguas,
retumbaban los nubarrones,
tus saetas zigzagueaban.

Rodaba el estruendo de tu trueno,
los relámpagos deslumbraban el orbe,
la tierra retembló estremecida.

Tú te abriste camino por las aguas,
un vado por las aguas caudalosas,
y no quedaba rastro de tus huellas:

mientras guiabas a tu pueblo como a un rebaño,
por la mano de Moisés y de Aarón.

Gloria al Padre…

Palabra de Dios — Romanos 12,1-2

Os exhorto, hermanos, por la misericordia de Dios, a presentar vuestros cuerpos como hostia viva, santa, agradable a Dios; este es vuestro culto razonable. Y no os ajustéis a este mundo, sino transformaos por la renovación de la mente, para que sepáis discernir lo que es voluntad de Dios, lo bueno, lo que le agrada, lo perfecto.

Lleva en el corazón la ley de su Dios
y sus pasos no vacilan. Lleva…

Cántico de Zacarías — (Texto contraportada B)

Francisco, pobre y humilde, entra rico en el cielo y es honrado con himnos celestiales.

Preces

Recordando a san Francisco de Asís, elevamos nuestra mirada a Dios:

℟ Señor, escucha nuestra oración.

Enséñanos a mirar la creación y a descubrir en ella las huellas de tu amor,
– para que sepamos alabarte en todas las criaturas. ℟

Ayúdanos a descubrir en qué consiste la verdadera alegría,
– para que nada nos haga apartarnos de ti. ℟

Guíanos por los caminos de la auténtica pobreza,
– para que, abrigados por tu amor, abramos nuestro corazón a los que nos rodean. ℟

Protege a todos los que siguiendo las enseñanzas de san Francisco de Asís viven el evangelio,
– para que sean signo de tu misericordia en medio del mundo. ℟

Intenciones libres

Padre nuestro…

Oración

Oh, Dios, que concediste a san Francisco de Asís ser configurado a Cristo en la pobreza y la humildad, concédenos, caminando por sus sendas, poder seguir a tu Hijo y unirnos a ti con amor jubiloso. Por nuestro Señor Jesucristo.

Misa

Miércoles de la 26ª semana del tiempo ordinario

San Francisco de Asís *Memoria*

• *Nació en Asís en 1182; después de una juventud frívola se convirtió, renunció a los bienes paternos y se entregó de lleno a Dios. Abrazó la pobreza y vivió una vida evangélica, predicando a todos el amor de Dios. Dio a sus seguidores unas sabias normas, que luego fueron aprobadas por la Santa Sede. Inició también una nueva Orden de monjas y un grupo de penitentes que vivían en el mundo, así como la predicación entre los infieles. Murió en el año 1226.* ●

ANTÍFONA DE ENTRADA

Francisco de Asís, varón de Dios, dejó su casa, abandonó su herencia y se hizo pobre y humilde. Así, el Señor lo tomó a su servicio.

ORACIÓN COLECTA

Oh, Dios, que concediste a san Francisco de Asís
ser configurado a Cristo en la pobreza y la humildad,
concédenos, caminando por sus sendas,
poder seguir a tu Hijo
y unirnos a ti con amor jubiloso.
Por nuestro Señor Jesucristo.

Lectura de la carta del apóstol san Pablo a los Gálatas 6,14-18

HERMANOS: Dios me libre de gloriarme si no es en la cruz de nuestro Señor Jesucristo, por la cual el mundo está crucificado para mí, y yo para el mundo. Pues lo que cuenta no es la circuncisión ni la incircuncisión, sino la nueva criatura. La paz y la misericordia de Dios vengan sobre todos los que se ajustan a esta norma; también sobre el Israel de Dios. En adelante, que nadie me moleste, pues yo llevo en mi cuerpo las marcas de Jesús. La gracia de nuestro Señor Jesucristo esté con vuestro espíritu, hermanos. Amén.
Palabra de Dios.

SALMO 15

℟ **Tú eres, Señor, el lote de mi heredad.**

Protégeme, Dios mío, que me refugio en ti.
Yo digo al Señor: «Tú eres mi Dios».
El Señor es el lote de mi heredad y mi copa,
mi suerte está en tu mano. ℟

Bendeciré al Señor que me aconseja,
hasta de noche me instruye internamente.
Tengo siempre presente al Señor,
con él a mi derecha no vacilaré. ℟

Me enseñarás el sendero de la vida,
me saciarás de gozo en tu presencia,
de alegría perpetua a tu derecha. ℟

Aleluya, aleluya, aleluya. Bendito seas, Padre, Señor del cielo y de la tierra, porque has revelado los misterios del reino a los pequeños.

Lectura del santo evangelio según san Mateo 11,25-30

EN AQUEL TIEMPO, tomó la palabra Jesús y dijo: «Te doy gracias, Padre, Señor del cielo y de la tierra, porque has escondido estas cosas a los sabios y entendidos, y se las has revelado a los pequeños. Sí, Padre, así te ha parecido bien. Todo me ha sido entregado por mi Padre, y nadie conoce al Hijo más que el Padre, y nadie conoce al Padre sino el Hijo y aquel a quien el Hijo se lo quiera revelar. Venid a mí todos los que estáis cansados y agobiados, y yo os aliviaré. Tomad mi yugo sobre vosotros y aprended de mí, que soy manso y humilde de corazón, y encontraréis descanso para vuestras almas. Porque mi yugo es llevadero y mi carga ligera».
Palabra del Señor.

O bien:

Miércoles de la 26ª semana del tiempo ordinario

Lectura del libro de Nehemías 2,1-8

EN EL MES DE NISÁN del año veinte del rey Artajerjes, siendo yo el responsable del vino, lo tomé y se lo serví al rey. Yo estaba

muy triste en su presencia. El rey me dijo: «¿Por qué ese semblante tan triste? No estás enfermo, pero tu corazón parece estar afligido». Entonces, con mucho miedo, dije al rey: «¡Larga vida al rey! ¿Cómo no ha de estar triste mi semblante, cuando la ciudad donde se encuentran las tumbas de mis padres está destruida y sus puertas han sido devoradas por el fuego?» El rey me dijo: «¿Qué quieres?» Yo, encomendándome al Dios del cielo, le dije: «Si le parece bien al rey y quiere contentar a su siervo, permítame ir a Judá, a la ciudad de las tumbas de mis padres, para reconstruirla». El rey, que tenía a la reina sentada a su lado, me preguntó: «¿Cuánto durará tu viaje y cuándo volverás?» Yo le fijé un plazo que le pareció bien y me permitió marchar. Después dije al rey: «Si le parece bien al rey, redácteme unas cartas para los gobernadores de Transeufratina, para que me dejen el paso libre hasta Judá, y una carta dirigida a Asaf, el guarda del parque real, para que me proporcione madera para construir las puertas de la ciudadela del templo, para la muralla de la ciudad y la casa donde voy a vivir». El rey las mandó redactar, porque la mano de Dios me protegía.
Palabra de Dios.

• Salmo 136 •

℟ **Que se me pegue la lengua al paladar**
si no me acuerdo de ti.

Junto a los canales de Babilonia
nos sentamos a llorar
con nostalgia de Sion;
en los sauces de sus orillas
colgábamos nuestras cítaras. ℟

Allí los que nos deportaron
nos invitaban a cantar;

nuestros opresores, a divertirlos:
«Cantadnos un cantar de Sion». R/

¡Cómo cantar un cántico del Señor
en tierra extranjera!
Si me olvido de ti, Jerusalén,
que se me paralice la mano derecha. R/

Que se me pegue la lengua al paladar
si no me acuerdo de ti,
si no pongo a Jerusalén
en la cumbre de mis alegrías. R/

Aleluya, aleluya, aleluya. Por él lo perdí todo, y todo lo considero basura con tal de ganar a Cristo y ser hallado en él.

• «ADONDEQUIERA QUE VAYAS». *La determinación de ir a Jerusalén no es casual: Jesús debe morir en la Ciudad Santa para darle plenitud como «ciudad de paz». Ir a otro sitio o querer regresar no es propio de su misión; sus discípulos, si quieren seguirlo, han de continuar en esa dirección. Lugar lleno de contrastes, Jerusalén será testigo de su pasión y muerte, pero también de su resurrección.* •

Lectura del santo evangelio según san Lucas 9,57-62

EN AQUEL TIEMPO, mientras Jesús y sus discípulos iban de camino, le dijo uno: «Te seguiré adondequiera que vayas». Jesús le respondió: «Las zorras tienen madrigueras, y los pájaros del cielo nidos, pero el Hijo del hombre no tiene donde reclinar la cabeza». A otro le dijo: «Sígueme». Él respondió: «Señor, déjame primero ir a enterrar a mi padre». Le contestó: «Deja que los muertos entierren a sus muertos; tú vete a anunciar el reino de Dios». Otro le dijo: «Te seguiré, Señor. Pero déjame primero despedirme de los de mi casa». Jesús le contestó: «Nadie que pone la mano en el arado y mira hacia atrás vale para el reino de Dios». Palabra del Señor.

ORACIÓN SOBRE LAS OFRENDAS

Al presentarte nuestras ofrendas,
te pedimos, Señor, que nos dispongas
para celebrar dignamente el misterio de la cruz,
al que san Francisco de Asís se adhirió con tanto ardor.
Por Jesucristo, nuestro Señor.

ANTÍFONA DE COMUNIÓN

Bienaventurados los pobres en el espíritu, porque de ellos es el reino de los cielos (Mt 5,3).

ORACIÓN DESPUÉS DE LA COMUNIÓN

Por este sacramento que hemos recibido,
concédenos, Señor,
imitar la caridad y el celo apostólico
de san Francisco de Asís,
para que gustemos los frutos de tu amor
y los comuniquemos para la salvación de todos.
Por Jesucristo, nuestro Señor.

MEDITACIÓN

Te seguiré adondequiera que vayas

Tú, alegría desbordante de mi espíritu, tú, alabanza de mi corazón y mi boca, mi Jesús: te seguiré adonde vayas. Cuando hayas reivindicado para ti mi corazón y lo hayas poseído como propio, jamás en el mundo me serás arrebatado…

Estos son los que buscan al Señor, los que buscan tu rostro, Dios de Jacob. Dulce Jesús, hazme inscribir y contar entre los que te conocen, Dios de Israel. En la raza de quienes buscan tu rostro, Dios de Jacob. En la raza de los que te aman, Dios de los ejércitos. Por tu gracia, haz que, teniendo manos inocentes y corazón puro, reciba la bendición y misericordia de ti, oh Dios de mi salvación. Cordero de Dios, en la vía por donde camino, toma mi mano derecha para que no desfallezca. Cordero de Dios, haz que, gracias a tu ayuda, cumpla fielmente lo que comencé en tu nombre. Cordero de Dios, que mis pecados no sean un obstáculo, sino que tu misericordia me haga progresar en todas estas demandas. ¡Oh Cristo, escúchame! Y a la hora de mi muerte, alégrame en tu salvación.

Santa Gertrudis de Helfta
Monja benedictina (1256-1301).

Oración de la tarde

Dios mío, ven en mi auxilio;
Señor, date prisa en socorrerme.

Gloria al Padre, y al Hijo, y al Espíritu Santo…

Himno

Cuando sepas hallar una sonrisa
en la gota sutil que se rezuma
de las porosas piedras, en la bruma,
en el sol, en el ave y en la brisa;

cuando nada a tus ojos quede inerte
ni informe, ni incoloro, ni lejano,
y penetres la vida y el arcano
del silencio, las sombras y la muerte;

cuando tiendas la vista a los diversos
rumbos del cosmos, y tu esfuerzo propio
sea como potente microscopio
que va hallando infinitos universos,

entonces, en las flamas de la hoguera
de un amor infinito y sobrehumano,
como el santo de Asís, dirás «hermano»
al árbol, al celaje y a la fiera,

sentirás en la inmensa muchedumbre
de seres y de cosas tu ser mismo:
serás todo pavor con el abismo
y serás todo orgullo con la cumbre,

sacudirá tu amor el polvo infecto
que macula el blancor de la azucena,
bendecirás las márgenes de arena
y adorarás el vuelo del insecto;

y besarás el garfio del espino
y el sedeño ropaje de las dalias…
Y quitarás piadoso tus sandalias
por no herir a las piedras del camino.

Gloria al Padre, al Hijo y al Espíritu Santo.
Amén.

SALMO 61

Solo en Dios descansa mi alma,
porque de él viene mi salvación;
solo él es mi roca y mi salvación,
mi alcázar: no vacilaré.

¿Hasta cuándo arremeteréis contra un hombre
todos juntos, para derribarlo
como a una pared que cede
o a una tapia ruinosa?

Solo piensan en derribarme de mi altura,
y se complacen en la mentira:
con la boca bendicen,
con el corazón maldicen.

Descansa solo en Dios, alma mía,
porque él es mi esperanza;
solo él es mi roca y mi salvación,
mi alcázar: no vacilaré.

De Dios viene mi salvación y mi gloria,
él es mi roca firme,
Dios es mi refugio.

Pueblo suyo, confiad en él,
desahogad ante él vuestro corazón,
que Dios es nuestro refugio.

Los hombres no son más que un soplo,
los nobles son apariencia:
todos juntos en la balanza subirían
más leves que un soplo.

No confiéis en la opresión,
no pongáis ilusiones en el robo;
y aunque crezcan vuestras riquezas,
no les deis el corazón.

Dios ha dicho una cosa,
y dos cosas, que he escuchado:

«Que Dios tiene el poder
y el Señor tiene la gracia;
que tú pagas a cada uno
según sus obras».

Gloria al Padre…

Palabra de Dios — Romanos 8,28-30

SABEMOS que a los que aman a Dios todo les sirve para el bien: a los que ha llamado conforme a su designio. A los que había escogido, Dios los predestinó a ser imagen de su Hijo, para que él fuera el primogénito de muchos hermanos.

A los que predestinó, los llamó; a los que llamó, los justificó; a los que justificó, los glorificó.

El Señor es justo y ama la justicia. El Señor…

Cántico de María (Texto contraportada A)

Dios me libre de gloriarme si no es en la cruz de nuestro Señor Jesucristo; porque yo llevo en mi cuerpo las marcas de Jesús.

Preces

San Francisco nos ha enseñado a reconocerte en todas las criaturas y a amarte pobre y crucificado. Antes de acostarnos, te invocamos diciendo:

℟ Tú eres el Dios que nos salva.

Te presentamos todas nuestras obras de este día, perdona lo que hayamos hecho mal y acoge las que te sean agradables. ℟

Gracias por las huellas de tu amor dispersas por toda la creación, especialmente, por ese deseo de eternidad que has puesto en nuestros corazones. ℟

San Francisco decía: «El Amor no es amado»: te pedimos que nos ayudes a quererte con todo el corazón. ℟

Gracias por la Iglesia, que forja la vida de los santos, y por los santos, que ayudan a construir la Iglesia. ℟

Te pedimos que aquellos que hoy se han encontrado con la hermana muerte sean conducidos a tu presencia. ℟

Intenciones libres

Padre nuestro…

Antífona mariana (Texto página 26)

Santos
DE AYER Y DE HOY

Hija predilecta de María,
ruega por nosotros.

Beato Francisco Alarcón Rubio
Sacerdote y mártir (1879-1936)

Natural de Hinojosa del Duque, Córdoba (1879), hijo de guardia civil, Alejandro ingresa en el seminario de San Pelagio con catorce años y recibe el presbiterado el 19 de marzo de 1904. Pasó por diversos destinos, hasta que en 1929 fue nombrado cura propio de El Viso. Allí llevaba una vida muy ajetreada, cumpliendo todas las tareas propias de su cargo, algo que cambiaría con la proclamación de la II República, que nació teñida del odio a la religión. Para empezar, el nuevo alcalde prohibió que se celebrase la procesión del Corpus. El 21 de julio de 1936 el comité revolucionario registró la iglesia y la casa parroquial. Francisco trató de huir a Pozoblanco, pero allí fue detenido. Lo condujeron a la prisión provincial de Jaén, donde estuvo un mes. Lo fusilaron el 8 de octubre de 1936.

Ya no deseo ni el sufrimiento ni la muerte,
aunque sigo amándolos a los dos.
Es el amor lo único que me atrae…
Ahora solo me guía el abandono,
¡no tengo ya otra brújula!

Santa Teresa del Niño Jesús

JUEVES 5 DE OCTUBRE

Témporas de acción de gracias y de petición

Oración de la mañana

Venid, adoremos al Señor,
démosle gracias por sus beneficios.

Gloria al Padre, y al Hijo, y al Espíritu Santo,
por los siglos de los siglos. Amén. ¡Aleluya!

HIMNO

Gracias, Señor, por esta agua que llega
del aire hasta los campos,
hasta el bosque y el huerto;
gracias por tu palabra que riega este desierto
del alma, prometiendo las horas de la siega.

Gracias por tanta gracia, tanta cuidada entrega,
por el sol que calienta este corazón yerto;
gracias por estas flores primeras que han abierto
ojos de luz a tanta claridad honda y ciega.

Gracias porque te he visto latiendo en los bancales,
favoreciendo, urdiendo los tiernos esponsales
del verdor con la tierra, la rosa con la rama.

Gracias porque me enseñas a ser en lo que era
al olvidar mis estiajes en esta primavera;
gracias porque es llegado el tiempo del que ama.
Amén.

SALMO 79

Pastor de Israel, escucha,
tú que guías a José como a un rebaño;

tú que te sientas sobre querubines, resplandece
ante Efraín, Benjamín y Manasés.
Despierta tu poder y ven a salvarnos.

Oh Dios, restáuranos,
que brille tu rostro y nos salve.

Señor, Dios de los ejércitos,
¿hasta cuándo estarás airado
mientras tu pueblo te suplica?

Les diste a comer llanto,
a beber lágrimas a tragos;
nos entregaste a las contiendas de nuestros vecinos,
nuestros enemigos se burlan de nosotros.

Dios de los ejércitos, restáuranos,
que brille tu rostro y nos salve.

Sacaste una vid de Egipto,
expulsaste a los gentiles, y la trasplantaste;
le preparaste el terreno, y echó raíces
hasta llenar el país;

su sombra cubría las montañas,
y sus pámpanos, los cedros altísimos;
extendió sus sarmientos hasta el mar
y sus brotes hasta el Gran Río.

¿Por qué has derribado su cerca
para que la saqueen los viandantes,
la pisoteen los jabalíes
y se la coman las alimañas?

Dios de los ejércitos, vuélvete:
mira desde el cielo, fíjate,
ven a visitar tu viña,
la cepa que tu diestra plantó
y que tú hiciste vigorosa.

La han talado y le han prendido fuego;
con un bramido hazlos perecer.
Que tu mano proteja a tu escogido.
al hombre que tú fortaleciste.
No nos alejaremos de ti:
danos vida para que invoquemos tu nombre.

Señor, Dios de los ejércitos, restáuranos,
que brille tu rostro y nos salve.

Gloria al Padre…

Palabra de Dios — Ecclesiástico 50,24-26

BENDECID AL DIOS del universo, que ha hecho maravillas en la tierra, que cría al hombre desde el vientre materno y lo forma a su voluntad. Él os conceda un corazón sabio y que reine la paz entre vosotros, en Israel, por los siglos de los siglos. Que tu misericordia sea fiel con nosotros, y en nuestros días nos rescate.

Dios nuestro, nosotros te damos gracias,
alabando tu nombre glorioso. Dios nuestro…

Cántico de Zacarías — (Texto contraportada B)

Cantad a Dios, dadle gracias de corazón, con salmos, himnos y cánticos inspirados.

Preces

Imploremos a Dios misericordioso e invoquemos su nombre diciendo:

℟ Señor, contigo todo lo podemos.

Tú has fundado la Iglesia y la cuidas para que no
perezca ante los ataques de sus enemigos,
– fortalece a nuestro papa N. y a nuestro obispo N. ℟

Llamados por tu gracia a ser testigos de tu resurrección, nos has llenado de múltiples dones,
– haz que sepamos utilizarlos para la propagación de tu reino. ℟

Te pedimos por quienes trabajan en la industria, en la agricultura, en el sector de los servicios o en el mar,
– haz que puedan obtener el fruto de sus esfuerzos y con la fatiga de cada día se acerquen más a ti. ℟

Acuérdate de todos los que sufren, y de nosotros, que gemimos bajo el peso de nuestros pecados,
– haz que tu misericordia nos renueve para que podamos servirte con alegría. ℟

Intenciones libres

Padre nuestro…

ORACIÓN

Señor Dios, lleno de amor, que diste a nuestros padres de Israel una tierra buena y fértil, para que en ella encontraran descanso y bienestar, y con el mismo amor nos das a nosotros fuerza para dominar la creación y sacar de ella nuestro progreso y nuestro sustento, al darte gracias por todas tus maravillas, te pedimos que tu luz nos haga descubrir siempre que has sido tú, y no nuestro poder, quien nos ha dado fuerza para crear las riquezas de la tierra. Por nuestro Señor Jesucristo.

MISA

Témporas de acción de gracias y de petición

Memoria obligatoria

• *En este día la comunidad cristiana, terminadas las vacaciones y la recolección de las cosechas, da gracias y pide a Dios al reemprender la actividad habitual. La Iglesia presenta esta ocasión para rogar a Dios por las necesidades y los trabajos de los hombres, y por los frutos de la tierra, dando gracias a Dios públicamente.* •

ANTÍFONA DE ENTRADA

Cantad y tocad con toda el alma para el Señor, dad siempre gracias a Dios Padre por todo, en nombre de nuestro Señor Jesucristo (Ef 5,19-20).

ORACIÓN COLECTA

Señor Dios, lleno de amor, que diste
a nuestros padres de Israel una tierra buena y fértil,
para que en ella encontraran descanso y bienestar,
y con el mismo amor nos das a nosotros fuerza
para dominar la creación y sacar de ella nuestro
progreso y nuestro sustento, al darte gracias
por todas tus maravillas, te pedimos que tu luz
nos haga descubrir siempre que has sido tú,
y no nuestro poder, quien nos ha dado fuerza
para crear las riquezas de la tierra.
Por nuestro Señor Jesucristo.

Lectura del libro del Deuteronomio 8,7-18

MOISÉS habló al pueblo, diciendo: «Cuando el Señor, tu Dios, te introduzca en la tierra buena, tierra de torrentes, de fuentes y veneros que manan en el monte y la llanura, tierra de trigo y cebada, de viñas, higueras y granados, tierra de olivares y de miel, tierra en que no comerás tasado el pan, en que no carecerás de nada, tierra que lleva hierro en sus rocas y de cuyos montes sacarás cobre, entonces comerás hasta saciarte, y bendecirás al Señor, tu Dios, por la tierra buena que te ha dado. Guárdate de olvidar al Señor, tu Dios, no observando sus preceptos, sus mandatos y sus decretos que yo te mando hoy. No sea que, cuando comas hasta saciarte, cuando edifiques casas hermosas y las habites, cuando críen tus reses y ovejas, aumenten tu plata y

tu oro, y abundes en todo, se engría tu corazón y olvides al Señor, tu Dios, que te sacó de la tierra de Egipto, de la casa de esclavitud, que te hizo recorrer aquel desierto inmenso y terrible, con serpientes abrasadoras y alacranes, un sequedal sin una gota de agua, que sacó agua para ti de una roca de pedernal; que te alimentó en el desierto con un maná que no conocían tus padres, para afligirte y probarte, y para hacerte el bien al final. Y no pienses: "Por mi fuerza y el poder de mi brazo me he creado estas riquezas". Acuérdate del Señor, tu Dios: que es él quien te da la fuerza para adquirir esa riqueza, a fin de mantener la alianza que juró a tus padres, como lo hace hoy».
Palabra de Dios.

CÁNTICO (1 CRÓNICAS 29)

℟ **Tú eres Señor del universo.**

Bendito eres, Señor, Dios de nuestro padre Israel,
por los siglos de los siglos. ℟

Tuyos son, Señor, la grandeza y el poder,
la gloria, el esplendor, la majestad,
porque tuyo es cuanto hay en cielo y tierra. ℟

Tú eres rey y soberano de todo.
De ti viene la riqueza y la gloria. ℟

Tú eres Señor del universo,
en tu mano está el poder y la fuerza,
tú engrandeces y confortas a todos. ℟

Lectura de la segunda carta del apóstol san Pablo a los Corintios 5,17-21

HERMANOS: Si alguno está en Cristo es una criatura nueva. Lo viejo ha pasado, ha comenzado lo nuevo. Todo procede de Dios, que nos reconcilió consigo por medio de Cristo y nos encargó el ministerio de la reconciliación. Porque Dios mismo estaba en Cristo reconciliando al mundo consigo, sin pedirles cuenta de sus pecados, y ha puesto en nosotros el mensaje de la reconciliación. Por eso, nosotros actuamos como enviados de Cristo, y es como si Dios mismo exhortara por medio de nosotros. En nombre de Cristo os pedimos que os reconciliéis con Dios. Al que no conocía el pecado, lo hizo pecado en favor nuestro, para que nosotros llegáramos a ser justicia de Dios en él. Palabra de Dios.

Aleluya, aleluya, aleluya. Está cerca el reino de Dios; convertíos y creed en el evangelio.

• *«¡CUÁNTO MÁS VUESTRO PADRE QUE ESTÁ EN LOS CIELOS!» Jesús no se cansa de exhortarnos a acudir a Dios con confianza de hijos. Él ha experimentado desde toda la eternidad esa relación filial y sabe, por experiencia, que el Padre siempre lo escucha. Petición y gratitud se alimentan de la misma fuente, la bondad de Dios que supera todo límite. «Gustad y ved qué bueno es el Señor».* •

Lectura del santo evangelio según san Mateo 7,7-11

EN AQUEL TIEMPO, dijo Jesús a sus discípulos: «Pedid y se os dará, buscad y encontraréis, llamad y se os abrirá; porque todo el que pide recibe, quien busca encuentra y al que llama se le abre. Si a alguno de vosotros le pide su hijo pan, ¿le dará una piedra?; y si le pide pescado, ¿le dará una serpiente? Pues si vosotros, aun siendo malos, sabéis dar cosas buenas a vuestros hijos, ¡cuánto más vuestro Padre que está en los cielos dará cosas buenas a los que le piden!» Palabra del Señor.

ORACIÓN SOBRE LAS OFRENDAS

Te ofrecemos, Señor,
este sacrificio de alabanza en acción de gracias

por los dones que nos has dado,
concédenos ofrecer, para gloria de tu nombre,
lo que hemos recibido sin merecerlo.
Por Jesucristo, nuestro Señor.

PREFACIO: NUESTRA MISMA ACCIÓN DE GRACIAS ES UN DON DE DIOS

En verdad es justo y necesario,
es nuestro deber y salvación
darte gracias siempre y en todo lugar,
Señor, Padre santo, Dios todopoderoso y eterno.

Pues aunque no necesitas nuestra alabanza,
ni nuestras bendiciones te enriquecen,
tú inspiras y haces tuya
nuestra acción de gracias,
para que nos sirva de salvación,
por Cristo, Señor nuestro.

Por eso, unidos a los coros angélicos,
te alabamos proclamando llenos de alegría: Santo…

ANTÍFONA DE COMUNIÓN

Coronas el año con tus bienes, Señor, y serás la esperanza del confín de la tierra (cf. Sal 64,12. 6).

ORACIÓN DESPUÉS DE LA COMUNIÓN

Señor, tú que nos has hecho participar
en la mesa de la unidad y del amor,
danos tu fuerza para que, con nuestra actividad,
cooperemos en la construcción de la ciudad terrena
y trabajemos con fe para la llegada de tu reino.
Por Jesucristo, nuestro Señor.

MEDITACIÓN

¡Cuánto más vuestro Padre celestial os dará el Espíritu Santo!

Para obtener el pan para el cuerpo, el mendigo no experimenta ninguna dificultad para llamar a la puerta y pedir; si no lo recibe, sin enfado por el pan, pide vestidos o sandalias para aliviar su cuerpo. Hasta que no recibe algo, no se va, aunque se le eche. Nosotros, que buscamos el pan celestial y verdadero para fortalecer nuestra alma, que deseamos revestirnos de los hábitos celestiales de luz y aspiramos a calzar las sandalias inmateriales del Espíritu para consuelo del alma inmortal, cuánto más debemos, incansable y decididamente, con fe y amor, siempre pacientes, llamar a la puerta espiritual de Dios y pedir, con una constancia perfecta, ser dignos de la vida eterna.

Si vosotros, que sois malos, sabéis dar cosas buenas a vuestros hijos, ¡cuánto más vuestro Padre celestial dará el Espíritu Santo a los que se lo pidan! El Señor nos exhorta a pedir siempre, incansablemente y con tenacidad, a buscar y llamar continuamente: porque él ha prometido dar a los que piden, buscan y llaman, no a los que no piden. Él quiere darnos la vida eterna siendo orado, suplicado, amado.

SAN MACARIO DE EGIPTO

Monje egipcio que vivió sesenta años retirado en el desierto de Scitia († Ca. 390).

Oración de la tarde

Nuestro auxilio es el nombre del Señor,
que hizo el cielo y la tierra.

Gloria al Padre, y al Hijo, y al Espíritu Santo…

HIMNO

Te damos gracias, Señor,
porque has depuesto la ira
y has detenido ante el pueblo
la mano que lo castiga.

Tú eres el Dios que nos salva,
la luz que nos ilumina,
la mano que nos sostiene
y el techo que nos cobija.

Y sacaremos con gozo
del manantial de la Vida
las aguas que dan al hombre
la fuerza que resucita.

Entonces proclamaremos:
«¡Cantadle con alegría!
¡El nombre de Dios es grande;
su caridad, infinita!

¡Que alabe al Señor la tierra!
Contadle sus maravillas.
¡Qué grande, en medio del pueblo,
el Dios que nos justifica!»
Amén.

Salmo 71 (I)

Dios mío, confía tu juicio al rey,
tu justicia al hijo de reyes:
para que rija a tu pueblo con justicia,
a tus humildes con rectitud.

Que los montes traigan la paz,
y los collados justicia.
Que él defienda a los humildes del pueblo,
socorra a los hijos del pobre
y quebrante al explotador.

Que dure tanto como el sol,
como la luna, de edad en edad;
que baje como lluvia sobre el césped,
como llovizna que empapa la tierra.

Que en sus días florezca la justicia
y la paz hasta que falte la luna;
que domine de mar a mar,
del Gran Río al confín de la tierra.

Que en su presencia se inclinen sus rivales;
que sus enemigos muerdan el polvo;
que los reyes de Tarsis y de las islas
le paguen tributo.

Que los reyes de Saba y de Arabia
le ofrezcan sus dones;
que se postren ante él todos los reyes,
y que todos los pueblos le sirvan.

Gloria al Padre...

Palabra de Dios

Santiago 5,16b-18

MUCHO puede hacer la oración intensa del justo. Elías, que era un hombre de la misma condición que nosotros, oró fervorosamente para que no lloviese; y no llovió sobre la tierra durante tres años y seis meses. Luego volvió a orar, y el cielo derramó lluvia y la tierra produjo sus frutos.

Yo te invoco porque tú me respondes,
Dios mío. Yo te invoco...

Cántico de María

(Texto contraportada A)

«Pedid, y se os dará; buscad, y encontraréis; llamad, y se os abrirá», dice el Señor.

Preces

Dios ha creado el universo y lo mantiene con su providencia amorosa. A él acudimos para pedirle, pero también para darle gracias, porque todo depende de él:

℟ Señor, grande es tu misericordia.

Te damos gracias por todos los bienes de la naturaleza, y te pedimos por quienes trabajan la tierra, en el mar y los mineros,
– haz que en el contacto con las cosas que tú has creado reconozcan tu bondad. ℟

Te pedimos que nos concedas un buen clima,
– para que todos habitantes de la tierra puedan disponer de los alimentos necesarios. ℟

Te damos gracias por los avances técnicos y científicos que nos permiten un mejor aprovechamiento de los recursos,
– ilumínanos para que nunca los utilicemos en contra del hombre. ℟

Te pedimos por todas las personas que se encuentran en paro,
– haz que no se desanimen ni se sientan inútiles. ℟

Te damos gracias porque nos ayudas a hacer las cosas bien, a buscar la verdad y a gozar de la belleza,
– y te pedimos que sepamos dar testimonio de nuestra fe mediante la práctica de las buenas obras. ℟

Intenciones libres

Padre nuestro…

ANTÍFONA MARIANA (Texto página 26)

SANTOS
DE AYER Y DE HOY

Esposa fiel de Jesús,
ruega por nosotros.

SANTA MARÍA GUILLERMA EMILIA DE RODAT
Virgen y fundadora (1787-1852)

Desde muy pronto manifestó una clara inclinación a hacer el bien y a ayudar a los más pobres, si bien en su juventud también demostró el gusto por asuntos terrenales, como las fiestas y los bailes. Tras una infructuosa estancia en la Congregación de Religiosas de Nevers, ingresó en las Damas de Adoración Perpetua de Picpus y después con las Hermanas de la Misericordia de Moissac. Con la ayuda de monseñor Marty, fundó la Congregación de las Hermanas de la Sagrada Familia de Villefranche, en la que velaban por los enfermos, atendían a presos, refugiados y huérfanos, etc. Tuvo muchos problemas para proseguir sus objetivos. Incluso el padre Marty llegó a dudar de ella. Tuvo que lidiar además con numerosos problemas de salud. Abandonó la dirección de la Congregación poco antes de su muerte, en 1852. Pío XII la canonizó el 23 de abril de 1950.

La oración es un impulso del corazón,
una simple mirada lanzada hacia el cielo,
un grito de gratitud y de amor,
tanto en medio del sufrimiento como en medio
de la alegría. En una palabra,
es algo grande, algo sobrenatural
que me dilata el alma y me une a Jesús.

Santa Teresa del Niño Jesús

VIERNES 6 DE OCTUBRE
San Bruno

Oración de la mañana

Venid a la fuente de la Sabiduría,
¡venid, adoremos al Señor!

Gloria al Padre, y al Hijo,
y al Espíritu Santo…

HIMNO

Porque, Señor,
yo te he visto
y quiero volverte a ver,
quiero creer.

Te vi, sí, cuando era niño
y en agua me bauticé,
y, limpio de culpa vieja,
sin velos te pude ver.

Devuélveme aquellas puras
transparencias de aire fiel,
devuélveme aquellas niñas
de aquellos ojos de ayer.

Están mis ojos cansados
de tanto ver luz sin ver;
por la oscuridad del mundo,
voy como un ciego que ve.

Tú, que diste vista al ciego
y a Nicodemo también,
filtra en mis secas pupilas
dos gotas frescas de fe.
Amén.

CÁNTICO Habacuc 3,2-4. 13a. 15-19

Señor, he oído tu fama,
me ha impresionado tu obra.
En medio de los años, realízala;
en medio de los años, manifiéstala;
en el terremoto, acuérdate de la misericordia.

El Señor viene de Temán;
el Santo, del monte Farán:
su resplandor eclipsa el cielo,
la tierra se llena de su alabanza;
su brillo es como el día,
su mano destella velando su poder.

Sales a salvar a tu pueblo, a salvar a tu ungido;
pisas el mar con tus caballos,
revolviendo las aguas del océano.

Lo escuché y temblaron mis entrañas,
al oírlo se estremecieron mis labios;
me entró un escalofrío por los huesos,
vacilaban mis piernas al andar;
gimo ante el día de angustia
que sobreviene al pueblo que nos oprime.

Aunque la higuera no echa yemas
y las viñas no tienen fruto,
aunque el olivo olvida su aceituna
y los campos no dan cosechas,
aunque se acaben las ovejas del redil
y no quedan vacas en el establo,
yo exultaré con el Señor,
me gloriaré en Dios, mi salvador.

El Señor soberano es mi fuerza,
él me da piernas de gacela
y me hace caminar por las alturas.

Gloria al Padre…

Palabra de Dios Efesios 2,13-16

AHORA ESTÁIS en Cristo Jesús. Ahora, por la sangre de Cristo, estáis cerca los que antes estabais lejos. Él es nuestra paz. Él ha hecho de los dos pueblos una sola cosa, derribando con su carne el muro que los separaba: el odio. Él ha abolido la ley con sus mandamientos y reglas, haciendo las paces, para crear con los dos, en él, un solo hombre nuevo. Reconcilió con Dios a los dos pueblos, uniéndolos en un solo cuerpo mediante la cruz, dando muerte, en él, al odio.

Invoco al Dios Altísimo,
al Dios que hace tanto por mí. Invoco...

CÁNTICO DE ZACARÍAS (Texto contraportada B)

Por la entrañable misericordia de nuestro Dios, nos visitará el Sol que nace de lo alto.

PRECES

San Bruno cantó desde el silencio la bondad de Dios y, enamorado de él, se retiró a la soledad para cantar sus alabanzas. Movidos por su ejemplo, elevemos nuestros ojos a Dios:

℟ Habla, Señor, que tu siervo escucha.

Los cielos cantan tu gloria, Señor, y tú nos hablas
a través de todas las criaturas,
– concédenos que nuestras acciones proclamen
tu amor. ℟

Te pedimos por quienes te sirven desde el silencio,
especialmente por los cartujos,
– y para que nos enseñen el camino de la verdadera
humildad. ℟

Acuérdate de todos los que son ignorados por el mundo,
– y de aquellos a quienes nadie escucha. ℟

Te pedimos por tu Iglesia, haz que desde el silencio de la oración pueda escuchar mejor tu voz,
– para después anunciarla con valentía y autoridad a todos los pueblos. ℟

Intenciones libres

Padre nuestro…

ORACIÓN

Señor, Dios todopoderoso, te pedimos nos concedas que, del mismo modo que hemos cantado tus alabanzas en esta celebración matutina, así las podamos cantar también plenamente, con la asamblea de tus santos, por toda la eternidad. Por nuestro Señor Jesucristo.

MISA

Viernes de la 26ª semana del tiempo ordinario

SAN BRUNO *Memoria libre*

● *Nació en Colonia (Alemania) hacia el año 1035; después de haber estudiado en París, fue ordenado sacerdote y se dedicó a enseñar teología; pero, movido por su deseo de soledad, fundó el monasterio de los Cartujos. El papa Urbano II lo llamó para que le ayudara en el gobierno de la Iglesia. Murió en Squillace (Calabria) en el año 1101.* ●

ANTÍFONA DE ENTRADA

El Espíritu del Señor está sobre mí, porque él me ha ungido. Me ha enviado a evangelizar a los pobres y curar a los contritos de corazón (cf. Lc 4,18).

O bien:

El Señor lo eligió como su sacerdote, para ofrecer el sacrificio de alabanza (cf. Eclo 45,16).

Oración colecta

Oh, Dios, que llamaste a san Bruno
para que te sirviera en la soledad,
concédenos, por su intercesión,
estar siempre disponibles para ti
en medio de las vicisitudes de este mundo.
Por nuestro Señor Jesucristo.

Lectura del libro de Baruc 1,15-22

«Confesamos que el Señor nuestro Dios es justo. Nosotros, en cambio, sentimos en este día la vergüenza de la culpa. Nosotros, hombres de Judá, vecinos de Jerusalén, nuestros reyes y gobernantes, nuestros sacerdotes y profetas, lo mismo que nuestros antepasados, hemos pecado contra el Señor desoyendo sus palabras. Hemos desobedecido al Señor nuestro Dios, pues no cumplimos los mandatos que él nos había propuesto. Desde el día en que el Señor sacó a nuestros padres de Egipto hasta hoy, no hemos hecho caso al Señor nuestro Dios y nos hemos negado a obedecerlo. Por eso nos han sucedido ahora estas desgracias y nos ha alcanzado la maldición con la que el Señor conminó a Moisés cuando sacó a nuestros padres de Egipto para darnos una tierra que mana leche y miel. No obedecimos al Señor cuando nos hablaba por medio de sus enviados los profetas; todos seguimos nuestros malos deseos sirviendo a otros dioses y haciendo lo que reprueba el Señor nuestro Dios».
Palabra de Dios.

Salmo 78

℟ **Por el honor de tu nombre, Señor, líbranos.**

Dios mío, los gentiles han entrado en tu heredad,
han profanado tu santo templo,
han reducido Jerusalén a ruinas.

Echaron los cadáveres de tus siervos
en pasto a las aves del cielo,
y la carne de tus fieles a las fieras de la tierra. ℟

Derramaron su sangre como agua
en torno a Jerusalén,
y nadie la enterraba.
Fuimos el escarnio de nuestros vecinos,
la irrisión y la burla de los que nos rodean.
¿Hasta cuándo, Señor?
¿Vas a estar siempre enojado?
¿Arderá como fuego tu cólera? ℟

No recuerdes contra nosotros
las culpas de nuestros padres;
que tu compasión nos alcance pronto,
pues estamos agotados. ℟

Socórrenos, Dios, Salvador nuestro,
por el honor de tu nombre;
líbranos y perdona nuestros pecados
a causa de tu nombre. ℟

Aleluya, aleluya, aleluya. No endurezcáis hoy vuestro corazón; escuchad la voz del Señor.

• «AL QUE ME HA ENVIADO». *El Hijo no ha venido a hacer su propia voluntad, sino la del Padre que lo ha enviado. Por eso, la falta de atención hacia el Hijo es, en definitiva, una falta contra el Padre que nos lo ha dado y ha puesto sus complacencias en él. El seguimiento será para el discípulo una continua invitación a escuchar al Hijo y orientar sus pasos hacia él.* •

Lectura del santo evangelio según san Lucas 10,13-16

EN AQUEL TIEMPO, dijo Jesús: «¡Ay de ti, Corozaín; ay de ti, Betsaida! Pues si en Tiro y en Sidón se hubieran hecho los

milagros que en vosotras, hace tiempo que se habrían convertido, vestidos de sayal y sentados en la ceniza. Por eso el juicio les será más llevadero a Tiro y a Sidón que a vosotras. Y tú, Cafarnaún, ¿piensas escalar el cielo? Bajarás al abismo. Quien a vosotros escucha, a mí me escucha; quien a vosotros rechaza, a mí me rechaza; y quien me rechaza a mí, rechaza al que me ha enviado».
Palabra del Señor.

Oración sobre las ofrendas

Dios todopoderoso,
humildemente imploramos
de tu divina Majestad
que, así como estos dones ofrecidos
en honor de san Bruno
manifiestan la gloria de tu poder divino,
del mismo modo nos alcancen el fruto
de tu salvación.
Por Jesucristo, nuestro Señor.

Antífona de comunión

Sabed que yo estoy con vosotros todos los días, hasta el final de los tiempos, dice el Señor (Mt 28,20).

Oración después de la comunión

Señor,
que los sacramentos que hemos recibido
nos preparen a los gozos eternos
que mereció san Bruno, tu servidor fiel.
Por Jesucristo, nuestro Señor.

O bien:

Fortalecidos con el alimento santo,
te rogamos, Dios todopoderoso,
que, siguiendo siempre el ejemplo
de san Bruno,
nos concedas servirte con entrega constante
y progresar en el amor incansable hacia todos.
Por Jesucristo, nuestro Señor.

MEDITACIÓN

Quien a vosotros os escucha a mí me escucha

Como el aliento del hombre pasa por la cabeza para descender a los miembros y vivificarlos, también el Espíritu Santo viene a los cristianos a través de Cristo. La cabeza es Cristo, el miembro es el cristiano. Hay una cabeza y muchos miembros, y un solo cuerpo formado por la cabeza y los miembros; y en este solo cuerpo hay un único Espíritu que está en plenitud en la cabeza y en participación en los miembros. Si, pues, no hay más que un cuerpo, tampoco hay más que un solo Espíritu. Quien no está en el cuerpo no puede ser vivificado por el Espíritu, porque, según la palabra de la Escritura: *Quien no tiene el Espíritu de Cristo no es de Cristo,* es decir, no es miembro de Cristo.

Nada de lo que forma parte del cuerpo está muerto y nada de lo que está separado del cuerpo está vivo. Nosotros llegamos a ser miembros por la fe, somos vivificados por el amor. Por la fe, recibimos la unidad; por la caridad, recibimos la vida. El sacramento del bautismo nos une; el Cuerpo y la Sangre de Cristo nos vivifican. Por el bautismo, llegamos a ser miembros del cuerpo; por el Cuerpo de Cristo, participamos en su vida.

HUGO DE SAN VÍCTOR

Canónigo regular, teólogo dogmático y místico medieval de la escuela de San Víctor (Ca. 1096-1141).

Oración de la tarde

¡Por siempre cantaremos y viviremos para tu gloria, Señor!

Gloria al Padre, y al Hijo, y al Espíritu Santo...

HIMNO

Señor, te suplico que apartes de mí
cuanto me arranca, separa
y aleja de ti, y a ti de mí.

Aparta de mí lo que me hace mezquino,
lo que me hace seco, lo que me hace rígido,
complicado, abatido,
lo que me hace indigno de que me visites,
me corrijas, me ames y me quieras bien.

Compadécete de mí, Señor,
compadécete siempre de mí
y aparta de mí todo aquello que me impide
verte, oírte, gustarte, sentirte, tocarte,
tenerte presente y disfrutar contigo.
Amén.

SALMO 114

Amo al Señor, porque escucha
mi voz suplicante;
porque inclina su oído hacia mí,
el día que lo invoco.

Me envolvían redes de muerte,
me alcanzaron los lazos del Abismo,
caí en tristeza y angustia.
Invoqué el nombre del Señor:
«Señor, salva mi vida».

El Señor es benigno y justo,
nuestro Dios es compasivo;
el Señor guarda a los sencillos:
estando yo sin fuerzas, me salvó.

Alma mía, recobra tu calma,
que el Señor fue bueno contigo:

arrancó mi alma de la muerte,
mis ojos de las lágrimas,
mis pies de la caída.

Caminaré en presencia del Señor,
en el país de la vida.

Gloria al Padre…

Palabra de Dios — 1 Corintios 2,7-10a

ENSEÑAMOS una sabiduría divina, misteriosa, escondida, predestinada por Dios antes de los siglos para nuestra gloria. Ninguno de los príncipes de este mundo la ha conocido; pues, si la hubiesen conocido, nunca hubieran crucificado al Señor de la gloria. Sino, como está escrito: «Ni el ojo vio, ni el oído oyó, ni el hombre puede pensar lo que Dios ha preparado para los que lo aman». Y Dios nos lo ha revelado por el Espíritu.

Cristo murió por los pecados,
para conducirnos a Dios. Cristo…

CÁNTICO DE MARÍA — (Texto contraportada A)

Acuérdate de tu misericordia, Señor, como lo habías prometido a nuestros padres.

PRECES

El mundo necesita de la misericordia de Dios. Por eso, pedimos:

℟ Señor, escucha nuestra oración.

Da paz a los que viven angustiados,
– e ilumina a los que viven desconcertados. ℟

Da seguridad a los que se encuentran indecisos,
– y prudencia a quienes han de tomar decisiones. ℟

Da fortaleza a quienes se enfrentan a las dificultades,
– y paciencia a los que han sufrido decepciones. ℟

Da luz a los que viven en la oscuridad,
– y templanza a los que son arrastrados por los malos deseos. ℟

Danos tu amor y tu gracia, que eso nos basta,
– y concédenos vivir siempre en tu presencia. ℟

Intenciones libres

Padre nuestro…

ANTÍFONA MARIANA (Texto página 26)

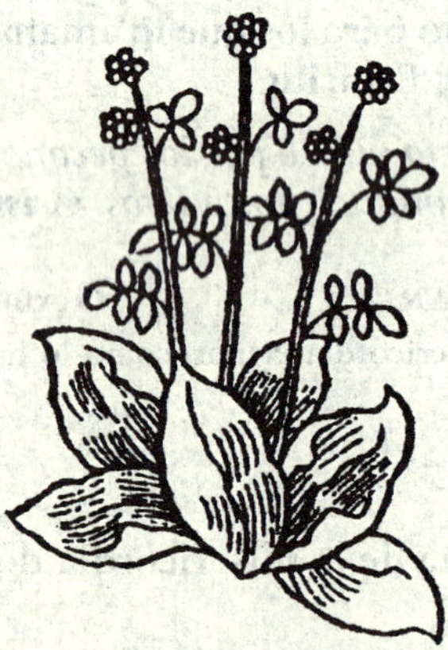

SANTOS
DE AYER Y DE HOY

Madre de innumerables almas,
ruega por nosotros.

BEATO DIEGO ALBAÑIL BARRENA
Sacerdote y mártir (1903-1936)

Nació en el seno de una familia humilde de Fuente Obejuna, Córdoba, en 1903. A los 14 años ingresó en el seminario de San Pelagio. Recibió el presbiterado el 29 mayo de 1926. Tras hacerse cargo de la coadjutoría de la parroquia de San Sebastián de Esquiel, fue nombrado cura ecónomo de la parroquia de San Juan Bautista de Argallón, donde demostró su ejemplaridad cristiana. Sirvió en pueblos pequeños y humildes, y cuando quedó suprimida la paga del Estado (en 1931), tuvo que abandonar su residencia en la aldea y mudarse a su pueblo. Fue detenido al principio de la Guerra Civil y conducido a la cárcel. Le sacaron de ella la noche del 20 al 21 de septiembre. Fue asesinado junto a las tapias del cementerio de la Granja de Torrehermosa.

Podemos decir muy bien,
sin vanagloria, que hemos recibido gracias
y luces muy especiales. Vivimos en la verdad;
vemos las cosas bajo su verdadera luz.

Santa Teresa del Niño Jesús

[SÁBADO 7 DE OCTUBRE]

Bienaventurada Virgen María del Rosario

Oración de la mañana

Adoremos al Señor,
que se encarnó en María Virgen.
Adoremos al Padre, y al Hijo, y al Espíritu Santo.

Gloria al Padre, y al Hijo,
y al Espíritu Santo,
por los siglos de los siglos. Amén. ¡Aleluya!

HIMNO

Rezar el santo Rosario
no solo es hacer memoria
del gozo, el dolor, la gloria,
de Nazaret al Calvario.
Es el fiel itinerario
de una realidad vivida,
y quedará entretejida,
siguiendo al Cristo gozoso,
crucificado y glorioso,
en el Rosario, la vida.

Gloria al Padre, gloria al Hijo,
gloria al Espíritu Santo,
por los siglos de los siglos.
Amén.

SALMO 8

Señor, dueño nuestro,
¡qué admirable es tu nombre
en toda la tierra!

Ensalzaste tu majestad sobre los cielos.
De la boca de los niños de pecho
has sacado una alabanza contra tus enemigos,
para reprimir al adversario y al rebelde.

Cuando contemplo el cielo, obra de tus dedos,
la luna y las estrellas que has creado,
¿qué es el hombre para que te acuerdes de él,
el ser humano, para darle poder?

Lo hiciste poco inferior a los ángeles,
lo coronaste de gloria y dignidad;
le diste el mando sobre las obras de tus manos,
todo lo sometiste bajo sus pies:

rebaños de ovejas y toros,
y hasta las bestias del campo,
las aves del cielo, los peces del mar,
que trazan sendas por el mar.

Señor, dueño nuestro,
¡qué admirable es tu nombre
en toda la tierra!

Gloria al Padre…

Palabra de Dios — Cf. Isaías 61,10

Desbordo de gozo con el Señor, y me alegro con mi Dios: porque me ha vestido un traje de gala y me ha envuelto en un manto de triunfo, como novia que se adorna con sus joyas.

Alégrate, María, llena de gracia,
el Señor está contigo. Alégrate…

Cántico de Zacarías — (Texto contraportada B)

Madre santa y Virgen sin mancha, Reina gloriosa del mundo, sientan tu protección todos los que celebran tu santa festividad.

PRECES

Jesús ha venido al mundo a través de María. En ella encontramos ayuda y ejemplo para seguirle. Llenos de fe, decimos:

℟ Señor, muéstranos tu rostro.

Que, como la Virgen, sepamos custodiar en nuestro corazón tus palabras y acciones, y meditándolas crezcamos en tu amor. ℟

Que, como María, estemos atentos a las necesidades de los que nos rodean y sepamos acudir en su ayuda. ℟

Que, como la Virgen, seamos fieles colaboradores de la venida de tu reino, y nuestras acciones contribuyan a ello. ℟

Que, como María, seamos constantes en la fe, la esperanza y la caridad. ℟

Intenciones libres

Padre nuestro…

ORACIÓN

Derrama, Señor, tu gracia en nuestros corazones, para que, quienes hemos conocido, por el anuncio del ángel, la encarnación de Cristo, tu Hijo, lleguemos, por su pasión y su cruz, y la intercesión de la bienaventurada Virgen María, a la gloria de la resurrección. Por nuestro Señor Jesucristo.

MISA

Sábado de la 26ª semana del tiempo ordinario

BIENAVENTURADA VIRGEN MARÍA DEL ROSARIO *Memoria*

• *Esta conmemoración fue instituida por el papa san Pío V en el día aniversario de la victoria obtenida por los cristianos en la batalla naval de Lepanto (1571), victoria atribuida a la Madre de Dios, invocada por la oración del rosario. La celebración de este día es una invitación para todos a meditar los misterios de Cristo, en compañía de la Virgen María, que estuvo asociada de un modo especialísimo a la encarnación, la pasión y la gloria de la resurrección del Hijo de Dios.* •

ANTÍFONA DE ENTRADA

Dios te salve, María, llena eres de gracia, el Señor es contigo: bendita tú eres entre todas las mujeres y bendito es el fruto de tu vientre (cf. Lc 1,28. 42).

ORACIÓN COLECTA

Derrama, Señor, tu gracia en nuestros corazones,
para que, quienes hemos conocido,
por el anuncio del ángel,
la encarnación de Cristo, tu Hijo,
lleguemos, por su pasión y su cruz,
y la intercesión de la bienaventurada Virgen María,
a la gloria de la resurrección.
Por nuestro Señor Jesucristo.

Lectura del libro de Baruc 4,5-12. 27-29

¡ÁNIMO, PUEBLO MÍO, que llevas el nombre de Israel! Os vendieron a naciones extranjeras, pero no para ser aniquilados. Por la cólera de Dios contra vosotros, os entregaron en poder del enemigo, porque irritasteis a vuestro Creador, sacrificando a demonios, no a Dios; os olvidasteis del Señor eterno, del Señor que os había alimentado, y afligisteis a Jerusalén que os criaba. Cuando ella vio que el castigo de Dios se avecinaba, dijo: Escuchad, habitantes de Sion, Dios me ha cubierto de aflicción. He visto que el Eterno ha mandado cautivos a mis hijos y a mis hijas; los había criado con alegría, los despedí con lágrimas de pena. Que nadie se alegre cuando vea a esta viuda

abandonada de todos. Si ahora me encuentro desierta, es por los pecados de mis hijos, que se apartaron de la ley de Dios. ¡Ánimo, hijos! Gritad a Dios, os castigó pero se acordará de vosotros. Si un día os empeñasteis en alejaros de Dios, volveos a buscarlo con redoblado empeño. El mismo que os mandó las desgracias os mandará el gozo eterno de vuestra salvación.
Palabra de Dios.

Salmo 68

℟ **El Señor escucha a sus pobres.**

Miradlo, los humildes, y alegraos;
buscad al Señor, y revivirá vuestro corazón.
Que el Señor escucha a sus pobres,
no desprecia a sus cautivos.
Alábenlo el cielo y la tierra,
las aguas y cuanto bulle en ellas. ℟

Dios salvará a Sion,
reconstruirá las ciudades de Judá
y las habitarán en posesión.
La estirpe de sus siervos la heredará,
los que aman su nombre vivirán en ella. ℟

Aleluya, aleluya, aleluya. Bendito seas, Padre, Señor del cielo y de la tierra, porque has revelado los misterios del reino a los pequeños.

• «VUESTROS NOMBRES ESTÁN INSCRITOS EN EL CIELO». *Más que en los milagros, la sublime enseñanza o el poder sobre Satanás, el gozo del discípulo se funda en su condición de hijo, amado por Dios desde toda la eternidad y llamado a la comunión con él. Su nombre, pronunciado con ternura, se encuentra escrito en el corazón de Dios y en él pervive más allá de la consumación de los siglos.* •

Lectura del santo evangelio según san Lucas 10,17-24

En aquel tiempo, los setenta y dos volvieron con alegría diciendo: «Señor, hasta los demonios se nos someten en tu nombre». Jesús les dijo: «Estaba viendo a Satanás caer del cielo como un rayo. Mirad: os he dado el poder de pisotear serpientes y escorpiones y todo poder del enemigo, y nada os hará daño alguno. Sin embargo, no estéis alegres porque se os someten los espíritus; estad alegres porque vuestros nombres están inscritos en el cielo». En aquella hora, se llenó de alegría en el Espíritu Santo y dijo: «Te doy gracias, Padre, Señor del cielo y de la tierra, porque has escondido estas cosas a los sabios y entendidos, y las has revelado a los pequeños. Sí, Padre, porque así te ha parecido bien. Todo me ha sido entregado por mi Padre, y nadie conoce quién es el Hijo sino el Padre; ni quién es el Padre sino el Hijo y aquel a quien el Hijo se lo quiera revelar». Y, volviéndose a sus discípulos, les dijo aparte: «¡Bienaventurados los ojos que ven lo que vosotros veis! Porque os digo que muchos profetas y reyes quisieron ver lo que vosotros veis, y no lo vieron; y oír lo que vosotros oís, y no lo oyeron».
Palabra del Señor.

Oración sobre las ofrendas

Haz, Señor, que nos preparemos dignamente
con estos dones presentados,
y que celebremos de tal modo
los misterios de tu Unigénito
que merezcamos ser dignos de sus promesas.
Por Jesucristo, nuestro Señor.

Prefacio: La maternidad de María

En verdad es justo y necesario,
es nuestro deber y salvación
darte gracias siempre y en todo lugar,

Señor, Padre santo,
Dios todopoderoso y eterno.

Y alabar, bendecir y proclamar tu gloria
en la fiesta de santa María, siempre virgen.
Porque ella concibió a tu único Hijo
por obra del Espíritu Santo,
y, sin perder la gloria de su virginidad,
derramó sobre el mundo la luz eterna,
Jesucristo, Señor nuestro.

Por él, los ángeles alaban tu gloria,
te adoran las dominaciones
y tiemblan las potestades,
los cielos, sus virtudes y los santos serafines
te celebran unidos en común alegría.
Permítenos asociarnos a sus voces
cantando humildemente tu alabanza: Santo...

ANTÍFONA DE COMUNIÓN

Concebirás en tu vientre y darás a luz un hijo, y le pondrás por nombre Jesús (Lc 1,31).

ORACIÓN DESPUÉS DE LA COMUNIÓN

Te rogamos,
Señor y Dios nuestro,
que quienes anunciamos en este sacramento
la muerte y resurrección de tu Hijo,
asociados a su pasión,
merezcamos participar
del gozo y de la gloria.
Por Jesucristo, nuestro Señor.

M E D I T A C I Ó N

He aquí la esclava del Señor

No es de extrañar que los santos Padres llamen comúnmente a la Madre de Dios la totalmente Santa, la que está libre de toda mancha de pecado, la que está modelada y formada por el Espíritu Santo como una nueva criatura. Adornada desde el primer instante de su concepción con los esplendores de una santidad totalmente singular, la Virgen de Nazaret es saludada por el ángel de la anunciación, según encargo de Dios, como *la llena de gracia.* Y ella responde al mensajero celestial: *¡He aquí la esclava del Señor! Hágase en mí según tu palabra.*

Así María, hija de Adán, dando su consentimiento a la palabra de Dios, se convierte en Madre de Jesús; abrazando de todo corazón –sin que hubiera en ella obstáculo por pecado alguno– la voluntad salvadora de Dios, queda consagrada totalmente como Esclava del Señor en la persona y la obra de su Hijo, totalmente al servicio del misterio de la redención, dependiendo de su Hijo y en unión con él, por la gracia del Todopoderoso. Por tanto, en justicia los santos Padres estiman que María no fue un instrumento puramente pasivo en las manos de Dios, sino que cooperó a la salvación del hombre en la libertad de su fe y de su obediencia, «llegando a ser así causa de salvación para ella y para todo el género humano» (san Ireneo).

CONCILIO VATICANO II

Concilio ecuménico XXI de la Iglesia católica (1963-1965).

Oración de la tarde

Vísperas del 27° domingo del tiempo ordinario

Señor, ven en mi ayuda; ¡que yo te dé gracias sin fin!

Gloria al Padre, y al Hijo, y al Espíritu Santo...

HIMNO

Alma, buscarte has en mí,
y a mí buscarme has en ti.

De tal suerte pudo amor,
alma, en mí te retratar,
que ningún sabio pintor
supiera con tal primor
tal imagen estampar.

Fuiste por amor criada
hermosa, bella, y así
en mis entrañas pintada,
si te perdieres, mi amada,
alma, buscarte has en mí.

Que yo sé que te hallarás
en mi pecho retratada,
y tan al vivo sacada,
que si te ves te holgarás,
viéndote tan bien pintada.

Y si acaso no supieres
dónde me hallarás a mí,
no andes de aquí para allí,
sino, si hallarme quisieres,
a mí buscarme has en ti.

Porque tú eres mi aposento,
eres mi casa y morada,
y así llamo en cualquier tiempo,
si hallo en tu pensamiento
estar la puerta cerrada.

Fuera de ti no hay buscarme,
porque para hallarme a mí,
bastará solo llamarme,
que a ti iré sin tardarme
y a mí buscarme has en ti.

Gloria al Padre, y al Hijo, y al Espíritu Santo.
Amén.

SALMO 112

Alabad, siervos del Señor,
alabad el nombre del Señor.
Bendito sea el nombre del Señor,
ahora y por siempre:
de la salida del sol hasta su ocaso,
alabado sea el nombre del Señor.

El Señor se eleva sobre todos los pueblos,
su gloria sobre los cielos.
¿Quién como el Señor, Dios nuestro,
que se eleva en su trono,
y se abaja para mirar
al cielo y a la tierra?
Levanta del polvo al desvalido,
alza de la basura al pobre,
para sentarlo con los príncipes,
los príncipes de su pueblo;
a la estéril le da un puesto en la casa
como madre feliz de hijos.

Gloria al Padre…

Palabra de Dios — Hebreos 13,20-21

QUE EL DIOS DE LA PAZ, que hizo subir de entre los muertos al gran Pastor de las ovejas, nuestro Señor Jesús, en virtud de la sangre de la alianza eterna, os ponga a punto en todo bien, para que cumpláis su voluntad. Él realizará en nosotros lo que es de su agrado, por medio de Jesucristo; a él la gloria por los siglos de los siglos. Amén.

Cuántas son tus obras, Señor,
y todas las hiciste con sabiduría. Cuántas…

CÁNTICO DE MARÍA — (Texto contraportada A)

La viña del Señor de los ejércitos es la casa de Israel. Aleluya.

PRECES

Por mediación de María, que guardaba todas las cosas en su corazón y las meditaba, pidámosle a Dios no olvidar nunca sus beneficios:

℟ Quédate con nosotros, Señor.

Cuando el sol ya se pone, te rogamos que nos acompañes durante esta noche, para que nuestro descanso sea tranquilo y mañana podamos cumplir tu voluntad. ℟

Que, como María, sepamos colaborar en la misión de tu Hijo, y estemos atentos a las necesidades de los demás. ℟

Con María queremos estar unidos a ti, también durante esta noche, y a todos los hombres y mujeres que trabajan, están de viaje, sufren por su enfermedad o padecen tribulaciones. ℟

Acuérdate de los padres que esperan en vela el regreso de sus hijos, de quienes padecen insomnio y de los que no logran conciliar el sueño porque les remuerde la conciencia. ℟

Te pedimos por nuestros hermanos difuntos, para que puedan despertarse junto a María y así vivan para siempre. ℟

Intenciones libres

Padre nuestro…

ANTÍFONA MARIANA

(Texto página 26)

SANTOS
DE AYER Y DE HOY

Ejemplar de santidad,
ruega por nosotros.

SAN EUSEBIO DE CREMONA
Monje († 423)

En su juventud peregrinó a Roma, donde estrechó una fuerte amistad con san Jerónimo, a quien Eusebio dedicó varias de sus obras. Eusebio acompañó a Jerónimo a Tierra Santa y a Belén. San Jerónimo entendió la necesidad de construir allí un albergue para los peregrinos, para lo cual envió a Eusebio a Italia. San Eusebio vendió para ello las propiedades que tenía en Cremona. De nuevo en Roma, sufrió el agresivo ataque de Rufino, un sacerdote que al parecer había hecho una traducción poco edificante de las obras de Orígenes y que además predicaba falsas doctrinas. Murió en el año 423. Uno de los altares en la cripta de la iglesia de Natividad de Belén está dedicado a su persona.

Por más que me esfuerzo por meditar
los misterios del rosario, no consigo fijar la atención…
Durante mucho tiempo viví desconsolada
por esta falta de atención, que me extrañaba,
pues amo tanto a la Santísima Virgen,
que debería resultarme fácil rezar en su honor
unas oraciones que tanto le agradan.
Ahora me entristezco ya menos, pues pienso que,
como la Reina de los cielos es mi Madre,
ve mi buena voluntad y se conforma con ella.

Santa Teresa del Niño Jesús

Palabra de Dios para el domingo

David Amado Fernández

«La viña del Señor es la casa de Israel». En el trasfondo de esta imagen no solo está el amor preferente del Señor por su pueblo, sino también el hecho de que la viña existe por la dedicación de su dueño. Israel es hechura de Dios. En el evangelio, Jesús actualiza el Canto de Isaías. El profeta había anunciado que la viña desaparecería y el terreno quedaría desolado. Ahora, sin embargo, a pesar del mal comportamiento de los viñadores, el futuro es de esperanza, pues «arrendará la viña a otros labradores».

La parábola del evangelio anticipa la pasión de Jesús y su muerte, pero también anuncia su resurrección. Este sí que será capaz de dar los frutos a su tiempo. En la cuidadosa descripción que se hace de la viña, se nos indica que había un lagar destinado a pisar la uva con la que elaborar el vino. Pero aquellos viñadores no querían beber el vino con su dueño y, en su crueldad descontrolada, acaban por asesinar al hijo.

Los hombres no hemos dado el fruto que nos correspondía y, por nuestro pecado, hemos contribuido a la muerte de Jesús en la cruz. Sin embargo, de su sangre derramada nace un nuevo pueblo. La fidelidad ya queda garantizada para siempre, porque ahora «él es la piedra angular». Así se manifiesta la desbordante misericordia de Dios.

Hoy no podemos reducir esa parábola al anuncio que hizo Jesús a los judíos de su tiempo. La nueva viña es Cristo, y nosotros, por el bautismo, formamos parte de ella. Gaudencio de Brescia nos propone una bella imagen con la que explica cómo, en la Misa, se actualiza el sacrificio de la cruz. Nosotros podemos no solo recibir sus beneficios, sino también aportar nuestros dones. Dice así: «El vino de su sangre se hace con muchos granos de racimos cosechados de la viña por él plantada y exprimidos en la prensa de la cruz, y fermenta por su propia virtud dentro de las barricas espaciosas, que son los corazones de quienes lo beben con fe».

Como miembros de la Iglesia podemos unir nuestras ofrendas al sacrificio de Cristo. Al mismo tiempo, él quiere que los dones de su gracia produzcan fruto abundante en nosotros. Así la parábola también nos indica que lo que dejamos de entregar a Dios, el fruto que nos reservamos para nuestras propias celebraciones sin contar con él, también nos impide participar más plenamente de sus dones.

Benedicto XVI señaló que la denuncia que contiene la parábola nos interpela cuando, en nuestro comportamiento, manifestamos frialdad e incluso nos rebelamos contra Dios. Como miembros de la Iglesia, podemos preguntarnos si vivimos en ella conscientes de que, en primer lugar, es de Dios y que ha nacido del costado de Cristo. Corre el peligro de que la convirtamos en nuestra propia heredad.

La imagen del lagar no deja de interpelarnos. Nuestra vida y todo lo que realizamos ha de poder unirse al sacrificio de Jesús. De esa manera comprendemos que permanecemos en un misterio de amor que no solo es inagotable, sino que, además, es insondable porque no dejamos de descubrir nuevas dimensiones de la misericordia de Dios. De alguna manera es lo que nos recuerda san Pablo, con unas palabras que evocan a la Eucaristía, para vivir fuera de toda preocupación: «Que en la oración y súplica con acción de gracias, vuestras peticiones sean presentadas a Dios». •

La oración universal

Estas intenciones deben ser completadas y actualizadas por la comunidad que celebra.

El apóstol san Pablo nos ha exhortado hoy a presentar nuestras oraciones a Dios. Por eso, oremos juntos con confianza filial:

℟ *Escucha, Señor, nuestra oración.*

Por la Iglesia: para que sea acogedora, universal y cercana a todos. *Oremos.* ℟

Por los obispos y pastores de las comunidades cristianas: para que el Señor dirija sus proyectos y dé fecundidad a su ministerio de santificación, guía y enseñanza. *Oremos.* ℟

Por la paz en el mundo: para que todos podamos disfrutar de una vida tranquila y feliz. *Oremos.* ℟

Por todos los que son perseguidos a causa de su fe: para que su fortaleza no decaiga ante las dificultades y encuentren en Jesús su consuelo. *Oremos.* ℟

Por todos los que sufren en el cuerpo y en el espíritu: para que el Señor los alivie y libere de sus males. *Oremos.* ℟

Para que todos los que hemos sido adquiridos por la sangre de Cristo demos nuestra vida por el evangelio. *Oremos.* ℟

Señor, atiende las oraciones que te presentamos los obreros de tu viña, ayúdanos a acoger con gozo la salvación que nos trae tu Hijo y a dar frutos de santidad para la gloria. Por Jesucristo, nuestro Señor.

℟ Amén.

[DOMINGO 8 DE OCTUBRE]

Oración de la mañana

Adoremos a nuestro Dios, ¡aleluya!
Adoremos al Padre, y al Hijo,
y al Espíritu Santo, ¡aleluya!

Alabad al Señor, todas las naciones;
aclamadlo, todos los pueblos.

Fuerte es su amor para con nosotros;
¡la fidelidad del Señor es eterna!

Gloria al Padre, y al Hijo, y al Espíritu Santo,
por los siglos de los siglos. Amén. ¡Aleluya!

HIMNO

Autor del cielo y el suelo,
que, por dejarlas más claras,
las grandes aguas separas,
pones un límite al hielo.

Tú que das cauce al riachuelo
y alzas la nube a la altura,
tú que en cristal de frescura
sueltas las aguas del río
sobre las tierras de estío,
sanando su quemadura,

danos tu gracia, piadoso,
para que el viejo pecado
no lleve al hombre engañado
a sucumbir a su acoso.
Hazle en la fe luminoso,
alegre en la austeridad,

y hágale tu claridad
salir de sus vanidades;
dale, Verdad de verdades,
el amor a tu verdad. Amén.

SALMO 92

El Señor reina, vestido de majestad,
el Señor, vestido y ceñido de poder:
así está firme el orbe y no vacila.

Tu trono está firme desde siempre,
y tú eres eterno.

Levantan los ríos, Señor,
levantan los ríos su voz,
levantan los ríos su fragor;

pero más que la voz de aguas caudalosas,
más potente que el oleaje del mar,
más potente en el cielo es el Señor.

Tus mandatos son fieles y seguros,
la santidad es el adorno de tu casa,
Señor, por días sin término.

Gloria al Padre…

Palabra de Dios — Ezequiel 37,12b-14

ASÍ DICE EL SEÑOR: «Yo mismo abriré vuestros sepulcros, y os haré salir de vuestros sepulcros, pueblo mío, y os traeré a la tierra de Israel. Y, cuando abra vuestros sepulcros y os saque de vuestros sepulcros, pueblo mío, sabréis que soy el Señor. Os infundiré mi espíritu, y viviréis; os colocaré en vuestra tierra, y sabréis que yo, el Señor, lo digo y lo hago». Oráculo del Señor.

Cristo, Hijo de Dios vivo,
ten piedad de nosotros. Cristo…

CÁNTICO DE ZACARÍAS (Texto contraportada B)

La piedra que desecharon los arquitectos es ahora la piedra angular de la casa de Dios.

PRECES

«La piedra que rechazaron los arquitectos es ahora la piedra angular». Con la mirada puesta en Jesucristo, que venció la muerte con su resurrección, decimos:

℟ Señor, escucha al pueblo que te suplica.

Señor, tú has plantado la viña y la cuidas con esmero,
– ilumina a los que has llamado a trabajar en ella
para que den fruto abundante de buenas obras. ℟

Señor, tú te entregaste por nosotros y derramaste
tu sangre para que tuviéramos vida,
– haz que la Iglesia no deje de acercar los bienes
de la salvación a todos los pueblos. ℟

Señor, tú quieres que los hombres colaboren entre
sí para favorecer el desarrollo y promover la justicia,
– guía los pasos de los gobernantes y los poderosos
para que todas las personas sean tratadas
con respeto. ℟

Señor, tú nos dejaste el bien de la creación
y encargaste a los hombres su cuidado,
– que sepamos aprovechar sus recursos de una manera
ordenada y que estos sirvan para el progreso de todos
los hombres. ℟

Intenciones libres

Padre nuestro…

ORACIÓN

Dios todopoderoso y eterno, que desbordas con la abundancia de tu amor los méritos y los deseos de los que te suplican, derrama sobre nosotros tu misericordia, para que perdones lo que pesa en la conciencia y nos concedas aun aquello que la oración no menciona. Por nuestro Señor Jesucristo.

MISA

Vigesimoséptimo domingo del tiempo ordinario

ANTÍFONA DE ENTRADA

A tu poder, Señor, está sometido el mundo entero; nadie puede oponerse a ti. Tú creaste el cielo y la tierra y las maravillas todas que existen bajo el cielo. Tú eres Señor del universo (cf. Est 4,17).

GLORIA página 218

ORACIÓN COLECTA

Dios todopoderoso y eterno,
que desbordas con la abundancia de tu amor
los méritos y los deseos de los que te suplican,
derrama sobre nosotros tu misericordia,
para que perdones lo que pesa en la conciencia
y nos concedas aun aquello
que la oración no menciona.
Por nuestro Señor Jesucristo.

Lectura del libro de Isaías 5,1-7

VOY A CANTAR a mi amigo el canto de mi amado por su viña. Mi amigo tenía una viña en un fértil collado. La entrecavó, quitó las piedras y plantó buenas cepas; construyó en medio una torre y cavó un lagar. Esperaba que diese uvas, pero dio agrazones. Ahora, habitantes de Jerusalén, hombres de Judá, por favor, sed jueces entre mí y mi viña. ¿Qué más podía hacer yo por mi viña que no hubiera hecho? ¿Por qué, cuando yo esperaba que diera uvas, dio agrazones? Pues os hago saber lo que haré con mi viña: quitar su valla y que sirva de leña, derruir su tapia y que sea pisoteada. La convertiré en un erial: no la podarán ni la escardarán, allí crecerán zarzas y cardos, prohibiré a las nubes que lluevan sobre ella. La viña del Señor del universo es la casa de Israel y los hombres de Judá su plantel preferido. Esperaba de ellos derecho, y ahí tenéis: sangre derramada; esperaba justicia, y ahí tenéis: lamentos. Palabra de Dios.

SALMO 79

℟ **La viña del Señor es la casa de Israel.**

Sacaste una vid de Egipto,
expulsaste a los gentiles, y la trasplantaste.
Extendió sus sarmientos hasta el mar,
y sus brotes hasta el Gran Río. ℟

¿Por qué has derribado su cerca
para que la saqueen los viandantes,
la pisoteen los jabalíes
y se la coman las alimañas? ℟

Dios del universo, vuélvete:
mira desde el cielo, fíjate,
ven a visitar tu viña.
Cuida la cepa que tu diestra plantó
y al hijo del hombre que tú has fortalecido. ℟

No nos alejaremos de ti:
danos vida, para que invoquemos tu nombre.
Señor, Dios del universo, restáuranos,
que brille tu rostro y nos salve. ℟

Lectura de la carta del apóstol san Pablo a los Filipenses 4,6-9

HERMANOS: Nada os preocupe; sino que, en toda ocasión, en la oración y en la súplica, con acción de gracias, vuestras peticiones sean presentadas a Dios. Y la paz de Dios, que supera todo juicio, custodiará vuestros corazones y vuestros pensamientos en Cristo Jesús. Finalmente, hermanos, todo lo que es verdadero, noble, justo, puro, amable, laudable, todo lo que es virtud o mérito, tenedlo en cuenta. Lo que aprendisteis, recibisteis, oísteis, visteis en mí, ponedlo por obra. Y el Dios de la paz estará con vosotros. Palabra de Dios.

Aleluya, aleluya, aleluya. Yo os he elegido del mundo –dice el Señor–, para que vayáis y deis fruto, y vuestro fruto permanezca.

Lectura del santo evangelio según san Mateo 21,33-43

En aquel tiempo, dijo Jesús a los sumos sacerdotes y a los ancianos del pueblo: «Escuchad otra parábola: "Había un propietario que plantó una viña, la rodeó con una cerca, cavó en ella un lagar, construyó una torre, la arrendó a unos labradores y se marchó lejos. Llegado el tiempo de los frutos, envió sus criados a los labradores para percibir los frutos que le correspondían. Pero los labradores, agarrando a los criados, apalearon a uno, mataron a otro y a otro lo apedrearon. Envió de nuevo otros criados, más que la primera vez, e hicieron con ellos lo mismo. Por último, les mandó a su hijo diciéndose: 'Tendrán respeto a mi hijo'. Pero los labradores, al ver al hijo se dijeron: 'Este es el heredero: venid, lo matamos y nos quedamos con su herencia'. Y agarrándolo, lo sacaron fuera de la viña y lo mataron". Cuando vuelva el dueño de la viña, ¿qué hará con aquellos labradores?» Le contestan: «Hará morir de mala muerte a esos malvados y arrendará la viña a otros labradores que le entreguen los frutos a su tiempo». Y Jesús les dice: «¿No habéis leído nunca en la Escritura: "La piedra que desecharon los arquitectos es ahora la piedra angular. Es el Señor quien lo ha hecho,

ha sido un milagro patente”? Por eso os digo que se os quitará a vosotros el reino de Dios y se dará a un pueblo que produzca sus frutos».
Palabra del Señor.

CREDO página 219

ORACIÓN DE LOS FIELES página 124

ORACIÓN SOBRE LAS OFRENDAS

Acepta, Señor, el sacrificio establecido por ti
y, por estos santos misterios
que celebramos en razón de nuestro ministerio,
perfecciona en nosotros como conviene
la obra santificadora de tu redención.
Por Jesucristo, nuestro Señor.

PREFACIO página 223

ANTÍFONA DE COMUNIÓN

El Señor es bueno para quienes esperan en él, para quien lo busca (cf. Lam 3,25).

O bien:

Porque el pan es uno, nosotros, siendo muchos, formamos un solo cuerpo, pues todos comemos del mismo pan y participamos del mismo cáliz (cf. 1 Cor 10,17).

ORACIÓN DESPUÉS DE LA COMUNIÓN

Concédenos, Dios todopoderoso,
que nos alimentemos y saciemos
en los sacramentos recibidos,
hasta que nos transformemos en lo que hemos tomado.
Por Jesucristo, nuestro Señor.

MEDITACIÓN

Esta es la obra del Señor, admirable a nuestros ojos

Cristo nos ha encargado el ministerio de la reconciliación. Pablo pone aquí en evidencia la dignidad de los apóstoles, mostrando la grandeza de la misión encomendada a ellos por el inmenso amor de Dios hacia nosotros. Aun habiendo los hombres rehusado escuchar al que los había invitado, Dios no dio libre curso a su ira ni los rechazó para siempre, sino que continúa llamándolos, bien directamente, bien por medio de sus ministros. ¿Quién será capaz de exaltar convenientemente tanta solicitud? Inmolaron al Hijo enviado para reparar sus ofensas, al Hijo único y consustancial, y el Padre no ha rechazado a sus asesinos, sino todo lo contrario. Y una vez que Cristo abandonó la tierra, nos encargó que le sustituyéramos: *Nos encargó el ministerio de la reconciliación…*

No obstante el gran número de nuestros pecados, no solo no nos ha obligado a sufrir la pena, sino que además ha querido reconciliarse con nosotros: no contento con abonar nuestra deuda, no la ha tenido ni en cuenta. ¡Este es el modo en que debemos perdonar a nuestros enemigos si queremos asegurarnos el perdón de Dios! *Él nos encargó el ministerio de la reconciliación.*

SAN JUAN CRISÓSTOMO

Natural de Antioquía, fue monje y obispo de Constantinopla; gran predicador y escritor, murió en el destierro. Es doctor de la Iglesia (Ca. 349-407).

Oración de la tarde

Señor, ven en mi ayuda; ¡que yo te dé gracias sin fin!

¡Gloria al Padre, y al Hijo, y al Espíritu Santo,
al Dios que es, que era y que viene,
por los siglos de los siglos! Amén. ¡Aleluya!

HIMNO

Costumbre es del amante, si se parte,
dejar al que ama, en prenda señalada,

la prenda más querida y preciada
que acuerde su presencia, aunque se aparte.

Hoy, Dios, de esta manera y con tal arte,
al ausentarse de su Esposa amada,
le deja su cuerpo en forma consagrada
en toda todo y todo en cualquier parte.

¡Oh milagro tan digno de este nombre,
que al más agudo entendimiento y grave
deja confuso, atónito, espantado!
Viendo que solo por amor del hombre,
Dios, que en el cielo ni en la tierra cabe,
así todo se encierra en un bocado. Amén.

Salmo 110

Doy gracias al Señor de todo corazón,
en compañía de los rectos, en la asamblea.
Grandes son las obras del Señor,
dignas de estudio para los que las aman.

Esplendor y belleza son su obra,
su generosidad dura por siempre;
ha hecho maravillas memorables,
el Señor es piadoso y clemente.

Él da alimento a sus fieles,
recordando siempre su alianza.
mostró a su pueblo la fuerza de su obrar,
dándoles la heredad de los gentiles.
Justicia y verdad son las obras de sus manos,
todos sus preceptos merecen confianza:
son estables para siempre jamás,
se han de cumplir con verdad y rectitud.

Envió la redención a su pueblo,
ratificó para siempre su alianza:
su nombre es sagrado y temible.

Primicia de la sabiduría es el temor del Señor,
tienen buen juicio los que lo practican;
la alabanza del Señor dura por siempre.

Gloria al Padre…

Palabra de Dios — 1 Pedro 1,3-5

BENDITO SEA DIOS, Padre de nuestro Señor Jesucristo, que en su gran misericordia, por la resurrección de Jesucristo de entre los muertos, nos ha hecho nacer de nuevo para una esperanza viva, para una herencia incorruptible, pura, imperecedera, que os está reservada en el cielo. La fuerza de Dios os custodia en la fe para la salvación que aguarda a manifestarse en el momento final.

Bendito eres, Señor, en la bóveda del cielo. Bendito…

CÁNTICO DE MARÍA — (Texto contraportada A)

Hará morir de mala muerte a esos malvados y arrendará la viña a otros labradores, que le entreguen los frutos a sus tiempos.

PRECES

A Dios, que ha plantado su viña y la ha cuidado con esmero, le decimos:

℟ Señor, ayúdanos a dar frutos de misericordia.

Tú que has creado un mundo bueno,
– enséñanos a cuidar de la tierra que nos has dado. ℟

Tú que hiciste nacer a la Iglesia del costado traspasado de Cristo,
– bendice a los que has llamado a formar parte de ella para que no dejen de vivir según tus enseñanzas. ℟

Tú que no dejas de llamarnos a una vida de mayor entrega a ti y al prójimo,
– líbranos de las tentaciones de la comodidad, del reconocimiento y del poder. ℟

Tú que manifiestas tu poder en el pobre que confía en tu misericordia,
– enséñanos a abandonarnos totalmente en tus manos. ℟

Intenciones libres

Padre nuestro…

ANTÍFONA MARIANA (Texto página 26)

[LUNES 9 DE OCTUBRE
Santos Dionisio y compañeros o san Juan Leonardi]

Oración de la mañana

¡Venid, adoremos al Señor,porque él es nuestro Dios!

¡Gloria al Padre! ¡Gloria al Hijo!
¡Gloria al Espíritu Santo! ¡Gloria a la Trinidad!

HIMNO

Padre nuestro,
padre de todos,
líbrame del orgullo
de estar solo.

No vengo a la soledad
cuando vengo a la oración,
pues sé que, estando contigo,
con mis hermanos estoy;
y sé, estando con ellos,
que tú estás en medio, Señor.

No he venido a refugiarme
dentro de tu torreón,
como quien huye a un exilio
de aristocracia interior.
Pues vine huyendo del ruido,
pero de los hombres no.

Allí donde va un cristiano
no hay soledad, sino amor,
pues lleva toda la Iglesia
dentro de su corazón.
Y dice siempre «nosotros»,
incluso si dice «yo». Amén.

SALMO 83

¡Qué deseables son tus moradas,
Señor de los ejércitos!
Mi alma se consume y anhela
los atrios del Señor,
mi corazón y mi carne,
retozan por el Dios vivo.

Hasta el gorrión ha encontrado una casa,
y la golondrina, un nido
donde colocar sus polluelos:
tus altares, Señor de los ejércitos,
Rey mío y Dios mío.

Dichosos los que viven en tu casa,
alabándote siempre.
Dichosos los que encuentran en ti su fuerza
al preparar su peregrinación:

cuando atraviesan áridos valles,
los convierten en oasis,
como si la lluvia temprana
los cubriera de bendiciones;
caminan de baluarte en baluarte
hasta ver a Dios en Sion.

Señor de los ejércitos, escucha mi súplica;
atiéndeme, Dios de Jacob.
Fíjate, oh Dios, en nuestro Escudo,
mira el rostro de tu Ungido.

Vale más un día en tus atrios
que mil en mi casa,
y prefiero el umbral de la casa de Dios
a vivir con los malvados.

Porque el Señor es sol y escudo,
él da la gracia y la gloria.

El Señor no niega sus bienes
a los de conducta intachable.

¡Señor de los ejércitos, dichoso el hombre
que confía en ti!

Gloria al Padre…

Palabra de Dios — Santiago 2,12-13

HABLAD Y ACTUAD como quienes van a ser juzgados por una ley de libertad, porque el juicio será sin misericordia para el que no practicó la misericordia. La misericordia se ríe del juicio.

Bendito sea el Señor ahora y por siempre. Bendito…

CÁNTICO DE ZACARÍAS (Texto contraportada B)

Bendito sea el Señor, Dios nuestro.

PRECES

En la parábola del buen samaritano, Jesús nos enseña que debemos hacernos prójimos de todos los que necesitan nuestra ayuda. Por eso, le decimos:

℟ Haznos crecer en el amor.

Para que no caigamos en la tentación del egoísmo,
– ni busquemos excusas para dejar de atender a quien solicite nuestra ayuda. ℟

Para que el mandamiento del amor esté grabado
en nuestros corazones,
– e ilumine todos los actos de nuestra vida. ℟

Para que el esfuerzo de todos los trabajadores que este día se desgastarán en su tarea no sea infecundo,
– y contribuya a un mundo más justo y mejor. ℟

Para que las personas que están tristes o sufren por el peso de su conciencia puedan alcanzar la reconciliación y la paz,
– y para que el odio y la venganza sean vencidos por el amor y el perdón. ℟

Para que descubramos que solo seremos felices mediante el don de nosotros mismos,
– y sepamos aprovechar las gracias que nos ofreces cada día. ℟

Intenciones libres

Padre nuestro...

ORACIÓN

Señor Dios, rey de cielos y tierra, dirige y santifica en este día nuestros cuerpos y nuestros corazones, nuestros sentidos, palabras y acciones, según tu ley y tus mandatos; para que, con tu auxilio, alcancemos la salvación ahora y por siempre. Por nuestro Señor Jesucristo.

MISA

Lunes de la 27ª semana del tiempo ordinario

SANTOS DIONISIO Y COMPAÑEROS *Memoria libre*

• *Según narra san Gregorio de Tours, Dionisio vino de Roma a Francia, a mediados del siglo III. Fue el primer obispo de París, y sufrió el martirio en las afueras de la ciudad, junto con dos de sus clérigos.* •

ANTÍFONA DE ENTRADA

Las almas de los santos, que siguieron las huellas de Cristo, viven gozosas en el cielo. Derramaron la sangre por su amor, por eso se alegran con Cristo para siempre.

O bien:

Los santos derramaron su gloriosa sangre por el Señor, amaron a Cristo en su vida, lo imitaron en su muerte: por eso merecieron la corona triunfal.

Oración colecta

Oh, Dios, que enviaste a san Dionisio
y a sus compañeros a proclamar tu gloria
a los gentiles, y los robusteciste en el martirio
con la fuerza de la constancia,
te rogamos nos concedas imitarles
rechazando los halagos del mundo,
sin temer ninguna de sus dificultades.
Por nuestro Señor Jesucristo.

Comienzo de la profecía de Jonás 1,1—2,1. 11

El Señor dirigió su palabra a Jonás, hijo de Amitai, en estos términos: «Ponte en marcha, ve a Nínive, la gran ciudad, y llévale este mensaje contra ella, pues me he enterado de sus crímenes». Jonás se puso en marcha para huir a Tarsis, lejos del Señor. Bajó a Jafa y encontró un barco que iba a Tarsis; pagó el pasaje y embarcó para ir con ellos a Tarsis, lejos del Señor. Pero el Señor envió un viento recio y una fuerte tormenta en el mar, y el barco amenazaba con romperse. Los marineros se atemorizaron y se pusieron a rezar, cada uno a su dios. Después echaron al mar los objetos que había en el barco, para aliviar la carga. Jonás bajó al fondo de la nave y se quedó allí dormido. El capitán se le acercó y le dijo: «¿Qué haces durmiendo? Levántate y reza a tu dios; quizá se ocupe ese dios de nosotros y no muramos». Se dijeron unos a otros: «Echemos suertes para saber quién es el culpable de que nos haya caído esta desgracia». Echaron suertes y le tocó a Jonás. Entonces le dijeron: «Dinos quién tiene la culpa de esta desgracia que nos ha sobrevenido, de qué se trata, de dónde vienes, cuál es tu país y de qué pueblo eres». Jonás les respondió: «Soy hebreo y adoro al Señor, Dios del cielo, que hizo el mar y la tierra firme». Muchos de aquellos hombres se asustaron y le preguntaron: «¿Por qué has hecho eso?» Pues se enteraron por el

propio Jonás de que iba huyendo del Señor. Después le dijeron: «¿Qué vamos a hacer contigo para que se calme el mar?» Pues la tormenta arreciaba por momentos. Jonás les respondió: «Agarradme, echadme al mar y se calmará. Bien sé que soy el culpable de que os haya sobrevenido esta tormenta». Aquellos hombres intentaron remar hasta tierra firme, pero no lo consiguieron, pues la tormenta arreciaba. Entonces rezaron así al Señor: «¡Señor!, no nos hagas desaparecer por culpa de este hombre; no nos imputes sangre inocente, pues tú, Señor, actúas como te gusta». Después agarraron a Jonás y lo echaron al mar. Y el mar se calmó. Tras ver lo ocurrido, aquellos hombres temieron profundamente al Señor, le ofrecieron un sacrificio y le hicieron votos. El Señor envió un gran pez para que se tragase a Jonás, y allí estuvo Jonás, en el vientre del pez, durante tres días con sus noches. Y el Señor habló al pez, que vomitó a Jonás en tierra firme.
Palabra de Dios.

CÁNTICO (JONÁS 2)

℟. **Tú, Señor, me sacaste vivo de la fosa.**

Invoqué al Señor en mi desgracia y me escuchó;
desde lo hondo del Abismo pedí auxilio
y escuchaste mi llamada. ℟.

Me arrojaste a las profundidades de alta mar,
las corrientes me rodeaban,
todas tus olas y oleajes se echaron sobre mí. ℟.

Me dije: «Expulsado de tu presencia,
¿cuándo volveré a contemplar tu santa morada?» ℟.

Cuando ya desfallecía mi ánimo,
me acordé del Señor;
y mi oración llegó hasta ti,
hasta tu santa morada. ℟.

Aleluya, aleluya, aleluya. Os doy un mandamiento nuevo –dice el Señor–: que os améis unos a otros, como yo os he amado.

● *«¿QUIÉN ES MI PRÓJIMO?» En la parábola de Jesús, el prójimo no es una persona que se acerca a mí pidiendo ayuda o manifestando su necesidad; soy yo mismo el que, saliendo de mi comodidad, aprovecho la oportunidad para compartir mis dones y capacidades con quien me recuerda mi propia indigencia y la gracia con la que he sido bendecido.* ●

Lectura del santo evangelio según san Lucas 10,25-37

EN AQUEL TIEMPO, se levantó un maestro de la ley y preguntó a Jesús para ponerlo a prueba: «Maestro, ¿qué tengo que hacer para heredar la vida eterna?» Él le dijo: «¿Qué está escrito en la ley? ¿Qué lees en ella?» Él respondió: «"Amarás al Señor, tu Dios, con todo tu corazón y con toda tu alma y con toda tu fuerza" y con toda tu mente. Y "a tu prójimo como a ti mismo"». Él le dijo: «Has respondido correctamente. Haz esto y tendrás la vida». Pero el maestro de la ley, queriendo justificarse, dijo a Jesús: «¿Y quién es mi prójimo?» Respondió Jesús diciendo: «Un hombre bajaba de Jerusalén a Jericó, cayó en manos de unos bandidos, que lo desnudaron, lo molieron a palos y se marcharon, dejándolo medio muerto. Por casualidad, un sacerdote bajaba por aquel camino y, al verlo, dio un rodeo y pasó de largo. Y lo mismo hizo un levita que llegó a aquel sitio: al verlo dio un rodeo y pasó de largo. Pero un samaritano que iba de viaje llegó adonde estaba él y, al verlo, se compadeció, y acercándose, le vendó las heridas, echándoles aceite y vino, y, montándolo en su propia cabalgadura, lo llevó a una posada y lo cuidó. Al día siguiente, sacando dos denarios, se los dio al posadero y le dijo: «Cuida de él, y lo que gastes de más yo te

lo pagaré cuando vuelva». ¿Cuál de estos tres te parece que ha sido prójimo del que cayó en manos de los bandidos?» Él dijo: «El que practicó la misericordia con él». Jesús le dijo: «Anda y haz tú lo mismo».
Palabra del Señor.

ORACIÓN SOBRE LAS OFRENDAS

Recibe, Padre santo, las ofrendas que te presentamos
en la fiesta de tus santos mártires
Dionisio y sus compañeros
y concédenos a nosotros, siervos tuyos,
permanecer siempre firmes
en la confesión de tu nombre.
Por Jesucristo, nuestro Señor.

ANTÍFONA DE COMUNIÓN

Vosotros sois los que habéis perseverado conmigo en mis pruebas, y yo preparo para vosotros el reino, dice el Señor, para que comáis y bebáis a mi mesa en mi reino (cf. Lc 22,28-30).

O bien:

Esta es la gran recompensa de los santos junto a Dios: en verdad murieron por Cristo y viven eternamente.

ORACIÓN DESPUÉS DE LA COMUNIÓN

Oh, Dios, que iluminaste de modo admirable
el misterio de la cruz en tus santos mártires
Dionisio y sus compañeros, concédenos, por tu bondad,
que, fortalecidos por este sacrificio,
permanezcamos siempre fieles a Cristo
y trabajemos en la Iglesia por la salvación de todos.
Por Jesucristo, nuestro Señor.

MEDITACIÓN

El Espíritu de la verdad os guiará hasta la verdad plena

Si quieres orar en tu corazón y no te sientes capaz, conténtate con decir la oración con los labios y procura tener tu espíritu atento a lo que dices. Poco a poco el Señor te dará la gracia de la oración interior, y sabrás orar sin distraerte. Dios concede sus dones al alma humilde y sincera. Sé obediente, conserva en todo la medida adecuada, en la comida, en las palabras, en todo lo que emprendas. Entonces será el mismo Señor quien te dará la gracia de la oración interior.

El silencio espiritual nace del deseo de cumplir el mandato de Cristo: *Amarás al Señor, tu Dios, con todo tu corazón, con toda tu alma, con todas tus fuerzas.* Este silencio viene suscitado por la búsqueda del Dios viviente por aquel que quiere liberarse de las tentaciones de este mundo para encontrar al Señor en la plenitud del amor, para vivir en su presencia por la oración pura. De repente, por el Espíritu Santo, el alma reconoce al Señor; ¿quién puede describir este gozo y esta consolación? El Señor, en su infinita bondad, me ha concedido esta gracia a mí, que soy un pecador, para que los hombres le conozcan y vuelvan a él.

SAN SILVANO

Monje ortodoxo (1866-1938).

Oración de la tarde

¡Nuestro auxilio es el nombre del Señor,
que hizo el cielo y la tierra!

Gloria al Padre, y al Hijo,
y al Espíritu Santo…

Himno

Te haces sendero en el alma
y en tu senda están abiertas
de par en par las ventanas
y sin cerrojo la puerta.

En el sendero una luz
para el alma, siempre alerta
cual vigía que no duerme
por temor a la tormenta,
mas… sin cerrar las ventanas
ni echar cerrojo a la puerta.

Gloria al Padre, y al Hijo, y al Espíritu Santo.
Amén.

SALMO 122

A ti levanto mis ojos,
a ti que habitas en el cielo.

Como están los ojos de los esclavos
fijos en las manos de sus señores,
como están los ojos de la esclava,
fijos en las manos de su señora,
así están nuestros ojos
en el Señor, Dios nuestro,
esperando su misericordia.

Misericordia, Señor, misericordia,
que estamos saciados de desprecios;
nuestra alma está saciada
del sarcasmo de los satisfechos,
del desprecio de los orgullosos.

Gloria al Padre…

Palabra de Dios — Santiago 4,11-12

DEJAD de denigraros unos a otros, hermanos. Quien denigra a su hermano o juzga a su hermano denigra a la ley y juzga a la ley; y, si juzgas a la ley, ya no la estás cumpliendo, eres su juez. Uno solo es legislador y juez: el que puede salvar y destruir. ¿Quién eres tú para juzgar al prójimo?

Sáname, Señor, porque he pecado contra ti. Sáname…

CÁNTICO DE MARÍA (Texto contraportada A)

Proclama mi alma la grandeza del Señor, porque Dios ha mirado mi humillación.

PRECES

Jesucristo sigue saliendo a nuestro encuentro en las personas que necesitan de nuestra ayuda. Con fe, le decimos:

℟ Señor, muéstranos tu rostro.

No dejes que nos volvamos indiferentes al sufrimiento ajeno,
– y enséñanos la manera de aliviarlo. ℟

Ayúdanos a ver en qué podemos socorrer
a los que nos rodean,
– tú que para salvarnos te acercaste a nosotros. ℟

Danos la alegría de aprender a servir a los demás,
– para que nos parezcamos más a ti, que asumiste
la condición de siervo. ℟

Que sepamos llevar consuelo al que está triste y alivio al agobiado,
– y la paz que tú nos das llene el corazón de todos. ℟

Tú que nos has preparado una estancia en el cielo,
– guíanos por el camino que conduce hacia él. ℟

Intenciones libres

Padre nuestro…

ANTÍFONA MARIANA (Texto página 26)

Santos
DE AYER Y DE HOY

Milagro de virtudes,
ruega por nosotros.

Beato Francisco Álvarez Baena
Sacerdote y mártir (1880-1936)

Nació en Fernán Núñez, Córdoba, en 1880, en el seno de una familia religiosa de bajos recursos económicos. Ingresó en el seminario de San Pelagio a los 13 años, donde demostró ser un gran estudiante. Fue ordenado sacerdote el 17 de diciembre de 1904. Su primer cargo fue como coadjutor de la parroquia de Santa Marina de Fernán Núñez, y después pasó a ejercer las mismas ocupaciones en la parroquia de San Miguel Arcángel. En 1913 le nombraron oficial de la Administración General de Capellanías y Obras Pías de la diócesis. Desde 1916 oficiaba como cura regente de la parroquia de Ntra. Sra. de la Asunción de Cañete de las Torres. Estaba enfermo en cama cuando estalló la Guerra Civil. El 4 de octubre lo fusilaron junto al arroyo La Fuensanta, cerca de su pueblo.

Dios, que ya me había dado tantas gracias,
quiso que viviese con una santa, no de esas inimitables,
sino una santa que se santificó
por medio de virtudes ocultas y ordinarias.

Santa Teresa del Niño Jesús

MARTES 10 DE OCTUBRE

Santo Tomás de Villanueva

Oración de la mañana

***Celebremos con alegría al Señor
en este nuevo día que nos concede.***

***¡Gloria al Padre, y al Hijo, y al Espíritu Santo!
¡Gloria a la Santísima Trinidad!***

HIMNO

**Cada rosa gentil ayer nacida,
cada aurora que apunta entre sonrojos,
dejan mi alma en el éxtasis sumida.
¡Nunca se cansan de mirar mis ojos
el perpetuo milagro de la vida!**

**Años ha que contemplo las estrellas
en las diáfanas noches españolas
y las encuentro cada vez más bellas.
¡Años ha que en el mar, conmigo a solas,
de las olas escucho las querellas, y
aún me pasma el prodigio de las olas!**

**Cada vez hallo a la naturaleza
más sobrenatural, más pura y santa.
Para mí, en derredor, todo es belleza,
y con la misma plenitud me encanta
la boca de la madre cuando reza,
que la boca del niño cuando canta.**

**Quiero ser inmortal, con sed intensa,
porque es maravilloso el panorama
con que nos brinda la creación inmensa;
porque cada lucero me reclama,**

diciéndome, al brillar: «Aquí se piensa,
también aquí se lucha, aquí se ama».

Gloria al Padre, y al Hijo, y al Espíritu
por los siglos de los siglos. Amén.

Salmo 84

Señor, has sido bueno con tu tierra,
has restaurado la suerte de Jacob,
has perdonado la culpa de tu pueblo,
has sepultado todos sus pecados,
has reprimido tu cólera,
has frenado el incendio de tu ira.

Restáuranos, Dios salvador nuestro;
cesa en tu rencor contra nosotros.
¿Vas a estar siempre enojado,
o a prolongar tu ira de edad en edad?

¿No vas a devolvernos la vida,
para que tu pueblo se alegre contigo?
Muéstranos, Señor, tu misericordia
y danos tu salvación.

Voy a escuchar lo que dice el Señor:
«Dios anuncia la paz
a su pueblo y a sus amigos
y a los que se convierten de corazón».

La salvación está ya cerca de sus fieles
y la gloria habitará en nuestra tierra;
la misericordia y la fidelidad se encuentran,
la justicia y la paz se besan;

la fidelidad brota de la tierra,
y la justicia mira desde el cielo.
El Señor nos dará la lluvia,
y nuestra tierra dará su fruto.

La justicia marchará ante él,
la salvación seguirá sus pasos.

Gloria al Padre…

Palabra de Dios

1 Juan 4,14-15

NOSOTROS hemos visto y damos testimonio de que el Padre envió a su Hijo para ser Salvador del mundo. Quien confiese que Jesús es el Hijo de Dios, Dios permanece en él, y él en Dios.

Dios mío, peña mía, refugio mío, Dios mío. Dios mío…

CÁNTICO DE ZACARÍAS

(Texto contraportada B)

El Señor nos suscitó una fuerza de salvación, según lo había predicho por boca de sus profetas.

PRECES

Jesús nos recuerda que, aunque nos afanamos por muchas cosas, solo una es necesaria. Con fe, pedimos:

℟ Señor, danos tu luz.

Por los padres de familia,
– para que las múltiples tareas que les ocupan
no les priven del tiempo necesario con sus hijos
ni del disfrute de la vida en común. ℟

Por los sacerdotes y los consagrados,
– haz que sepan compaginar sus tareas y dedicación
con el tiempo de la oración y no aparten su mirada
de Cristo. ℟

Por los que se dedican al cuidado de ancianos
o enfermos,
– para que los traten con cariño y delicadeza. ℟

**Por los que viven agobiados por los problemas
y las prisas,
– que no pierdan la paz del corazón.** ℟

**Por los maestros, los educadores y los catequistas,
– para que sepan ser pacientes con sus alumnos,
ayudándoles a progresar por los caminos
del conocimiento y de la bondad.** ℟

Intenciones libres

Padre nuestro…

ORACIÓN

Dios todopoderoso, de quien dimana la bondad y hermosura de todo lo creado, haz que comencemos este día con ánimo alegre y que realicemos nuestras obras movidos por el amor a ti y a los hermanos. Por nuestro Señor Jesucristo.

MISA

Martes de la 27ª semana del tiempo ordinario

SANTO TOMÁS DE VILLANUEVA *Memoria libre*

● *Aun cuando sus padres vivieron en Villanueva de los Infantes, Tomás nació en Fuenllana (Ciudad Real, España) en 1486. Estudió en la universidad de Alcalá, de la que, más tarde, fue maestro preclaro, dada su gran preparación en las ciencias humanas y sagradas. Nombrado arzobispo de Valencia, fue un verdadero modelo de buen pastor, sobresaliendo por su caridad, pobreza, prudencia y celo apostólico. Murió el 8 de septiembre de 1555, y fue canonizado en el año 1658.* ●

ANTÍFONA DE ENTRADA

Buscaré a mis ovejas, dice el Señor, y suscitaré un pastor que las apaciente: yo, el Señor, seré su Dios (cf. Ez 34,11. 23-24).

O bien:

Este es el administrador fiel y prudente a quien el Señor pondrá al frente de su servidumbre para que reparta la ración de alimento a sus horas (cf. Lc 12,42).

ORACIÓN COLECTA

Oh, Dios, que quisiste asociar
a santo Tomás de Villanueva,
insigne por su doctrina y caridad,
al número de los santos pastores de tu Iglesia,
concédenos, por su intercesión,
la gracia de permanecer continuamente
entre los miembros de tu familia santa.
Por nuestro Señor Jesucristo.

Lectura de la profecía de Jonás 3,1-10

EL SEÑOR DIRIGIÓ la palabra por segunda vez a Jonás. Le dijo así: «Ponte en marcha y ve a la gran ciudad de Nínive; allí les anunciarás el mensaje que yo te comunicaré». Jonás se puso en marcha hacia Nínive, siguiendo la orden del Señor. Nínive era una ciudad inmensa; hacían falta tres días para recorrerla. Jonás empezó a recorrer la ciudad el primer día, proclamando: «Dentro de cuarenta días, Nínive será arrasada». Los ninivitas creyeron en Dios, proclamaron un ayuno y se vistieron con rudo sayal, desde el más importante al menor. La noticia llegó a oídos del rey de Nínive, que se levantó de su trono, se despojó del manto real, se cubrió con rudo sayal y se sentó sobre el polvo. Después ordenó proclamar en Nínive este anuncio de parte del rey y de sus ministros: «Que hombres y animales, ganado mayor y menor no coman nada; que no pasten ni beban agua. Que hombres y animales se cubran con rudo sayal e invoquen a Dios con ardor. Que cada cual se convierta de su mal camino y abandone la violencia. ¡Quién sabe si Dios cambiará y se compadecerá, se arrepentirá de su violenta ira y no nos destruirá!» Vio

Dios su comportamiento, cómo habían abandonado el mal camino, y se arrepintió de la desgracia que había determinado enviarles. Así que no la ejecutó.
Palabra de Dios.

SALMO 129

℟ **Si llevas cuenta de los delitos, Señor,**
¿quién podrá resistir?

Desde lo hondo a ti grito, Señor;
Señor, escucha mi voz;
estén tus oídos atentos
a la voz de mi súplica. ℟

Si llevas cuenta de los delitos, Señor,
¿quién podrá resistir?
Pero de ti procede el perdón,
y así infundes temor. ℟

Porque del Señor viene la misericordia,
la redención copiosa; y él redimirá a Israel
de todos sus delitos. ℟

Aleluya, aleluya, aleluya. Bienaventurados los que escuchan la palabra de Dios y la cumplen.

● «ME HAYA DEJADO SOLA». *Marta había recibido a Jesús en su casa, pero pronto se desentiende de él a causa de sus múltiples afanes. Todavía, quiere que su hermana se haga cargo no de Jesús, su invitado, sino de sus trabajos. Cuando dejamos de contemplar al Señor, que viene a nosotros, perdemos el sentido de lo que hacemos y no es raro que además echemos la culpa a los demás.* ●

Lectura del santo evangelio según san Lucas 10,38-42

EN AQUEL TIEMPO, entró Jesús en una aldea, y una mujer llamada Marta lo recibió en su casa. Esta tenía una hermana

llamada María, que, sentada junto a los pies del Señor, escuchaba su palabra. Marta, en cambio, andaba muy afanada con los muchos servicios; hasta que, acercándose, dijo: «Señor, ¿no te importa que mi hermana me haya dejado sola para servir? Dile que me eche una mano». Respondiendo, le dijo el Señor: «Marta, Marta, andas inquieta y preocupada con muchas cosas; solo una es necesaria. María, pues, ha escogido la parte mejor, y no le será quitada».
Palabra del Señor.

Oración sobre las ofrendas

Las ofrendas
que te presentamos, Señor,
en la fiesta de santo Tomás de Villanueva,
nos merezcan una vida
iluminada por la ciencia
y una ciencia enriquecida
por la vida.
Por Jesucristo, nuestro Señor.

Antífona de comunión

No sois vosotros los que me habéis elegido, dice el Señor, soy yo quien os he elegido y os he destinado para que vayáis y deis fruto, y vuestro fruto permanezca (cf. Jn 15,16).

O bien:

Bienaventurado aquel criado, a quien el Señor, cuando venga y llame a la puerta, lo encuentre en vela (cf. Lc 12,36-37).

Oración después de la comunión

Señor Dios nuestro,
que los sacramentos recibidos
acrecienten en nosotros
aquel ardor de la caridad
que abrasó a santo Tomás de Villanueva
y le impulsaba a entregarse constantemente
al servicio de tu Iglesia.
Por Jesucristo, nuestro Señor.

MEDITACIÓN

Nuestra vida escondida con Cristo en Dios

Cristo, que había prometido que sus discípulos llegarían a ser con él uno en Dios, que había prometido que estaríamos en Dios y Dios en nosotros, ha realizado ya esta promesa para nosotros. De manera misteriosa llevó a término esta gran obra, este sorprendente privilegio. Parece que lo realizó al subir al Padre, en su ascensión corporal y su descenso espiritual, y que la asunción de nuestra naturaleza hasta Dios es al mismo tiempo el descenso de Dios hasta nosotros. Se podría decir que nos ha llevado verdaderamente hasta Dios y ha hecho que Dios se llegara a nosotros.

Así pues, cuando san Pablo dice que *nuestra vida está escondida con Cristo en Dios,* se podría entender con ello que nuestro principio de existencia ya no es un principio mortal y terrestre, tal como el de Adán después de la caída, sino que somos bautizados y escondidos de nuevo en la gloria de Dios, en esta pura luz de su presencia, la cual perdimos con la caída de Adán. Somos creados de nuevo, transformados, espiritualizados, glorificados en la naturaleza divina. Por Cristo estamos impregnados de santidad y de inmortalidad.

BEATO JOHN HENRY NEWMAN

Nace en Londres; convertido del anglicanismo, fue presbítero, cardenal y fundador de una comunidad religiosa (1801-1890).

Oración de la tarde

Dios mío, ven en mi auxilio;
Señor, date prisa en socorrerme.

Gloria al Padre, y al Hijo, y al Espíritu Santo...

HIMNO

No me ilumina nada,
no veo nada,
no siento nada,
no adivino nada,
sino lo que sientes tú.

No decido nada,
no juzgo nada,
no examino nada,
no sé nada,
sino lo que sabes tú.

No pido nada,
no quiero nada,
no deseo nada,
no anhelo nada,
sino lo que anhelas tú.

No temo a nadie,
no sirvo a nadie,
no sigo a nadie,
no descanso en nadie,
sino en ti. Amén.

SALMO 130

Señor, mi corazón no es ambicioso,
ni mis ojos altaneros;
no pretendo grandezas
que superan mi capacidad;
sino que acallo y modero mis deseos,
como un niño en brazos de su madre.

Espere Israel en el Señor
ahora y por siempre.

Gloria al Padre…

Palabra de Dios

Romanos 12,9-12

QUE VUESTRA CARIDAD no sea una farsa; aborreced lo malo y apegaos a lo bueno. Como buenos hermanos, sed cariñosos unos con otros, estimando a los demás más que a uno mismo. En la actividad, no seáis descuidados; en el espíritu, manteneos ardientes. Servid constantemente al Señor. Que la esperanza os tenga alegres; estad firmes en la tribulación, sed asiduos en la oración.

Tu palabra, Señor, es eterna,
más estable que el cielo. Tu palabra…

CÁNTICO DE MARÍA

(Texto contraportada A)

Se alegra mi espíritu en Dios, mi Salvador.

PRECES

Recordando la estancia de Jesús en casa de Marta y María, le dirigimos nuestras peticiones:

℟ Enséñanos a escoger la parte mejor.

Que sepamos estar siempre atentos a tus enseñanzas,
– para que en la entrega a los demás no perdamos la paz. ℟

Ayúdanos a mantener la vida interior,
– para que en nuestras acciones resplandezca la caridad. ℟

Recibe en las moradas eternas a los que te han servido en esta vida,
– para que en tu presencia sean felices para siempre. ℟

Intenciones libres

Padre nuestro…

ANTÍFONA MARIANA

(Texto página 26)

Santos
DE AYER Y DE HOY

Prodigio de milagros,
ruega por nosotros.

San Román
Mártir (siglo III)

La vida de san Román estuvo estrechamente ligada a la de san Lorenzo, y la festividad de los dos santos se celebra con un solo día de diferencia. Era soldado a las órdenes de Valeriano. Entre sus obligaciones estaba la de perseguir cristianos. No en vano, se cree que él fue quien detuvo a san Lorenzo. Estuvo presente en su interrogatorio, y las dudas comenzaron a crecer en él. Dejó de creer las falsedades que el Imperio diseminaba contra los cristianos cuando escuchó a san Lorenzo hablar. Más tarde sintió piedad por el santo, cuyas torturas presenció. Finalmente, se convirtió al cristianismo. Cuando se bautizó, deseoso de compartir la noticia, se lo confesó al prefecto Decio. Por ello, fue decapitado.

Comprende que para amar a Jesús,
para ser su víctima de amor,
cuanto más débil se es, sin deseos ni virtudes,
más cerca se está de las operaciones
de este Amor que consume y transforma.

Santa Teresa del Niño Jesús

[MIÉRCOLES 11 DE OCTUBRE]

Santa María Soledad Torres Acosta o san Juan XXIII

Oración de la mañana

¡Tu delicia, Señor, es estar con los hijos de los hombres!

¡Gloria al Padre, y al Hijo, y al Espíritu Santo!
¡Gloria a la Santísima Trinidad!

HIMNO

A la gloria de Dios se alzan las torres,
a su gloria, los álamos,
a su gloria, los cielos,
y las aguas descansan a su gloria.

El tiempo se recoge;
desarrolla lo eterno sus entrañas;
se lavan los cuidados y congojas
en las aguas inmobles,
en los inmobles álamos,
en las torres pintadas en el cielo,
mar de altos mundos.
El reposo reposa en la hermosura
del corazón de Dios, que así nos abre
tesoros de su gloria.

Nada deseo,
mi voluntad descansa,
mi voluntad reclina
de Dios en el regazo su cabeza
y duerme y sueña…
Sueña en descanso
toda aquesta visión de alta hermosura.

Gloria al Padre, y al Hijo, y al Espíritu,
por los siglos de los siglos.
Amén.

Salmo 85

Inclina tu oído, Señor, escúchame,
que soy un pobre desamparado;
protege mi vida, que soy un fiel tuyo;
salva a tu siervo, que confía en ti.

Tú eres mi Dios, piedad de mí, Señor,
que a ti te estoy llamando todo el día;
alegra el alma de tu siervo,
pues levanto mi alma hacia ti;

porque tú, Señor, eres bueno y clemente,
rico en misericordia con los que te invocan.
Señor, escucha mi oración,
atiende a la voz de mi súplica.

En el día del peligro te llamo,
y tú me escuchas.
No tienes igual entre los dioses, Señor,
ni hay obras como las tuyas.

Todos los pueblos vendrán,
a postrarse en tu presencia, Señor,
bendecirán tu nombre:
«Grande eres tú, y haces maravillas;
tú eres el único Dios».

Enséñame, Señor, tu camino,
para que siga tu verdad;
mantén mi corazón entero
en el temor de tu nombre.

Te alabaré de todo corazón, Dios mío,
daré gloria a tu nombre por siempre,

por tu gran piedad para conmigo,
porque me salvaste del abismo profundo.

Dios mío, unos soberbios se levantan contra mí,
una banda de insolentes atenta contra mi vida,
sin tenerte en cuenta a ti.

Pero tú, Señor, Dios clemente y misericordioso,
lento a la cólera, rico en piedad y leal,
mírame, ten compasión de mí.

Da fuerza a tu siervo,
salva al hijo de tu esclava;
dame una señal propicia,
que la vean mis adversarios y se avergüencen,
porque tú, Señor, me ayudas y consuelas.

Gloria al Padre…

Palabra de Dios — Job 1,21; 2,10b

DESNUDO SALÍ del vientre de mi madre, y desnudo volveré a él. El Señor me lo dio, el Señor me lo quitó, bendito sea el nombre del Señor. Si aceptamos de Dios los bienes, ¿no vamos a aceptar los males?

Inclina, Señor, mi corazón a tus preceptos. Inclina…

CÁNTICO DE ZACARÍAS (Texto contraportada B)

Ten misericordia de nosotros, Señor, y recuerda tu santa alianza.

PRECES

Los discípulos pidieron a Jesús que les enseñara a orar. Unidos a su petición, decimos:

℟ Señor, que tu palabra ilumine nuestros pasos.

Que los padres católicos no descuiden la formación cristiana de sus hijos,
– y estos aprendan de ellos las primeras oraciones. ℟

Que en las clases de catequesis se enseñe a los niños
a hablar contigo,
– y se les introduzca también en lo que celebramos
en la liturgia. ℟

Que no falten quienes ayuden a los fieles a comprender
mejor el sentido de la Misa,
– y los introduzcan en la riqueza de las celebraciones
de la Iglesia. ℟

Que quienes se forman en seminarios y noviciados
no dejen de cultivar la oración,
– y los conocimientos que adquieren vayan
acompañados de la unción de la caridad. ℟

Que los que no saben rezar no dejen de elevar
su corazón hacia ti,
– y que nunca dejemos de pedirte por los que nos
rodean, los que necesitan de tu ayuda y por quienes
no te conocen. ℟

Intenciones libres

Padre nuestro…

ORACIÓN

Señor, infunde en nuestras almas la claridad de tu luz, y, pues con tu sabiduría nos has creado y con tu providencia nos gobiernas, haz que nuestro vivir y nuestro obrar estén del todo consagrados a ti. Por nuestro Señor Jesucristo.

MISA

Miércoles de la 27ª semana del tiempo ordinario

SANTA MARÍA SOLEDAD TORRES ACOSTA *Memoria libre*

• *María Soledad Torres Acosta nació en Madrid, el 2 de diciembre de 1826, y murió, también en Madrid, el 11 de octubre de 1887. Cuando el párroco de Chamberí se propuso fundar un instituto de religiosas dedicadas a la asistencia a los enfermos en su domicilio, Soledad fue la pieza clave de dicho instituto, que se llamó Congregación de Siervas de María, Ministras de los enfermos. Fue beatificada por Pío XII el 5 de febrero de 1950 y canonizada por Pablo VI el 25 de enero de 1970.* •

ANTÍFONA DE ENTRADA

Esta es una virgen sabia y prudente, que salió a recibir a Cristo con la lámpara encendida.

O bien:

Qué hermosa eres, virgen de Cristo, que fuiste digna de recibir la corona del Señor, la corona de la perpetua virginidad.

ORACIÓN COLECTA

Señor, tú que concediste
a santa María Soledad, virgen,
servirte con amor generoso
en los enfermos que visitaba,
concédenos luz y tu gracia
para que, descubriendo tu presencia en los que sufren,
merezcamos tu compañía en el cielo.
Por nuestro Señor Jesucristo.

Lectura de la profecía de Jonás 4,1-11

JONÁS SE DISGUSTÓ y se indignó profundamente. Y rezó al Señor en estos términos: «¿No lo decía yo, Señor, cuando estaba en mi tierra? Por eso intenté escapar a Tarsis, pues bien sé que eres un Dios bondadoso, compasivo, paciente y misericordioso, que te arrepientes del mal. Así que, Señor, toma mi vida, pues vale más morir que vivir». Dios le contestó: «¿Por qué tienes ese disgusto tan grande?» Salió Jonás de la ciudad y se instaló al oriente. Armó una choza y se quedó allí, a su sombra, hasta ver qué pasaba con la ciudad. Dios hizo que una planta de ricino surgiera por

encima de Jonás, para dar sombra a su cabeza y librarlo de su disgusto. Jonás se alegró y se animó mucho con el ricino. Pero Dios hizo que, al día siguiente, al rayar el alba, un gusano atacase al ricino, que se secó. Cuando salió el sol, hizo Dios que soplase un recio viento solano; el sol pegaba en la cabeza de Jonás, que desfallecía y se deseaba la muerte: «Más vale morir que vivir», decía. Dios dijo entonces a Jonás: «¿Por qué tienes ese disgusto tan grande por lo del ricino?» Él contestó: «Lo tengo con toda razón. Y es un disgusto de muerte». Dios repuso: «Tú te compadeces del ricino, que ni cuidaste ni ayudaste a crecer, que en una noche surgió y en otra desapareció, ¿y no me he de compadecer yo de Nínive, la gran ciudad, donde hay más de ciento veinte mil personas, que no distinguen la derecha de la izquierda, y muchísimos animales?»
Palabra de Dios.

SALMO 85

℟ **Tú, Señor, eres lento a la cólera y rico en piedad.**

Piedad de mí, Señor,
que a ti te estoy llamando todo el día;
alegra el alma de tu siervo,
pues levanto mi alma hacia ti, Señor. ℟

Porque tú, Señor,
eres bueno y clemente,
rico en misericordia con los que te invocan.
Señor, escucha mi oración,
atiende a la voz de mi súplica. ℟

Todos los pueblos vendrán
a postrarse en tu presencia, Señor;
bendecirán tu nombre:
«Grande eres tú, y haces maravillas;
tú eres el único Dios». ℟

Aleluya, aleluya, aleluya. Habéis recibido un Espíritu de hijos de adopción, en el que clamamos: «¡Abba, Padre!»

● *«Enséñanos a orar». Nuestra relación con Dios se ha deteriorado tanto que no solo «no sabemos pedir como conviene», sino que no sabemos tratar con él y tenemos la diabólica imagen del ser lejano y despreocupado. Pero el Hijo, que está en permanente comunión con Dios, nos lo muestra como Padre providente, rico en misericordia y capaz de alejarnos del mal y sus seducciones.* ●

Lectura del santo evangelio según san Lucas 11,1-4

Una vez que estaba Jesús orando en cierto lugar, cuando terminó, uno de sus discípulos le dijo: «Señor, enséñanos a orar, como Juan enseñó a sus discípulos». Él les dijo: «Cuando oréis, decid: "Padre, santificado sea tu nombre, venga tu reino, danos cada día nuestro pan cotidiano, perdónanos nuestros pecados, porque también nosotros perdonamos a todo el que nos debe, y no nos dejes caer en tentación"».
Palabra del Señor.

Oración sobre las ofrendas

Señor,
al proclamarte admirable
en santa María Soledad, virgen,
suplicamos humildemente a tu majestad
que, así como te agradaron sus méritos,
aceptes de igual modo nuestro servicio.
Por Jesucristo, nuestro Señor.

Antífona de comunión

Que llega el esposo, salid a recibir a Cristo, el Señor (cf. Mt 25,6).

O bien:

Una cosa pido al Señor, eso buscaré: habitar en la casa del Señor por los días de mi vida (Sal 26,4).

ORACIÓN DESPUÉS DE LA COMUNIÓN

Señor, Dios nuestro,
alimentados por la participación
en estos dones divinos, te pedimos que,
a ejemplo de santa María Soledad,
llevando en nuestro cuerpo la muerte de Jesús,
nos esforcemos por unirnos solamente a ti.
Por Jesucristo, nuestro Señor.

MEDITACIÓN

El Espíritu de Dios reza en ti

Si quieres rezar, necesitas a Dios, que da la oración al que reza. Invócalo diciendo: *Santificado sea tu nombre, venga a nosotros tu reino.* El que reza en espíritu y en verdad no glorifica a Dios a partir de las criaturas, sino que alaba a Dios desde el mismo Dios… El Espíritu Santo tiene compasión de nuestra debilidad, nos visita incluso sin estar purificados. Si encuentra a nuestra inteligencia rezando con sinceridad, se llega a ella y, disipando todos los razonamientos y pensamientos que la cercan, la eleva al amor de la oración espiritual. Los santos ángeles nos empujan a la oración y se quedan a nuestro lado, alegres y rezando por nosotros.

Si somos negligentes y acogemos pensamientos ajenos, los irritamos mucho, porque luchan por nosotros, mientras que nosotros ni siquiera queremos suplicar a Dios. Despreciando sus servicios, abandonamos a Dios su Señor. Reza como es necesario y sin turbación. Salmodia con atención y armonía. Serás entonces como el águila que planea en las alturas.

EVAGRIO PÓNTICO

Monje y asceta cristiano. Fue muy conocido por sus cualidades de pensador, escritor y orador (345-399).

Oración de la tarde

Que mi oración llegue hasta ti, Señor,
como incienso en tu presencia;
y el alzar de mis manos, como ofrenda de la tarde.

Gloria al Padre, y al Hijo, y al Espíritu Santo…

Himno

En medio de la sombra y de la herida
me preguntan si creo en ti. Y digo
que tengo todo cuando estoy contigo:
el sol, la luz, la paz, el bien, la vida.

Sin ti, el sol es luz descolorida.
Sin ti, la paz es un cruel castigo.
Sin ti, no hay bien ni corazón amigo.
Sin ti, la vida es muerte repetida.

Contigo el sol es luz enamorada
y contigo la paz es paz florida.
Contigo el bien es casa reposada

y contigo la vida es sangre ardida.
Pues, si me faltas tú, no tengo nada:
ni sol, ni luz, ni paz, ni bien, ni vida. Amén.

Salmo 126

Si el Señor no construye la casa,
en vano se cansan los albañiles;
si el Señor no guarda la ciudad,
en vano vigilan los centinelas.

Es inútil que madruguéis,
que veléis hasta muy tarde,
que comáis el pan de vuestros sudores:
¡Dios lo da a sus amigos mientras duermen!

La herencia que da el Señor son los hijos;
su salario, el fruto del vientre:
son saetas en mano de un guerrero
los hijos de la juventud.

Dichoso el hombre que llena
con ellas su aljaba:
no quedará derrotado cuando litigue
con su adversario en la plaza.

Gloria al Padre…

Palabra de Dios — Efesios 3,20-21

A Dios, que puede hacer mucho más sin comparación de lo que pedimos o concebimos, con ese poder que actúa entre nosotros, a él la gloria de la Iglesia y de Cristo Jesús por todas las generaciones, por los siglos de los siglos. Amén.

Sálvame, Señor, y ten misericordia de mí. Sálvame…

Cántico de María — (Texto contraportada A)

El Poderoso ha hecho obras grandes por mí: su nombre es santo.

Preces

El Señor enseñó a sus apóstoles a hablar con el Padre. Pidámosle con insistencia todo aquello que necesitamos estando siempre dispuestos a cumplir su voluntad:

℟ Señor, enséñanos a orar.

Por la santa Iglesia de Dios,
– para que, perseverando en la fe y en el amor,
prepare a todos los hombres para el día del Señor. ℟

Por los hombres y mujeres que colaboran en la tarea catequética de la Iglesia,
– para que crezca su conocimiento de Cristo. ℟

Por todos los que ejercen cargos de gobierno,
– para que sean constantes en la práctica del bien. ℟

Por los tibios, los agnósticos, y por todos los que tienen dificultades para creer,
– para que se abran al encuentro con Cristo. ℟

Por quienes hoy han muerto,
– haz que sean recibidos en la casa del Padre. ℟

Intenciones libres

Padre nuestro…

Antífona mariana **(Texto página 26)**

Santos

DE AYER Y DE HOY

Virgen prudente,
ruega por nosotros.

Beato Manuel Arenas Castro

Sacerdote y mártir (1899-1936)

Nació en Carcabuey, Córdoba. Con trece años ingresó en el seminario diocesano de Jaén, pero terminó su formación en el de Córdoba. Fue ordenado presbítero el 14 de junio de 1924. El primer destino fue como coadjutor de la parroquia de San Juan Bautista de Almedinilla, si bien antes de que terminara el año se incorporó como capellán castrense en Ceuta, donde estuvo hasta finales de junio de 1925. Pasó cuatro años como párroco de San Benito de Peraleda del Zaucejo, en la provincia de Badajoz, que en esa época pertenecía a la diócesis de Córdoba. Luego se haría cargo de la parroquia de Ntra. Sra. del Rosario de Fuente Tójar, una pequeña aldea donde había poco fervor religioso, algo que, lejos de desanimarle, le estimuló a seguir trabajando. Poco a poco se ganó la simpatía de los lugareños. Fue detenido el 23 de julio de 1936 y asesinado en la carretera de Alcaudete a Martos.

Soy un alma muy pequeña que no puede ofrecer
a Dios más que cosas muy pequeñas.
Con todo, muchas veces me ocurre
que dejo escapar algunos de esos pequeños
sacrificios que dan al alma tanta paz.

Santa Teresa del Niño Jesús

JUEVES 12 DE OCTUBRE

Bienaventurada Virgen María del Pilar

Oración de la mañana

¡Celebremos al Señor en la fiesta
de la Virgen del Pilar!

¡Gloria al Padre, y al Hijo, y al Espíritu Santo,
al Dios que es, que era y que viene,
por los siglos de los siglos! Amén.

HIMNO

Virgen Santa, Madre mía,
luz hermosa, claro día.
que la tierra aragonesa
te dignaste visitar.

Este pueblo, que te adora,
de tu amor favor implora,
y te aclama y te bendice
abrazado a tu Pilar.

Pilar sagrado,
faro esplendente,
rico presente
de caridad,
Pilar bendito,
Trono de gloria,
tú a la victoria
nos llevarás.

Cantad, cantad
himnos de honor y alabanza
a la Virgen del Pilar.
Amén.

SALMO 62 2-9

Oh Dios, tú eres mi Dios, por ti madrugo,
mi alma está sedienta de ti;
mi carne tiene ansia de ti,
como tierra reseca, agostada, sin agua.

¡Cómo te contemplaba en el santuario
viendo tu fuerza y tu gloria!
Tu gracia vale más que la vida,
te alabarán mis labios.

Toda mi vida te bendeciré
y alzaré las manos invocándote.
Me saciaré como de enjundia y de manteca,
y mis labios te alabarán jubilosos.

En el lecho me acuerdo de ti
y velando medito en ti,
porque fuiste mi auxilio,
y a la sombra de tus alas canto con júbilo;
mi alma está unida a ti
y tu diestra me sostiene.

Gloria al Padre…

Palabra de Dios 2 Crónicas 7,15-16

MANTENDRÉ los ojos abiertos y los oídos atentos a las súplicas que se hagan en este lugar. Elijo y consagro este templo para que esté en él mi nombre eternamente. Mi corazón y mis ojos estarán siempre en él.

Ella es la Virgen Santa, luz hermosa, claro día;
cantemos himnos de honor y de alabanza. Ella es…

CÁNTICO DE ZACARÍAS (Texto contraportada B)

Dichosa eres, santa Virgen María: de ti salió el Sol de Justicia, Cristo, nuestro Señor.

PRECES

La Virgen María nos acompaña en nuestro camino de fe. Conscientes de su ayuda y protección, oramos diciendo:

℟ **Señor, escucha nuestra oración.**

Tú que llenaste de gracia a María,
– enséñanos, con ella, a reconocer y cantar tus maravillas. ℟

Tú que riges los destinos de la historia,
– haz que, como María, estemos siempre dispuestos a cumplir tu voluntad. ℟

Tú, el Príncipe de la paz, que quisiste nacer del seno de una virgen,
– ayúdanos a vivir en concordia con todos los que nos rodean. ℟

Tú que has suscitado abundantes vocaciones misioneras en nuestro país,
– no permitas que se apague en nosotros el impulso evangelizador. ℟

Tú que cuidas de los pequeños y sencillos,
– mantenlos en la fe para que den gloria a tu nombre. ℟

Intenciones libres

Padre nuestro…

ORACIÓN

Dios todopoderoso y eterno, que en la gloriosa Madre de tu Hijo has concedido un amparo celestial a cuantos la invocan con la secular advocación del Pilar, concédenos, por su intercesión, fortaleza en la fe, seguridad en la esperanza y constancia en el amor. Por nuestro Señor Jesucristo.

MISA

Bienaventurada Virgen María del Pilar

Fiesta

• *Según una venerada tradición, la Santísima Virgen María se manifestó en Zaragoza sobre una columna o pilar, signo visible de su presencia. Esta tradición encontró su expresión cultual en la misa y en el Oficio que, para toda España, decretó Clemente XII. Pío VII elevó la categoría litúrgica de la fiesta. Pío XII otorgó a todas las naciones sudamericanas la posibilidad de celebrar la misma misa que se celebraba en España.* •

ANTÍFONA DE ENTRADA

Les diste una columna de fuego, como guía para un viaje desconocido, para que pudieran caminar día y noche por el desierto (cf. Sab 18,3; Éx 13,21).

GLORIA ——— página 218

ORACIÓN COLECTA

Dios todopoderoso y eterno,
que en la gloriosa Madre de tu Hijo
has concedido un amparo celestial
a cuantos la invocan
con la secular advocación del Pilar,
concédenos, por su intercesión, fortaleza en la fe,
seguridad en la esperanza y constancia en el amor.
Por nuestro Señor Jesucristo.

Lectura del primer libro de las Crónicas — 15,3-4. 15-16; 16,1-2

EN AQUELLOS DÍAS, David congregó en Jerusalén a todo Israel para subir el Arca del Señor al lugar que le había preparado. Reunió también a los hijos de Aarón y a los levitas. Luego los levitas levantaron el Arca de Dios tal como lo había mandado Moisés por orden del Señor: apoyando

los varales sobre sus hombros. David mandó a los jefes de los levitas emplazar a los cantores de sus familias con instrumentos musicales –arpas, cítaras y platillos– para que los hiciesen resonar, alzando la voz con júbilo. Llevaron el Arca de Dios y la colocaron en el centro de la tienda que David le había preparado. Ofrecieron holocaustos y sacrificios de comunión en presencia de Dios. Cuando David acabó de ofrecerlos, bendijo al pueblo en nombre del Señor.
Palabra de Dios.

O bien:

Lectura del libro de los Hechos de los apóstoles 1,12-14

Después de que Jesús fue levantado al cielo, los apóstoles volvieron a Jerusalén, desde el monte que llaman de los Olivos, que dista de Jerusalén lo que se permite caminar en sábado. Cuando llegaron, subieron a la sala superior, donde se alojaban: Pedro y Juan y Santiago y Andrés, Felipe y Tomás, Bartolomé y Mateo, Santiago el de Alfeo y Simón el Zelotes y Judas el de Santiago. Todos ellos perseveraban unánimes en la oración, junto con algunas mujeres y María, la madre de Jesús, y con sus hermanos.
Palabra de Dios.

Salmo 26

℟ **El Señor me ha coronado,**
sobre la columna me ha exaltado.

El Señor es mi luz y mi salvación,
¿a quién temeré?
El Señor es la defensa de mi vida,
¿quién me hará temblar? ℟

Si un ejército acampa contra mí,
mi corazón no tiembla;
si me declaran la guerra,
me siento tranquilo. R/

Una cosa pido al Señor,
eso buscaré:
habitar en la casa del Señor
por los días de mi vida;
gozar de la dulzura del Señor,
contemplando su templo. R/

Él me protegerá en su tienda
el día del peligro;
me esconderá en lo escondido de su morada,
me alzará sobre la roca. R/

Aleluya, aleluya, aleluya. Afianzó mis pies sobre roca, me puso en la boca un cántico nuevo.

● «BIENAVENTURADO EL VIENTRE QUE TE LLEVÓ». *Las palabras de aquella mujer quedarán para la historia no solo porque subrayan la encarnación del Hijo, sino porque nos ayudan a contemplar mejor el misterio de la divina maternidad de María, que ha confiado en las palabras del ángel y las ha cumplido con total obediencia. Porque cree y obedece, María es dichosa y su fecundidad se hace plena.* ●

Lectura del santo evangelio según san Lucas 11,27-28

EN AQUEL TIEMPO, mientras Jesús hablaba a la gente, una mujer de entre el gentío, levantando la voz, le dijo: «Bienaventurado el vientre que te llevó y los pechos que te criaron». Pero él dijo: «Mejor, bienaventurados los que escuchan la palabra de Dios y la cumplen».
Palabra del Señor.

Oración sobre las ofrendas

Dios todopoderoso y eterno,
que hiciste brillar sobre nosotros la luz de la fe,
haz que los dones que ahora te presentamos
y las súplicas que te dirigimos
nos consigan, por intercesión de santa María del Pilar,
permanecer firmes en la fe y generosos en el amor.
Por Jesucristo, nuestro Señor.

Prefacio: La gloria de la Virgen

En verdad es justo y necesario,
es nuestro deber y salvación
darte gracias siempre y en todo lugar,
Señor, Padre santo,
Dios todopoderoso y eterno,
por todas las grandes maravillas
que has realizado en la Virgen,
Madre de tu Hijo.

Ella, concebida sin pecado,
no fue contaminada por la corrupción del sepulcro,
pues, siendo intacta en su virginidad,
gloriosa en su descendencia
y triunfante en su asunción,
fue madre de Cristo,
esposo de la Iglesia, luz de las gentes,
esperanza de los fieles
y gozo de nuestro pueblo.

Por eso, al celebrar ahora la solemnidad del Pilar,
te alabamos con los ángeles y arcángeles,
y con todos los coros celestiales,
cantando sin cesar el himno de tu gloria: Santo…

Antífona de comunión

Me felicitarán todas las generaciones, porque el Poderoso ha hecho obras grandes por mí (Lc 1,48-49).

Oración después de la comunión

Oh, Dios,
que de modo maravilloso

multiplicas tu presencia en medio de nosotros,
al darte gracias por este sacramento
con que nos has alimentado,
te rogamos nos concedas,
por intercesión de santa María del Pilar,
llegar a contemplarte eternamente en el cielo.
Por Jesucristo, nuestro Señor.

MEDITACIÓN

Mi madre y mis hermanos son los que escuchan la palabra de Dios y la cumplen

He buscado el descanso en todas las cosas, y mi casa es la heredad del Señor. Habiendo, en efecto, buscado en todo el reposo y no habiéndolo encontrado en ninguna parte, la sabiduría de Dios, su Verbo, en primer lugar se reservó como herencia al pueblo judío... Y aquel que por esta segunda creación ha creado la sinagoga, la madre de la Iglesia, *ha reposado en su tienda,* en la tienda de la Alianza.

Ahora, en la Iglesia, descansa en el sacramento de su Cuerpo. Y, como había buscado, por así decirlo, entre todas las mujeres a aquella por la cual tenía que nacer, se ha elegido especialmente a María, que desde entonces es llamada *bendita entre todas las mujeres*...

Cristo, que la había creado como nueva Criatura, vino a reposar en su seno. De la misma manera, a cada alma fiel, predestinada a la salvación, esta Sabiduría le «encarga y habla», cuando quiere y como desea. Y lo hace ya sea interiormente, a través de la inteligencia natural por la que *ilumina todo hombre procedente de este mundo* y por la inspiración de la gracia..., ya sea por la doctrina y por la creación. Y la Sabiduría de Dios, su Verbo, que crea y forma así esta alma *en Cristo*

Jesús para que nuestros actos sean realmente buenos,
viene a posarse en su conciencia.

BEATO ISAAC DE STELLA

De origen inglés, fue abad cisterciense del monasterio de Stella, Francia († 1178?).

Oración de la tarde

¡Demos gracias a Dios al celebrar a la Virgen del Pilar!

Gloria al Padre, y al Hijo, y al Espíritu Santo…

HIMNO

Esa columna, sobre la que posa
leve sus plantas tu pequeña imagen,
sube hasta el cielo: puente, escala, guía
de peregrinos.

Cantan tus glorias las generaciones,
todas te llaman bienaventurada,
la roca firme, junto al Ebro enhiesta,
gastan a besos.

Abre tus brazos virginales, Madre,
vuelve tus ojos misericordiosos,
tiende tu manto, que nos acogemos
bajo tu amparo.

Gloria a Dios Padre, creador del mundo,
gloria a Dios Hijo, redentor de todos,
gloria al Espíritu que nos santifica:
al Trino y Uno.
Amén.

SALMO 121

¡Qué alegría cuando me dijeron:
«Vamos a la casa del Señor»!

Ya están pisando nuestros pies
tus umbrales, Jerusalén.

Jerusalén está fundada
como ciudad bien compacta.
Allá suben las tribus,
las tribus del Señor,

según la costumbre de Israel,
a celebrar el nombre del Señor;
en ella están los tribunales de justicia,
en el palacio de David.

Desead la paz a Jerusalén:
«Vivan seguros los que te aman,
haya paz dentro de tus muros,
seguridad en tus palacios».

Por mis hermanos y compañeros,
voy a decir: «La paz contigo».
Por la casa del Señor, nuestro Dios,
te deseo todo bien.

Gloria al Padre…

Palabra de Dios — Gálatas 4,4-7

CUANDO SE CUMPLIÓ el tiempo, envió Dios a su Hijo, nacido de una mujer, nacido bajo la ley, para rescatar a los que estaban bajo la ley, para que recibiéramos el ser hijos por adopción. Como sois hijos, Dios envió a vuestros corazones el Espíritu de su Hijo que clama: «¡Abba! Padre». Así que ya no eres esclavo, sino hijo; y si eres hijo, eres también heredero por voluntad de Dios.

El Pilar nos preside de día y de noche;
en él tenemos nuestra fortaleza
y esperanza. El Pilar…

CÁNTICO DE MARÍA (Texto contraportada A)

María del Pilar, guía para el camino, columna para la esperanza, luz para la vida.

PRECES

Recordando que la Virgen María mostró su cercanía a nuestro pueblo a orillas del río Ebro, oramos diciendo:

℟ Señor, muéstranos tu amor.

Por las Iglesias de España y de América,
– para que demos siempre testimonio en nuestros países del amor inagotable de Dios. ℟

Por nuestro país,
– para que haya buena convivencia y todos los trabajadores puedan disponer de un empleo digno y estable. ℟

Por los que entre nosotros sufren la pobreza,
– para que crezca el espíritu solidario y fraterno. ℟

Por todos los que hoy han muerto,
– que, por intercesión de la Virgen, puedan gozar ya de la felicidad eterna que Dios nos ofrece. ℟

Intenciones libres

Padre nuestro…

ANTÍFONA MARIANA (Texto página 26)

[VIERNES 13 DE OCTUBRE]

Oración de la mañana

Aclamemos al Señor en este nuevo día,
¡sirvámosle con alegría!

¡Gloria al Padre, y al Hijo, y al Espíritu Santo!
¡Gloria a la Santísima Trinidad!

HIMNO

En el nombre de Dios de los amores,
canto la fe que llena el alma mía,
y la ofrendo en tributo de poesía,
que ha brotado en mis labios pecadores.

Ante la faz del mundo, sin temores,
como los hombres de mi raza un día
yo confieso, con firme valentía,
la fe que me legaron mis mayores.

Y como en ella vivo, en ella adoro
y en ella cifro mi esperanza suma,
mi escudo intacto y mi mayor tesoro.

Ante esta edad burlona y descreída
la confieso y la afirmo con mi pluma…
¡y si fuera preciso, con mi vida! Amén.

CÁNTICO — Jeremías 14,17-21

Mis ojos se deshacen en lágrimas,
día y noche no cesan:
por la terrible desgracia de la doncella de mi pueblo,
una herida de fuertes dolores.

Salgo al campo: muertos a espada;
entro en la ciudad: desfallecidos de hambre;

tanto el profeta como el sacerdote
vagan sin sentido por el país.

¿Por qué has rechazado del todo a Judá?
¿Tiene asco tu garganta de Sion?
¿Por qué nos has herido sin remedio?
Se espera la paz, y no hay bienestar,
al tiempo de la cura sucede la turbación.

Señor, reconocemos nuestra impiedad,
la culpa de nuestros padres,
porque pecamos contra ti.

No nos rechaces, por tu nombre,
no desprestigies tu trono glorioso;
recuerda y no rompas tu alianza con nosotros.

Gloria al Padre…

Palabra de Dios — 2 Corintios 12,9b-10

MUY A GUSTO presumo de mis debilidades, porque así residirá en mí la fuerza de Cristo. Por eso vivo contento en medio de mis debilidades, de los insultos, las privaciones, las persecuciones y las dificultades sufridas por Cristo. Porque cuando soy débil, entonces soy fuerte.

En la mañana hazme escuchar tu gracia.
En la mañana…

CÁNTICO DE ZACARÍAS — (Texto contraportada B)

El Señor ha visitado y redimido a su pueblo.

PRECES

Jesucristo sigue siendo contemporáneo de nuestra generación y sale a nuestro encuentro. Conscientes de que siempre nos escucha, le suplicamos:

℟ Señor, atiende nuestras súplicas.

Por la Iglesia, y por todos sus ministros y fieles. ℟

Por los pueblos que gratuitamente han sido configurados por el cristianismo, para que sean fieles a sus raíces. ℟

Por los que no son capaces de renunciar a sus riquezas para vivir con plenitud el evangelio. ℟

Por los que se han consagrado totalmente al servicio de tu reino. ℟

Por los que son capaces de amar a los que los tratan mal. ℟

Por los que se preparan para las misiones. ℟

Por los jóvenes que luchan por un noviazgo puro. ℟

Por los que han abandonado la fe. ℟

Intenciones libres

Padre nuestro…

ORACIÓN

Ilumina, Señor, nuestros corazones y fortalece nuestras voluntades, para que sigamos siempre el camino de tus mandatos, reconociéndote como nuestro guía y maestro. Por nuestro Señor Jesucristo.

MISA

Viernes de la 27ª semana del tiempo ordinario

En este día, se pueden elegir las oraciones y las antífonas que siguen, sacadas de los formularios de la misa votiva del Sagrado Corazón de Jesús.

ANTÍFONA DE ENTRADA

Los proyectos del Corazón del Señor subsisten de edad en edad, para librar sus vidas de la muerte y reanimarlos en tiempo de hambre (cf. Sal 32,11. 19).

ORACIÓN COLECTA

Señor, Dios nuestro,
revístenos con las virtudes
del Corazón de tu Hijo
e inflámanos en sus mismos sentimientos,
para que, conformados a su imagen,
merezcamos participar de la redención eterna.
Por nuestro Señor Jesucristo.

Lectura de la profecía de Joel 1,13-15; 2,1-2

VESTÍOS DE LUTO, haced duelo, sacerdotes, gritad, servidores del altar. Venid y pasad la noche en sacos, servidores de Dios, pues no hay en el templo de vuestro Dios ofrenda y libación. Proclamad un ayuno santo, convocad la asamblea, reunid a los jefes, a todos los habitantes del país en la casa de vuestro Dios y llamad a gritos al Señor. ¡Ay del día! Se acerca el Día del Señor, llega como ruina arrolladora. Tocad la trompeta en Sion, gritad en mi monte santo, se estremecen todos los habitantes del país, pues llega el Día del Señor. Sí, se acerca, día de oscuridad y negrura, día de niebla y oscuridad, como el alba, sobre los montes, avanza un gentío innumerable, poderoso como nunca lo hubo ni lo habrá tras él por generaciones.
Palabra de Dios.

SALMO 9

℟ **El Señor juzgará el orbe con justicia.**

Te doy gracias, Señor, de todo corazón,
proclamando todas tus maravillas;
me alegro y exulto contigo,
y toco en honor de tu nombre, oh Altísimo. ℟

Reprendiste a los pueblos, destruiste al impío
y borraste para siempre su apellido.

Los pueblos se han hundido en la fosa que hicieron,
su pie quedó prendido en la red que escondieron. ℟

Dios está sentado por siempre
en el trono que ha colocado para juzgar.
Él juzgará el orbe con justicia
y regirá las naciones con rectitud. ℟

Aleluya, aleluya, aleluya. Ahora el príncipe de este mundo va a ser echado fuera –dice el Señor–. Y cuando yo sea elevado sobre la tierra, atraeré a todos hacia mí.

● «EL REINO DE DIOS HA LLEGADO A VOSOTROS». *Las obras que Jesús realiza manifiestan su poder divino, pero no todos llegan a comprenderlo. Cegados por los prejuicios y la visión limitada de la realidad, los hombres confundimos el reino de Dios con nuestras propias expectativas y, muchas veces, intentamos forzar su realización combatiendo gigantes imaginarios. «Mi reino no es de este mundo».* ●

Lectura del santo evangelio según san Lucas 11,15-26

EN AQUEL TIEMPO, habiendo expulsado Jesús a un demonio, algunos de entre la multitud dijeron: «Por arte de Belzebú, el príncipe de los demonios, echa los demonios». Otros, para ponerlo a prueba, le pedían un signo del cielo. Él, conociendo sus pensamientos, les dijo: «Todo reino dividido contra sí mismo va a la ruina y cae casa sobre casa. Si, pues, también Satanás se ha dividido contra sí mismo, ¿cómo se mantendrá su reino? Pues vosotros decís que yo echo los demonios con el poder de Belzebú. Pero, si yo echo los demonios con el poder de Belzebú, vuestros hijos, ¿por arte de quién los echan? Por eso, ellos mismos serán vuestros jueces. Pero, si yo echo los demonios con el dedo de Dios, entonces es que el reino de Dios ha llegado a vosotros. Cuando un hombre fuerte y bien armado

guarda su palacio, sus bienes están seguros, pero, cuando otro más fuerte lo asalta y lo vence, le quita las armas de que se fiaba y reparte su botín. El que no está conmigo está contra mí; el que no recoge conmigo desparrama. Cuando el espíritu inmundo sale de un hombre, da vueltas por lugares áridos, buscando un sitio para descansar, y, al no encontrarlo, dice: «Volveré a mi casa de donde salí». Al volver se la encuentra barrida y arreglada. Entonces va y toma otros siete espíritus peores que él, y se mete a vivir allí. Y el final de aquel hombre resulta peor que el principio».
Palabra del Señor.

Oración sobre las ofrendas

Oh, Dios, Padre de toda misericordia,
que, por el gran amor con que nos amaste,
nos has dado con inefable bondad a tu Unigénito,
haz que, en perfecta unión con él,
te ofrezcamos un homenaje digno de ti.
Por Jesucristo, nuestro Señor.

Prefacio: El inmenso amor de Cristo

En verdad es justo y necesario,
es nuestro deber y salvación
darte gracias siempre y en todo lugar,
Señor, Padre santo, Dios todopoderoso y eterno,
por Cristo, Señor nuestro.

El cual, con amor admirable,
se entregó por nosotros y, elevado sobre la cruz,
hizo que de la herida de su costado
brotaran, con el agua y la sangre,
los sacramentos de la Iglesia,
para que así,
acercándose al Corazón abierto del Salvador,
todos puedan beber siempre con gozo
de las fuentes de la salvación.

Por eso, con los santos
y con todos los ángeles,
te glorificamos diciendo sin cesar: Santo…

ANTÍFONA DE COMUNIÓN

Dice el Señor: El que tenga sed, que venga a mí y beba. El que cree en mí, de sus entrañas manarán ríos de agua viva (cf. Jn 7,37-38).

O bien:

Uno de los soldados, con la lanza, le traspasó el costado, y al punto salió sangre y agua (Jn 19,34).

ORACIÓN DESPUÉS DE LA COMUNIÓN

Después de participar del sacramento de tu amor,
imploramos de tu bondad, Señor,
ser configurados con Cristo en la tierra
para que merezcamos participar de su gloria en el cielo.
Por Jesucristo, nuestro Señor.

MEDITACIÓN

Nadie os quitará vuestra alegría

Estas palabras del Salvador: *Volveré a veros y se alegrará vuestro corazón y nadie os quitará vuestra alegría* no deben ser referidas a este tiempo en que, después de su resurrección, se dejó ver en su misma carne por sus discípulos y les dijo que le tocaran, sino a ese otro tiempo del cual él mismo ya había dicho: *Al que me ama, lo amará mi Padre y lo amaré yo y me mostraré a él.* Esta visión no es para esta vida, sino para la vida del mundo venidero. No es por un tiempo, sino que no tendrá fin. El apóstol Pablo dice sobre esta visión y conocimiento: *Ahora vemos como en un espejo; entonces veremos cara a cara. Mi conocimineto es por ahora inmaduro; entonces podré conocer como Dios me conoce.*

Este es el fruto del trabajo de la Iglesia: esta lo da a luz ahora en el deseo, y en el futuro lo dará a luz en la visión; ahora en el dolor, entonces en el gozo; ahora en la súplica, entonces en la alabanza. Este fruto no tendrá fin porque nada nos va a satisfacer sino lo que es infinito. Es ese deseo el que hizo decir a Felipe: *Señor, muéstranos al Padre y nos basta.*

SAN AGUSTÍN

Oriundo de Tagaste (en la actual Argelia), obispo de Hipona y doctor de la Iglesia (354-430).

Oración de la tarde

¡Demos gracias al Señor, nuestro Dios,
porque es eterna su misericordia!

Gloria al Padre, y al Hijo, y al Espíritu Santo…

HIMNO

Quiero poner mis penas por delante
y tantas pesadumbres en que vivo
por si puede servirte de motivo
para mover tu corazón amante.

Quiero romper el pecho de diamante
en el que tanto amor tengo cautivo
por ver, Señor, si al dártelo recibo
el vuelo que a tu cielo me levante.

Todo lo que le traigo a tu blancura
es solo sombra de la noche oscura
en la que tengo el corazón cerrado.

Dame, Señor, el dardo de tu fuego
que, para que lo enciendas, yo te entrego
como una hoguera viva mi costado.
Amén.

SALMO 134 (I)

Alabad el nombre del Señor,
alabadlo, siervos del Señor,

que estáis en la casa del Señor,
en los atrios de la casa de nuestro Dios.

Alabad al Señor, porque es bueno;
tañed para su nombre, que es amable.
Porque él se escogió a Jacob,
a Israel en posesión suya.

Yo sé que el Señor es grande,
nuestro dueño más que todos los dioses.
El Señor todo lo que quiere lo hace:
en el cielo y en la tierra,
en los mares y en los océanos.

Hace subir las nubes desde el horizonte,
con los relámpagos desata la lluvia,
suelta a los vientos de sus silos.

Él hirió a los primogénitos de Egipto,
desde los hombres hasta los animales.
Envió prodigios y signos
–en medio de ti, Egipto–
contra el Faraón y sus ministros.

Hirió de muerte a pueblos numerosos,
mató a reyes poderosos:
a Sijón, rey de los amorreos;
a Hog, rey de Basán,
y a todos los reyes de Canaán.
Y dio su tierra en heredad,
en heredad a Israel, su pueblo.

Gloria al Padre…

Palabra de Dios — Santiago 1,2-4

HERMANOS MÍOS: Teneos por muy dichosos cuando os veáis asediados por toda clase de pruebas. Sabed que, al ponerse a prueba vuestra fe, os dará constancia. Y si la constancia llega hasta el final, seréis perfectos e íntegros, sin falta alguna.

Cristo nos amó y nos ha librado por su sangre. Cristo…

CÁNTICO DE MARÍA

(Texto contraportada A)

El Señor nos auxilia a nosotros, sus siervos, acordándose de su misericordia.

PRECES

A Jesús, que curó a muchos que estaban oprimidos por el diablo, le decimos:

℟ Señor, ten misericordia de nosotros.

Te pedimos por los que viven asediados
por las tentaciones,
– para que poniendo su confianza en ti encuentren
la paz. ℟

Por los que sufren por los escrúpulos,
– para que encuentren sosiego y descanso en ti. ℟

Por los que han sido calumniados y los que sufren
por la maledicencia de otros,
– para que no se hundan en la tristeza ni les embargue
la amargura. ℟

Por los que guardan resentimiento,
– que descubran tu perdón y no les falte tu gracia
para perdonar. ℟

Por los que no tienen conciencia de sus faltas,
– para que tu luz les haga descubrir sus pecados
y puedan convertirse. ℟

Intenciones libres

Padre nuestro…

ANTÍFONA MARIANA

(Texto página 26)

SANTOS
DE AYER Y DE HOY

Heroína de la fe,
ruega por nosotros.

BEATO DAVID OGHLOU DAVID Y COMPAÑEROS
Mártires († 1895)

David era presbítero. Sus compañeros de martirio son Baldji Oghlou Ohannes, Khodianin Oghlou Kadir, Kouradji Oghlou Tzeroum, Dimbalac Oghlou Wartavar, Geremia Oghlou Boghos y Toros Oghlou David, todos ellos cristianos armenios pertenecientes a la parroquia de Mujuk-Deresi. David y Toros eran hermanos. Fueron detenidos el 22 de noviembre de 1895 junto a su párroco, el padre Salvador Lilli. Fueron conducidos a Maras, y durante el viaje les dieron la opción de salvar sus vidas si renunciaban al cristianismo y abrazaban el islam. No hubo uno solo de ellos que aceptara renunciar a Cristo, por lo que fueron martirizados y asesinados a golpe de bayoneta; después quemaron sus cuerpos. Fueron beatificados el 3 de octubre de 1982 por san Juan Pablo II.

Con el solo deseo de ser víctima ya basta;
pero es necesario aceptar
ser siempre pobres y sin fuerzas,
y eso es precisamente lo difícil.

Santa Teresa del Niño Jesús

[SÁBADO 14 DE OCTUBRE]

San Calixto I

Oración de la mañana

¡Venid, adoremos al Señor,
Creador y Redentor del universo!

Gloria al Padre, y al Hijo,
y al Espíritu Santo…

HIMNO

Virgen del cielo, divinal Señora,
oye los cantos que a tu nombre elevo,
cuántos indignos, pero son del alma,
óyelos, Madre.

Bajo tu manto en las terribles luchas
guárdame siempre del helado cierzo,
cierzo funesto que del mundo sopla
flores tronchando.

Líbrame, Madre, al embestir furioso
de esas oleadas de la mar del mundo,
hórridas, crueles, que devastan todo,
muertos sembrando.

Sálvame de ellas con tu amante auxilio,
dame una tabla donde pueda asirme,
muéstrame un faro cuya luz me guíe,
llévame al puerto.
Amén.

SALMO 116

Alabad al Señor, todas las naciones,
aclamadlo, todos los pueblos.

Firme es su misericordia con nosotros,
su fidelidad dura por siempre.

Gloria al Padre…

Palabra de Dios Filipenses 2,14-15

CUALQUIER COSA que hagáis, sea sin protestas ni discusiones: así seréis irreprochables y límpidos, hijos de Dios sin tacha, en medio de una gente torcida y depravada, entre la cual brilláis como lumbreras del mundo.

A ti grito, Señor:
Tú eres mi refugio. A ti grito…

Cántico de Zacarías (Texto contraportada B)

Ilumina, Señor, a los que viven en tinieblas y en sombra de muerte.

Preces

Demos gracias a Dios que, a pesar de nuestras infidelidades, derrama gracia sobre gracia:

℟ Solo tú eres santo, Señor.

Te damos gracias por la luz del nuevo día que ha
abierto nuestros ojos,
– y porque de nuevo nos hemos acordado
de agradecértelo. ℟

Te damos gracias por todas las personas que hoy
se han despertado,
– y por las buenas obras que podrán realizar durante
este día. ℟

Te damos gracias por las buenas intenciones
que has puesto en nuestro corazón,
– y por las maravillas de tu creación. ℟

Te damos gracias por la Iglesia, que nos acoge a pesar de nuestros pecados,
– y porque no faltan personas dispuestas a anunciar el evangelio. ℟

Intenciones libres

Padre nuestro…

ORACIÓN

Oh Dios, fuente y origen de nuestra salvación, haz que, mientras dura nuestra vida aquí en la tierra, te alabemos incesantemente y podamos así participar un día en la alabanza eterna del cielo. Por nuestro Señor Jesucristo.

MISA

Sábado de la 27ª semana del tiempo ordinario

SAN CALIXTO I *Memoria libre*

• *Se cuenta que en un tiempo fue esclavo; habiendo alcanzado la libertad, fue ordenado diácono por el papa Ceferino, a quien sucedió más tarde en la cátedra de Pedro. Combatió a los herejes adopcionistas y modalistas. Recibió la corona del martirio en el año 222 y fue sepultado en la vía Aurelia.* •

ANTÍFONA DE ENTRADA

Este santo luchó hasta la muerte en defensa de la ley de Dios y no temió las palabras de los malvados: estaba cimentado sobre roca firme.

O bien:

El Señor lo puso en un duro combate, para que venciera, pues la sabiduría es más fuerte que todo (cf. Sab 10,12).

ORACIÓN COLECTA

Oh, Dios, que has suscitado al papa san Calixto,
para el servicio de la Iglesia

y la piedad por los fieles difuntos,
te rogamos nos fortalezcas con el testimonio de su fe
para que, libres de la servidumbre de las cosas caducas,
merezcamos alcanzar la herencia incorruptible.
Por nuestro Señor Jesucristo.

Lectura de la profecía de Joel 4,12-21

ESTO DICE EL SEÑOR: «Que se movilicen y suban las naciones al valle de Josafat, pues allá voy a plantar mi trono para juzgar a todos los pueblos de alrededor. Echad la hoz, pues la mies está madura; venid a pisar la uva, que el lagar está repleto y las cubas rebosan. ¡Tan enorme es su maldad! ¡Muchedumbres, muchedumbres en el valle de Josafat! Pues se acerca el Día del Señor en el valle de la Decisión. Se oscurecerán el sol y la luna, y las estrellas perderán su brillo. El Señor ruge en Sion y da voces en Jerusalén; temblarán cielos y tierra. Pero el Señor es abrigo para su pueblo, refugio para los hijos de Israel. Sabréis que yo soy el Señor, vuestro Dios que vive en Sion, mi santo monte. Jerusalén será santa y los extranjeros no pasarán más por ella. Aquel día las montañas chorrearán vino nuevo, las colinas rezumarán leche y todos los torrentes de Judá bajarán rebosantes. Y brotará una fuente de la casa del Señor que regará el valle de Sitín. Egipto será una desolación y Edón un desierto solitario, por la violencia ejercida contra Judá, cuya sangre inocente derramaron en su país. Judá será habitada para siempre y Jerusalén de generación en generación. Vengaré su sangre, no quedará impune. El Señor vive en Sion».
Palabra de Dios.

SALMO 96

℟. **Alegraos, justos, con el Señor.**

El Señor reina, la tierra goza,
se alegran las islas innumerables.

Tiniebla y nube lo rodean,
justicia y derecho sostienen su trono. ℟

Los montes se derriten como cera ante el Señor,
ante el Señor de toda la tierra;
los cielos pregonan su justicia,
y todos los pueblos contemplan su gloria. ℟

Amanece la luz para el justo,
y la alegría para los rectos de corazón.
Alegraos, justos, con el Señor,
celebrad su santo nombre. ℟

Aleluya, aleluya, aleluya. Bienaventurados los que escuchan la palabra de Dios y la cumplen.

• «LEVANTANDO LA VOZ». *El ruido del gentío hace que una mujer levante la voz y, a grito en cuello, alabe a Dios por la maternidad de María. Al parecer, tampoco en nuestro tiempo basta la palmadita en los hombros ni la prudente enhorabuena insinuada en los labios. El eclipse de la razón al que asistimos exige, en la obediencia de la fe, una denuncia profética en defensa de la maternidad y la vida.* •

Lectura del santo evangelio según san Lucas 11,27-28

EN AQUEL TIEMPO, mientras Jesús hablaba a la gente, una mujer de entre el gentío, levantando la voz, le dijo: «Bienaventurado el vientre que te llevó y los pechos que te criaron». Pero él dijo: «Mejor, bienaventurados los que escuchan la palabra de Dios y la cumplen».
Palabra del Señor.

ORACIÓN SOBRE LAS OFRENDAS

Santifica con la eficacia de tu bendición, Señor,
estos dones que, por tu gracia,
han de encender en nosotros

aquel fuego de tu amor
que dio fuerza a san Calixto,
para vencer todos los tormentos corporales.
Por Jesucristo, nuestro Señor.

O bien:

Acepta, Señor,
los dones que te presentamos
en la memoria de tu mártir san Calixto
para que sean ofrenda tan grata a tu majestad
como preciosa fue su sangre derramada.
Por Jesucristo, nuestro Señor.

ANTÍFONA DE COMUNIÓN

Si alguno quiere venir en pos de mí, que se niegue a sí mismo, tome su cruz y me siga, dice el Señor (cf. Mt 16,24).

O bien:

El que pierda su vida por mí la encontrará para siempre, dice el Señor (cf. Mt 10,39).

ORACIÓN DESPUÉS DE LA COMUNIÓN

Te pedimos, Señor, que los sacramentos recibidos
nos den aquella fortaleza de espíritu
que hizo a tu mártir san Calixto
fiel en tu servicio y victorioso en el martirio.
Por Jesucristo, nuestro Señor.

M E D I T A C I Ó N

Dichosos los que cumplen la palabra de Dios

El que me ama guardará mi palabra, y mi Padre lo amará, y vendremos a él. He leído en otra parte: *El que teme a Dios obrará el bien;* pero pienso que se dice algo más del que ama, porque este guardará su palabra. ¿Y dónde va a guardarla? En el corazón sin duda alguna, como dice el profeta: *En mi corazón escondo tus consignas, así no pecaré contra ti.* Así es como has de cumplir la palabra de Dios, porque son dichosos los que la cumplen. Es como si la palabra de Dios tuviera que pasar a las entrañas de tu alma, a tus afectos y a tu conducta.

Haz del bien tu comida, y tu alma disfrutará con este alimento sustancioso. Y no te olvides de comer tu pan, no sea que tu corazón se vuelva árido: por el contrario, que tu alma rebose completamente satisfecha. Si guardas la palabra de Dios así, ella te guardará a ti. El Hijo vendrá a ti en compañía del Padre, vendrá el gran Profeta, que renovará Jerusalén, el que lo hace todo nuevo.

SAN BERNARDO

Nace en Dijon, Francia; fue monje cisterciense y gran autor espiritual. Es doctor de la Iglesia (1090-1153).

Oración de la tarde

Vísperas del 28° domingo del tiempo ordinario

¡Nuestro auxilio es el nombre del Señor,
que hizo el cielo y la tierra!

Gloria al Padre, y al Hijo, y al Espíritu Santo,
por los siglos de los siglos. Amén.

HIMNO

Siento la voz divina de tu boca
acariciar mi oído tiernamente;
tu aliento embriagarme, y en mi frente
la mano que ilumina cuanto toca.

Mi antiguo corazón de amarga roca
ha brotado divina, oculta fuente,
y una armonía dulce y sorprendente
a su celeste amor fiel me convoca.

La soledad, la noche en que vivía,
el hondo desamparo y desconsuelo,
la triste esclavitud que me perdía,

son ahora presencia, luz sin velo,
son amor, son verdad, son alegría,
¡son libertad sin ti, Señor, son cielo! Amén.

SALMO 129

Desde lo hondo a ti grito, Señor:
Señor, escucha mi voz;
estén tus oídos atentos
a la voz de mi súplica.

Si llevas cuenta de los delitos, Señor,
¿quién podrá resistir?
Pero de ti procede el perdón,
y así infundes respeto.

Mi alma espera en el Señor,
espera en su palabra;
mi alma aguarda al Señor,
más que el centinela la aurora.

Aguarde Israel al Señor,
como el centinela la aurora;
porque del Señor viene la misericordia,
la redención copiosa;
y él redimirá a Israel
de todos sus delitos.

Gloria al Padre…

Palabra de Dios — 2 Pedro 1,19-21

ESTO NOS CONFIRMA la palabra de los profetas, y hacéis muy bien en prestarle atención, como a una lámpara que brilla en un lugar oscuro, hasta que despunte el día, y el lucero nazca en vuestros corazones. Ante todo, tened presente que ninguna predicción de la Escritura está a merced de interpretaciones personales; porque ninguna predicción antigua aconteció por designio humano; hombres como eran, hablaron de parte de Dios, movidos por el Espíritu Santo.

De la salida del sol hasta su ocaso,
alabado sea el nombre del Señor. De la salida…

Cántico de María

(Texto contraportada A)

El Señor de los ejércitos prepara para todos los pueblos un festín. Aleluya.

Preces

Jesús ha dicho: «Dichosos los que escuchan la palabra de Dios y la cumplen». Con fe, pedimos:

℟ Que tu palabra ilumine nuestros pasos.

Para que sepamos reconocerte en el necesitado. ℟

Para que seamos amables con los que nos rodean. ℟

Para que nunca dejemos de estar agradecidos. ℟

Para que no ofendamos a nadie al hablar. ℟

Para que podamos acercarnos a los que están solos. ℟

Para que encontremos tiempo para la oración. ℟

Para que traigamos luz y esperanza al mundo. ℟

Para que el sufrimiento y la muerte no nos impidan mantener la esperanza. ℟

Intenciones libres

Padre nuestro…

Antífona mariana

(Texto página 26)

SANTOS
DE AYER Y DE HOY

Ángel de caridad,
ruega por nosotros.

BEATO DOROTEO BARRIONUEVO
Sacerdote y mártir (1902-1936)

Fue ordenado sacerdote el 29 de mayo de 1926. Un mes después comenzó a ejercer como cura ecónomo en las parroquias de dos aldeas muy pobres, Piconcillo y Argallón, ambas en Córdoba. Allí estuvo un par de años, hasta que le destinaron a la parroquia de Ntra. Sra. del Rosario de Fuente Tójar, tras lo cual ocuparía su último destino, en la parroquia del Salvador de la Aldea de Cuenca, Jaén, donde se percibía un ambiente hostil contra la Iglesia. Aun así, consiguió que la mitad de los niños fueran a la catequesis. Era trabajador, sereno, fiel cumplidor de sus obligaciones pastorales. Con el estallido de la Guerra Civil, Doroteo y un grupo de feligreses fueron recluidos en la parroquia de la Aldea de Cuenca. Días después lo encarcelaron en Fuente Obejuna, Córdoba, donde coincidiría con su amigo el arcipreste José Castro y cuatro sacerdotes. El 21 de septiembre fue cruelmente martirizado y asesinado junto a las tapias del cementerio de Granja de Torrehermosa, Badajoz.

Cuando Jesús llama a un alma a dirigir
y a salvar a multitud de otras almas,
es muy necesario que le haga experimentar
las tentaciones y las pruebas de la vida.

Santa Teresa del Niño Jesús

Palabra de Dios para el domingo

David Amado Fernández

EN LA PRIMERA LECTURA se nos presenta la imagen de un banquete como signo de la felicidad plena que Dios quiere dispensarnos para siempre. Así lo expresa también el salmista: «Habitaré en la casa del Señor por años sin término». Lo que se anuncia en el Antiguo Testamento se clarifica en el Nuevo. Así la parábola de hoy nos indica que esa felicidad prometida es también participación en una boda que, como se nos indicará en el Apocalipsis, son las del Cordero.

La parábola nos habla de la tendencia de reducir la felicidad a la autorrealización. Así, los que rechazan la invitación se retiran «a sus tierras», a «sus negocios», o simplemente cancelan la posibilidad de un horizonte distinto, maltratando e incluso matando a los criados. La felicidad propuesta por el evangelio no se puede desligar de la relación personal con Dios y con los demás. La misma referencia a un banquete habla de lo que se celebra en común con otros, de algo que se comparte, y que en este caso, es una mesa preparada por Dios.

Por tanto, la parábola es una llamada a entrar en la plenitud del amor de Dios; se nos dice que participaremos del mismo gozo, de su vida. Al mismo tiempo, al tratarse de las bodas del hijo (Jesucristo) del Rey (Dios), ya pensamos en que Dios quiere que alcancemos esa felicidad estando con él. Quizás deberíamos incidir más en la alegría de estar con Jesús, tanto en las celebraciones litúrgicas como en la oración, por ejemplo, en la adoración eucarística.

La parábola nos habla además de una llamada universal a la salvación. Pero también de una respuesta personal.

Los criados salen a todos los caminos, llaman de manera insistente, y no distinguen entre buenos y malos a la hora de invitar. No existe un derecho, pero tampoco una imposición. De hecho, no se puede participar de esa invitación a la fuerza. Sobre esto, ha señalado el papa Francisco: «El mundo todavía no lo sabe, pero todos están invitados al banquete de bodas del Cordero. Lo único que se necesita para acceder es el vestido nupcial de la fe que viene por medio de la escucha de su Palabra: la Iglesia lo confecciona a medida, con la blancura de una vestidura lavada en la Sangre del Cordero».

Contrasta la generosidad del Rey, que no escatima medios y es insistente en su invitación, con la mezquindad del que se presenta sin el vestido adecuado. Leemos que, al ser preguntado, «el otro no abrió la boca». Siempre que encontremos excusas para no responder a Cristo o construyamos argumentos para no vivir las exigencias del evangelio, nos conviene pensar que cuando él nos pregunte al final de la vida no tendremos qué decir.

Como nos recuerda Francisco, el vestido nos es facilitado por el mismo Jesús a través de la Iglesia. Señala el Papa: «La ascesis más exigente es, como siempre, la de entregarnos a su amor, la de dejarnos atraer por él». El vestido, que nos ha sido regalado, significa que hemos de responder al amor con amor.

La celebración de la Eucaristía nos anticipa el banquete del reino. A la luz de la parábola de hoy, podemos pensar que, si participamos de la Misa, es porque Jesús nos ha atraído con su amor. De igual forma, reflexionemos sobre nuestra disposición y preparación para participar con fruto en la celebración. Finalmente, conocedores del deseo de Dios de llevar su salvación a todos los hombres, nos preguntaremos cómo colaborar en la tarea evangelizadora de la Iglesia. ●

La oración universal

Estas intenciones deben ser completadas y actualizadas por la comunidad que celebra.

Sabiendo que la bondad y la misericordia del Señor nos acompañan todos los días de nuestra vida, digamos con fe:

℟ ***Muéstranos, Señor, tu misericordia***

Para que la Iglesia salga al encuentro de los que sufren, de los que no tienen fe y de todos los que necesitan ayuda. *Oremos.* ℟

Para que el Señor manifieste su presencia y consuelo a los que lloran a causa de la guerra, la opresión o la injusticia. *Oremos.* ℟

Para que todos los que trabajan por la convivencia fraterna de los hombres experimenten la fuerza de Dios que los conforta. *Oremos.* ℟

Para que los hombres y mujeres de cualquier raza, condición social o religión se sientan seducidos por el bien, el amor y la verdad. *Oremos.* ℟

Para que todos los difuntos gocen del banquete de bodas de Jesús, el Hijo de Dios. *Oremos.* ℟

Para que crezcamos en el amor y un día podamos disfrutar de la gloria. *Oremos.* ℟

Muestra, Señor, tu misericordia a tu Iglesia que te suplica, acoge sus intenciones y da fecundidad a su tarea evangelizadora. Por Jesucristo, nuestro Señor.

℟ **Amén.**

DOMINGO 15 DE OCTUBRE

Vigesimoctavo domingo del tiempo ordinario

Oración de la mañana

¡Pueblo del Señor, adoremos a Cristo, nuestro guía!

Adoremos al Padre, y al Hijo,
y al Espíritu Santo, ¡aleluya!

Alabad al Señor, todas las naciones;
aclamadlo, todos los pueblos.

Fuerte es su amor para con nosotros;
¡la fidelidad del Señor es eterna!

Gloria al Padre, y al Hijo, y al Espíritu Santo,
por los siglos de los siglos. Amén. ¡Aleluya!

HIMNO

Pregona el firmamento
las obras de tus manos,
y en mí escribiste un libro de tu ciencia.
Tierra, mar, fuego, viento
publican tu potencia,
y todo cuanto veo
me dice que te ame
y que en tu amor me inflame;
mas mayor que mi amor es mi deseo.

Mejor que yo, Dios mío, lo conoces;
sordo estoy a las voces
que me dan tus sagradas maravillas
llamándome, Señor, a tus amores…

Gloria al Padre, y al Hijo, y al Espíritu Santo.
Amén.

CÁNTICO

Daniel 3,52-57

Bendito eres, Señor, Dios de nuestros padres:
a ti gloria y alabanza por los siglos.

Bendito tu nombre, santo y glorioso:
a él gloria y alabanza por los siglos.

Bendito eres en el templo de tu santa gloria:
a ti gloria y alabanza por los siglos.

Bendito eres sobre el trono de tu reino:
a ti gloria y alabanza por los siglos.

Bendito eres tú, que sentado sobre querubines
sondeas los abismos:
a ti gloria y alabanza por los siglos.

Bendito eres en la bóveda del cielo:
a ti honor y alabanza por los siglos.

Criaturas todas del Señor, bendecid al Señor,
ensalzadlo con himnos por los siglos.

Gloria al Padre…

Palabra de Dios

2 Timoteo 2,8. 11-13

HAZ MEMORIA de Jesucristo, resucitado de entre los muertos, nacido del linaje de David. Es doctrina segura: si morimos con él, viviremos con él. Si perseveramos, reinaremos con él. Si lo negamos, también él nos negará. Si somos infieles, él permanece fiel, porque no puede negarse a sí mismo.

Te damos gracias, oh Dios,
invocando tu nombre. Te damos gracias…

CÁNTICO DE ZACARÍAS

(Texto contraportada B)

Id a los cruces de los caminos y, a todos los que encontréis, convidadlos a la boda.

PRECES

Oremos a Dios Padre, que ha preparado un banquete para todos los pueblos y nos invita a participar en él. Pidamos diciendo:

℟ Señor, grande es tu misericordia con nosotros.

Por la Iglesia, para que sepa comunicar a los hombres la alegría de la salvación,
– y los hombres puedan reconocer en nuestra vida las maravillas de tu amor. ℟

Por los padres que transmiten la fe a sus hijos y por los profesores católicos,
– haz que no se desanimen ante las dificultades ni les falte el consuelo de servirte. ℟

Por los que hoy podremos participar de la celebración de la Misa,
– para que, fortalecidos por tu palabra y por la Eucaristía, sepamos amar a los que nos rodean. ℟

Por nuestras familias y nuestros amigos,
– que sepamos ayudarnos para caminar juntos a tu encuentro. ℟

Intenciones libres

Padre nuestro…

ORACIÓN

Te pedimos, Señor, que tu gracia nos preceda y acompañe, y nos sostenga continuamente en las buenas obras. Por nuestro Señor Jesucristo.

MISA

Vigesimoctavo domingo del tiempo ordinario

ANTÍFONA DE ENTRADA

Si llevas cuenta de los delitos, Señor, ¿quién podrá resistir? Pero de ti procede el perdón, Dios de Israel (cf. Sal 129,3-4).

GLORIA página 218

ORACIÓN COLECTA

Te pedimos, Señor, que tu gracia
nos preceda y acompañe,
y nos sostenga continuamente
en las buenas obras.
Por nuestro Señor Jesucristo.

Lectura del libro de Isaías 25,6-10a

PREPARARÁ el Señor del universo para todos los pueblos, en este monte, un festín de manjares suculentos, un festín de vinos de solera; manjares exquisitos, vinos refinados. Y arrancará en este monte el velo que cubre a todos los pueblos, el lienzo extendido sobre todas las naciones. Aniquilará la muerte para siempre. Dios, el Señor, enjugará las lágrimas de todos los rostros, y alejará del país el oprobio de su pueblo –lo ha dicho el Señor–. Aquel día se dirá: «Aquí está nuestro Dios. Esperábamos en él y nos ha salvado. Este es el Señor en quien esperamos. Celebremos y gocemos con su salvación, porque reposará sobre este monte la mano del Señor».
Palabra de Dios.

SALMO 22

℟ **Habitaré en la casa del Señor por años sin término.**

El Señor es mi pastor, nada me falta:
en verdes praderas me hace recostar;
me conduce hacia fuentes tranquilas
y repara mis fuerzas. ℟

Me guía por el sendero justo,
por el honor de su nombre.
Aunque camine por cañadas oscuras,
nada temo, porque tú vas conmigo:
tu vara y tu cayado me sosiegan. ℟

Preparas una mesa ante mí,
enfrente de mis enemigos;
me unges la cabeza con perfume,
y mi copa rebosa. ℟

Tu bondad y tu misericordia me acompañan
todos los días de mi vida,
y habitaré en la casa del Señor
por años sin término. ℟

Lectura de la carta del apóstol san Pablo a los Filipenses 4,12-14. 19-20

HERMANOS: Sé vivir en pobreza y abundancia. Estoy avezado en todo y para todo: a la hartura y al hambre, a la abundancia y a la privación. Todo lo puedo en aquel que me conforta. En todo caso, hicisteis bien en compartir mis tribulaciones. En pago, mi Dios proveerá a todas vuestras necesidades con magnificencia, conforme a su riqueza en Cristo Jesús. A Dios, nuestro Padre, la gloria por los siglos de los siglos. Amén.
Palabra de Dios.

Aleluya, aleluya, aleluya. El Padre de nuestro Señor Jesucristo ilumine los ojos de nuestro corazón, para que comprendamos cuál es la esperanza a la que nos llama.

Lectura del santo evangelio según san Mateo 22,1-14

Se puede elegir una forma más breve de la lectura siguiente, omitiendo el texto entre corchetes.

EN AQUEL TIEMPO, volvió a hablar Jesús en parábolas a los sumos sacerdotes y a los ancianos del pueblo, diciendo: «El reino de los cielos se parece a un rey que celebraba la boda de su hijo; mandó a sus criados para que llamaran

a los convidados, pero no quisieron ir. Volvió a mandar otros criados encargándoles que dijeran a los convidados: "Tengo preparado el banquete, he matado terneros y reses cebadas y todo está a punto. Venid a la boda". Pero ellos no hicieron caso; uno se marchó a sus tierras, otro a sus negocios, los demás agarraron a los criados y los maltrataron y los mataron. El rey montó en cólera, envió sus tropas, que acabaron con aquellos asesinos y prendieron fuego a la ciudad. Luego dijo a sus criados: "La boda está preparada, pero los convidados no se la merecían. Id ahora a los cruces de los caminos y a todos los que encontréis, llamadlos a la boda". Los criados salieron a los caminos y reunieron a todos los que encontraron, malos y buenos. La sala del banquete se llenó de comensales. [Cuando el rey entró a saludar a los comensales, reparó en uno que no llevaba traje de fiesta y le dijo: "Amigo, ¿cómo has entrado aquí sin el vestido de boda?" El otro no abrió la boca. Entonces el rey dijo a los servidores: "Atadlo de pies y manos y arrojadlo fuera, a las tinieblas. Allí será el llanto y el rechinar de dientes". Porque muchos son los llamados, pero pocos los elegidos».]
Palabra del Señor.

Credo —— página 219

Oración de los fieles —— página 205

Oración sobre las ofrendas

Acepta las súplicas de tus fieles, Señor,
juntamente con estas ofrendas,
para que lleguemos a la gloria del cielo
mediante esta piadosa celebración.
Por Jesucristo, nuestro Señor.

Prefacio —— página 223

Antífona de comunión

Los ricos empobrecen y pasan hambre, los que buscan al Señor no carecen de nada (Sal 33,11).

O bien:

Cuando se manifieste el Señor, seremos semejantes a él, porque le veremos tal cual es (cf. 1 Jn 3,2).

ORACIÓN DESPUÉS DE LA COMUNIÓN

Señor, pedimos humildemente a tu majestad
que, así como nos fortaleces con el alimento
del santísimo Cuerpo y Sangre de tu Hijo,
nos hagas participar de su naturaleza divina.
Por Jesucristo, nuestro Señor.

MEDITACIÓN

Dichosos los invitados a las bodas del Cordero

El Padre celebra la boda del rey, de su Hijo, cuando le une a la Iglesia en el misterio de la encarnación. Y el seno de la virgen María ha sido la cámara nupcial de este Esposo: *Allí le ha puesto su tienda al sol, él sale como el esposo de su alcoba.* Envió a sus siervos para invitar a sus amigos a estas bodas: primero a los profetas, después a los apóstoles para que anunciaran la encarnación del Señor… A través de los profetas anunció como futura la encarnación de su Hijo único, y a través de los apóstoles la predicó como ya cumplida…

Pero los convidados no hicieron caso; uno se marchó a sus tierras, otro a sus negocios. Ir a sus tierras significa entregarse sin medida a las tareas de aquí abajo. Ir a sus negocios es buscar ávidamente un provecho personal en los negocios de este mundo. Uno y otro son negligentes a la hora de pensar en el misterio de la encarnación del Verbo y vivir conforme a él… Aún más grave es lo que hacen algunos que, no contentos con menospreciar el favor del que los llama, le persiguen… De todas maneras el Señor no dejará lugares vacíos en el banquete de bodas de su Hijo. Manda ir a buscar a otros convidados, porque la palabra de Dios, aunque todavía es desconocida por muchos, un día encontrará donde descansar.

SAN GREGORIO MAGNO

Nació en Roma; prefecto de su ciudad y monje después, fue papa desde el año 590. Es doctor de la Iglesia (540-604).

Oración de la tarde

Señor, ábreme los labios,
y mi boca proclamará tu alabanza.

Gloria al Padre, y al Hijo,
y al Espíritu Santo...

HIMNO

Desiderio desideravi (Lc 22, 15)

Yo también con anhelo he deseado
participar, Señor, en esta cena
nueva Pascua de amor, tu mesa llena
de Pan del Cielo y Vino deificado;

y asistir como Pedro entusiasmado
con tu palabra luminosa y plena,
como a tu amor rendida Magdalena,
como Juan en tu pecho recostado.

No haya después Getsemaní angustioso
ni se escuche de turbas griterío
ni torture la Cruz tu cuerpo hermoso;

déjame en un tabor hoy, Señor mío,
adorarte triunfante y glorioso,
que por algo el sepulcro está vacío.
Amén.

SALMO 111

Dichoso quien teme al Señor
y ama de corazón sus mandatos.
Su linaje será poderoso en la tierra,
la descendencia del justo será bendita.

En su casa habrá riquezas y abundancia,
su caridad es constante, sin falta.
En las tinieblas brilla como una luz
el que es justo, clemente y compasivo.

Dichoso el que se apiada y presta,
y administra rectamente sus asuntos.
El justo jamás vacilará,
su recuerdo será perpetuo.

No temerá las malas noticias,
su corazón está firme en el Señor.
Su corazón está seguro, sin temor,
hasta que vea derrotados a sus enemigos.

Reparte limosna a los pobres,
su caridad es constante, sin falta,
y alzará la frente con dignidad.

El malvado, al verlo, se irritará,
rechinará los dientes hasta consumirse.
La ambición del malvado fracasará.

Gloria al Padre…

Palabra de Dios

Hebreos 12,22-24

VOSOTROS os habéis acercado al monte Sion, ciudad del Dios vivo, Jerusalén del cielo, a millares de ángeles en fiesta, a la asamblea de los primogénitos inscritos en el cielo, a Dios, juez de todos, a las almas de los justos que han llegado a su destino y al Mediador de la nueva alianza, Jesús, y a la aspersión purificadora de una sangre que habla mejor que la de Abel.

Nuestro Señor es grande y poderoso,
su sabiduría no tiene medida. Nuestro Señor...

CÁNTICO DE MARÍA (Texto contraportada A)

Un hombre daba un gran banquete y convidó a mucha gente; a la hora del banquete, mandó un criado a avisar a los convidados: «Venid, que ya está preparado». Aleluya.

PRECES

En la tarde de este domingo, demos gracias a Dios que, de nuevo, nos ha mostrado su bondad:

℟ Bendito seas por siempre, Señor.

Gracias, Señor, por el banquete de la palabra
y de la Eucaristía,
– y por reunirnos en torno a tu altar para celebrar
tu victoria sobre el pecado y la muerte. ℟

Gracias por la Iglesia santa, que no deja de atraer
a los hombres hacia ti,
– y les muestra tu misericordia. ℟

Gracias por los buenos sentimientos que anidan
en el corazón de los hombres,
– y por quienes se esfuerzan en la construcción
de un mundo más justo. ℟

Gracias por todas las obras buenas que hemos podido
realizar en este día,
– y por los múltiples beneficios que hemos recibido
de ti. ℟

Intenciones libres

Padre nuestro...

ANTÍFONA MARIANA (Texto página 26)

ORDINARIO DE LA MISA

■ En el nombre del Padre, y del Hijo,
y del Espíritu Santo.

■ **Amén.**

Saludo al altar y al pueblo congregado

Tiempo ordinario

■ El Señor esté con vosotros.

■ **Y con tu espíritu.**

Acto penitencial

1

■ Hermanos:
para celebrar dignamente estos sagrados misterios,
reconozcamos nuestros pecados.

■ **Yo confieso ante Dios todopoderoso**
y ante vosotros, hermanos,
que he pecado mucho
de pensamiento, palabra, obra y omisión.

Golpeándose el pecho, dicen:

■ **Por mi culpa, por mi culpa, por mi gran culpa.**

Luego prosiguen:

■ **Por eso ruego a santa María, siempre Virgen,**
a los ángeles, a los santos
y a vosotros, hermanos,
que intercedáis por mí ante Dios, nuestro Señor.

El sacerdote concluye con la siguiente plegaria:

■ Dios todopoderoso
tenga misericordia de nosotros,
perdone nuestros pecados
y nos lleve a la vida eterna.

■ **Amén.**

2

■ Al comenzar esta celebración eucarística,
pidamos a Dios que nos conceda

la conversión de nuestros corazones;
así obtendremos la reconciliación
y se acrecentará nuestra comunión
con Dios y con nuestros hermanos.

Se hace una breve pausa en silencio.
Después, el sacerdote dice:

■ Señor, ten misericordia de nosotros.
■ **Porque hemos pecado contra ti.**

El sacerdote prosigue:

■ Muéstranos, Señor, tu misericordia.
■ **Y danos tu salvación.**

El sacerdote concluye con la siguiente plegaria:

■ Dios todopoderoso
tenga misericordia de nosotros,
perdone nuestros pecados
y nos lleve a la vida eterna.
■ **Amén.**

3

■ Jesucristo, el justo, intercede por nosotros
y nos reconcilia con el Padre.
Abramos, pues,
nuestro espíritu al arrepentimiento,
para acercarnos a la mesa del Señor.

Se hace una breve pausa en silencio. Después, el sacerdote dice las siguientes invocaciones u otras semejantes:

■ Tú, que has sido enviado para sanar
a los contritos de corazon:
Señor, ten piedad. (*O bien:* Kýrie, eléison.)
■ **Señor, ten piedad. (*O bien:* Kýrie, eléison.)**
■ Tú, que has venido a llamar a los pecadores:
Cristo, ten piedad. (*O bien:* Christe, eléison.)
■ **Cristo, ten piedad. (*O bien:* Christe, eléison.)**
■ Tú, que estás sentado a la derecha del Padre
para interceder por nosotros:
Señor, ten piedad. (*O bien:* Kýrie, eléison.)
■ **Señor, ten piedad. (*O bien:* Kýrie, eléison.)**

Kýrie

Siguen las invocaciones **Señor, ten piedad (Kýrie eléison)**, *si no se han dicho ya en alguna de las fórmulas del acto penitencial:*

■ Señor, ten piedad.	■ Kýrie, eléison.
■ **Señor, ten piedad.**	■ **Kýrie, eléison.**
■ Cristo, ten piedad.	■ Christe, eléison.
■ **Cristo, ten piedad.**	■ **Christe, eléison.**
■ Señor, ten piedad.	■ Kýrie, eléison.
■ **Señor, ten piedad.**	■ **Kýrie, eléison.**

Gloria

**Gloria a Dios en el cielo,
y en la tierra paz a los hombres que ama el Señor.
Por tu inmensa gloria te alabamos, te bendecimos,
te adoramos, te glorificamos,
te damos gracias,
Señor Dios, Rey celestial,
Dios Padre todopoderoso.
Señor, Hijo único, Jesucristo;
Señor Dios, Cordero de Dios, Hijo del Padre;
tú que quitas el pecado del mundo, ten piedad de nosotros;
tú que quitas el pecado del mundo, atiende nuestra súplica;
tú que estás sentado a la derecha del Padre,
ten piedad de nosotros;
porque solo tú eres Santo, solo tú Señor,
solo tú Altísimo, Jesucristo,
con el Espíritu Santo en la gloria de Dios Padre.
Amén.**

**Glória in excélsis Deo
et in terra pax homínibus bonæ voluntátis.
Laudámus te, benedícimus te,
adorámus te, glorificámus te,
grátias ágimus tibi propter magnam glóriam tuam,
Dómine Deus, Rex cæléstis,
Deus Pater omnípotens.
Dómine, Fili unigénite, Iesu Christe,
Dómine Deus, Agnus Dei, Fílius Patris,**

qui tollis peccáta mundi, miserére nobis;
qui tollis peccáta mundi,
súscipe deprecatiónem nostram.
Qui sedes ad déxteram Patris, miserére nobis.
Quóniam tu solus Sanctus, tu solus Dóminus,
tu solus Altíssimus, Iesu Christe,
cum Sancto Spíritu: in glória Dei Patris. Amen.

Oración colecta

Liturgia de la Palabra

Primera lectura, Salmo, Segunda lectura

Aleluya o el canto antes del evangelio

Evangelio

El sacerdote (o el diácono), inclinado ante el altar, dice en secreto:

Purifica mi corazón y mis labios,
Dios todopoderoso,
para que pueda anunciar dignamente tu santo evangelio.

- El Señor esté con vosotros.
- **Y con tu espíritu.**
- Lectura del santo evangelio según san N.
- **Gloria a ti, Señor.**

Acabado el evangelio, el sacerdote (o el diácono) dice:

- Palabra del Señor.
- **Gloria a ti, Señor Jesús.**

Después el sacerdote (o el diácono) besa el libro, diciendo en secreto:

Las palabras del evangelio borren nuestros pecados.

Homilía

Profesión de fe

Creo en un solo Dios,
Padre todopoderoso, Creador del cielo y de la tierra,
de todo lo visible y lo invisible.

Creo en un solo Señor, Jesucristo, Hijo único de Dios,
nacido del Padre antes de todos los siglos:

**Dios de Dios, Luz de Luz,
Dios verdadero de Dios verdadero,
engendrado, no creado, de la misma naturaleza del Padre,
por quien todo fue hecho;
que por nosotros, los hombres, y por nuestra salvación
bajó del cielo,**

*En las palabras que siguen,
hasta* **se hizo hombre,** *todos se inclinan.*

**y por obra del Espíritu Santo
se encarnó de María, la Virgen, y se hizo hombre;
y por nuestra causa fue crucificado
en tiempos de Poncio Pilato;
padeció y fue sepultado,
y resucitó al tercer día, según las Escrituras,
y subió al cielo, y está sentado a la derecha del Padre;
y de nuevo vendrá con gloria para juzgar a vivos y muertos,
y su reino no tendrá fin.**

**Creo en el Espíritu Santo, Señor y dador de vida,
que procede del Padre y del Hijo,
que con el Padre y el Hijo
recibe una misma adoración y gloria,
y que habló por los profetas.
Creo en la Iglesia, que es una, santa, católica y apostólica.
Confieso que hay un solo bautismo
para el perdón de los pecados.
Espero la resurrección de los muertos
y la vida del mundo futuro. Amén.**

Símbolo de los apóstoles

**Creo en Dios, Padre todopoderoso,
creador del cielo y de la tierra.
creo en Jesucristo, su único Hijo, nuestro Señor,**

*En las palabras que siguen,
hasta* **María Virgen,** *todos se inclinan.*

**que fue concebido por obra y gracia del Espíritu Santo,
nació de santa María Virgen,
padeció bajo el poder de Poncio Pilato,
fue crucificado, muerto y sepultado,**

descendió a los infiernos,
al tercer día resucitó de entre los muertos,
subió a los cielos
y está sentado a la derecha de Dios, Padre todopoderoso.
Desde allí ha de venir a juzgar a vivos y muertos.

Creo en el Espíritu Santo,
la santa Iglesia católica,
la comunión de los santos,
el perdón de los pecados,
la resurrección de la carne
y la vida eterna. Amén.

Credo in unum Deum,
Patrem omnipoténtem, factórem cæli et terræ,
visibílium ómnium et invisibílium.

Et in unum Dóminum Iesum Christum,
Fílium Dei unigénitum,
et ex Patre natum ante ómnia sǽcula.
Deum de Deo, lumen de lúmine, Deum verum de Deo vero,
génitum, non factum, consubstantiálem Patri:
per quem ómnia facta sunt.
Qui propter nos hómines et propter nostram salútem
descéndit de cælis.

Et incarnátus est de Spíritu Sancto
ex María Vírgine, et homo factus est.
Crucifíxus étiam pro nobis sub Póntio Piláto;
passus et sepúltus est,
et resurréxit tertia die, secúndum Scriptúras,
et ascéndit in cælum, sedet ad déxteram Patris.
Et íterum ventúrus est cum glória,
iudicáre vivos et mórtuos,
cuius regni non erit finis.

Et in Spíritum Sanctum, Dóminum et vivificántem:
qui ex Patre Filióque procédit.
Qui cum Patre et Fílio simul adorátur et conglorificátur:
qui locútus est per prophétas.
Et unam, sanctam, cathólicam et apostólicam Ecclésiam.
Confíteor unum baptísma in remissiónem peccatórum.

Et exspécto resurrectiónem mortuórum,
et vitam ventúri sǽculi. Amen.

Plegaria universal

Liturgia eucarística

Altar y ofrendas

■ Bendito seas, Señor, Dios del universo,
por este pan,
fruto de la tierra y del trabajo del hombre,
que recibimos de tu generosidad y ahora te presentamos;
él será para nosotros Pan de vida.

■ **Bendito seas por siempre, Señor.**

El sacerdote dice en secreto:

Por el misterio de esta agua y este vino,
haz que compartamos la divinidad
de quien se ha dignado participar de nuestra humanidad.

■ Bendito seas, Señor, Dios del universo,
por este vino,
fruto de la vid y del trabajo del hombre,
que recibimos de tu generosidad
y ahora te presentamos;
él será para nosotros bebida de salvación.

■ **Bendito seas por siempre, Señor.**

El sacerdote dice en secreto:

Acepta, Señor, nuestro corazón contrito
y nuestro espíritu humilde;
que este sea hoy nuestro sacrificio
y que sea agradable en tu presencia, Señor, Dios nuestro.

El sacerdote dice en secreto:

Lava del todo mi delito, Señor, y limpia mi pecado.

■ Orad, hermanos,
para que este sacrificio, mío y vuestro,
sea agradable a Dios, Padre todopoderoso.

■ **El Señor reciba de tus manos este sacrificio,**
para alabanza y gloria de su nombre,
para nuestro bien y el de toda su santa Iglesia.

Oración sobre las ofrendas

Plegaria eucarística

■ El Señor esté con vosotros.
■ **Y con tu espíritu.**
■ Levantemos el corazón.
■ **Lo tenemos levantado hacia el Señor.**
■ Demos gracias al Señor, nuestro Dios.
■ **Es justo y necesario.**

Prefacio III dominical del tiempo ordinario

En verdad es justo y necesario,
es nuestro deber y salvación
darte gracias siempre y en todo lugar,
Señor, Padre santo, Dios todopoderoso y eterno.

Porque reconocemos como obra de tu poder admirable
no solo socorrer a los mortales con tu divinidad,
sino haber previsto el remedio
en nuestra misma condición humana,
y de lo que era nuestra ruina
haber hecho nuestra salvación,
por Cristo, Señor nuestro.

Por él,
los coros de los ángeles
adoran tu gloria eternamente,
gozosos en tu presencia.
Permítenos asociarnos a sus voces
cantando con ellos tu alabanza:

■ **Santo, Santo, Santo es el Señor,**
Dios del universo.
Llenos están el cielo y la tierra de tu gloria.
Hosanna en el cielo.
Bendito el que viene en nombre del Señor.
Hosanna en el cielo.

■ **Sanctus, Sanctus, Sanctus Dóminus Deus Sabaoth.**
Pleni sunt cæli et terra glória tua.
Hosánna in excélsis.
Benedíctus qui venit in nómine Dómini.
Hosánna in excélsis.

Plegaria eucarística I (Canon romano)

II: «En verdad es justo y necesario...», página 228
III: «Santo eres en verdad, Padre...», página 231
IV: «En verdad es justo darte gracias...», página 234

Padre misericordioso,
te pedimos humildemente,
por Jesucristo, tu Hijo, nuestro Señor,
que aceptes y bendigas ✠ estos dones,
este sacrificio santo y puro que te ofrecemos,
ante todo, por tu Iglesia santa y católica,
para que le concedas la paz, la protejas,
la congregues en la unidad
y la gobiernes en el mundo entero,
con tu servidor el papa N.,
con nuestro obispo N.,
y todos los demás obispos que, fieles a la verdad,
promueven la fe católica y apostólica.

Acuérdate, Señor, de tus hijos [N. y N.]
y de todos los aquí reunidos,
cuya fe y entrega bien conoces;
por ellos y todos los suyos,
por el perdón de sus pecados
y la salvación que esperan,
te ofrecemos, y ellos mismos te ofrecen,
este sacrificio de alabanza,
a ti, eterno Dios, vivo y verdadero.

Reunidos en comunión con toda la Iglesia,

En los domingos,
cuando no hay otro «Reunidos...» propio:

para celebrar el domingo, día en que Cristo ha vencido a la muerte y nos ha hecho partícipes de su vida inmortal,

---

veneramos la memoria,
ante todo, de la gloriosa siempre Virgen María,
Madre de Jesucristo, nuestro Dios y Señor;
la de su esposo, san José;
la de los santos apóstoles y mártires

Pedro y Pablo, Andrés,
[Santiago y Juan,
Tomás, Santiago, Felipe,
Bartolomé, Mateo, Simón y Tadeo;
Lino, Cleto, Clemente,
Sixto, Cornelio, Cipriano,
Lorenzo, Crisógono,
Juan y Pablo,
Cosme y Damián,]
y la de todos los santos;
por sus méritos y oraciones
concédenos en todo tu protección.
[Por Cristo, nuestro Señor. Amén.]

† Acepta, Señor, en tu bondad,
esta ofrenda de tus siervos
y de toda tu familia santa;
ordena en tu paz nuestros días,
líbranos de la condenación eterna
y cuéntanos entre tus elegidos.
[Por Cristo, nuestro Señor. Amén.]

Bendice y santifica esta ofrenda, Padre,
haciéndola perfecta,
espiritual y digna de ti:
que se convierta para nosotros
en el Cuerpo y la Sangre de tu Hijo amado,
Jesucristo, nuestro Señor.

El cual, la víspera de su pasión,
tomó pan en sus santas y venerables manos,
y, elevando los ojos al cielo,
hacia ti, Dios, Padre suyo todopoderoso,
dando gracias te bendijo, lo partió,
y lo dio a sus discípulos, diciendo:

«TOMAD Y COMED TODOS DE ÉL,
PORQUE ESTO ES MI CUERPO,
QUE SERÁ ENTREGADO POR VOSOTROS».

Del mismo modo, acabada la cena,
tomó este cáliz glorioso

en sus santas y venerables manos,
dando gracias te bendijo,
y lo dio a sus discípulos, diciendo:

**«TOMAD Y BEBED TODOS DE ÉL,
PORQUE ESTE ES EL CÁLIZ DE MI SANGRE,
SANGRE DE LA ALIANZA NUEVA Y ETERNA,
QUE SERÁ DERRAMADA POR VOSOTROS
Y POR MUCHOS PARA EL PERDÓN DE LOS PECADOS.
HACED ESTO EN CONMEMORACIÓN MÍA».**

1

■ Este es el Sacramento de nuestra fe.

O bien:

■ Este es el Misterio de la fe.
■ **Anunciamos tu muerte,
proclamamos tu resurrección.
¡Ven, Señor Jesús!**

2

■ Aclamemos el Misterio de la fe.
■ **Cada vez que comemos de este pan
y bebemos de este cáliz,
anunciamos tu muerte, Señor,
hasta que vuelvas.**

3

■ Proclamemos el Misterio de la fe.
■ **Sálvanos, Salvador del mundo,
que nos has liberado por tu cruz y resurrección.**

Por eso, Padre,
nosotros, tus siervos,
y todo tu pueblo santo,
al celebrar este memorial de la muerte gloriosa
de Jesucristo, tu Hijo, nuestro Señor,
de su santa resurrección del lugar de los muertos
y de su admirable ascensión a los cielos,
te ofrecemos, Dios de gloria y majestad,
de los mismos bienes que nos has dado,
el sacrificio puro, inmaculado y santo:
Pan de vida eterna y cáliz de eterna salvación.

Mira con ojos de bondad esta ofrenda y acéptala,
como aceptaste los dones del justo Abel,
el sacrificio de Abrahán, nuestro padre en la fe,
y la oblación pura
de tu sumo sacerdote Melquisedec.

Te pedimos humildemente, Dios todopoderoso,
que esta ofrenda sea llevada a tu presencia,
hasta el altar del cielo,
por manos de tu ángel,
para que cuantos recibimos
el Cuerpo y la Sangre de tu Hijo,
al participar aquí de este altar,
seamos colmados de gracia y bendición.
[Por Cristo, nuestro Señor. Amén.]

Acuérdate también, Señor,
de tus hijos [N. y N.]
que nos han precedido con el signo de la fe
y duermen ya el sueño de la paz.
A ellos, Señor,
y a cuantos descansan en Cristo,
concédeles el lugar del consuelo,
de la luz y de la paz.
[Por Cristo, nuestro Señor. Amén.]

Y a nosotros, pecadores, siervos tuyos,
que confiamos en tu infinita misericordia,
admítenos en la asamblea
de los santos apóstoles y mártires
Juan el Bautista, Esteban,
Matías y Bernabé,
[Ignacio, Alejandro,
Marcelino y Pedro,
Felicidad y Perpetua,
Águeda, Lucía,
Inés, Cecilia, Anastasia,]
y de todos los santos;
y acéptanos en su compañía,
no por nuestros méritos,
sino conforme a tu bondad.

Por Cristo, Señor nuestro,
por quien sigues creando todos los bienes,
los santificas, los llenas de vida,
los bendices y los repartes
entre nosotros.

Por Cristo, con él y en él,
a ti, Dios Padre omnipotente,
en la unidad del Espíritu Santo,
todo honor y toda gloria
por los siglos de los siglos.
■ **Amén.** (Padre nuestro: página 238)

Plegaria eucarística II

En verdad es justo y necesario,
es nuestro deber y salvación
darte gracias, Padre santo,
siempre y en todo lugar,
por Jesucristo, tu Hijo amado.

Por él, que es tu Verbo,
hiciste todas las cosas;
tú nos lo enviaste
para que, hecho hombre
por obra del Espíritu Santo
y nacido de María, la Virgen,
fuera nuestro Salvador y Redentor.

Él, en cumplimiento de tu voluntad,
para destruir la muerte
y manifestar la resurrección,
extendió sus brazos en la cruz,
y así adquirió para ti un pueblo santo.

Por eso, con los ángeles y con todos los santos,
proclamamos tu gloria, diciendo a una sola voz: Santo…

Santo eres en verdad, Señor, fuente de toda santidad;
por eso te pedimos que santifiques estos dones
con la efusión de tu Espíritu,
de manera que se conviertan para nosotros
en el Cuerpo y ✠ la Sangre
de Jesucristo, nuestro Señor.

El cual,
cuando iba a ser entregado a su pasión,
voluntariamente aceptada,
tomó pan, dándote gracias, lo partió
y lo dio a sus discípulos, diciendo:
«TOMAD Y COMED TODOS DE ÉL,
PORQUE ESTO ES MI CUERPO,
QUE SERÁ ENTREGADO POR VOSOTROS».

Del mismo modo, acabada la cena,
tomó el cáliz,
y, dándote gracias de nuevo,
lo pasó a sus discípulos, diciendo:
«TOMAD Y BEBED TODOS DE ÉL,
PORQUE ESTE ES EL CÁLIZ DE MI SANGRE,
SANGRE DE LA ALIANZA NUEVA Y ETERNA,
QUE SERÁ DERRAMADA POR VOSOTROS
Y POR MUCHOS
PARA EL PERDÓN DE LOS PECADOS.
HACED ESTO EN CONMEMORACIÓN MÍA».

1

■ Este es el Sacramento de nuestra fe.

O bien:

■ Este es el Misterio de la fe.
■ **Anunciamos tu muerte,
proclamamos tu resurrección.
¡Ven, Señor Jesús!**

2

■ Aclamemos el Misterio de la fe.
■ **Cada vez que comemos de este pan
y bebemos de este cáliz,
anunciamos tu muerte, Señor,
hasta que vuelvas.**

3

■ Proclamemos el Misterio de la fe.
■ **Sálvanos, Salvador del mundo,
que nos has liberado por tu cruz y resurrección.**

Así, pues, Padre,
al celebrar ahora el memorial
de la muerte y resurrección de tu Hijo,
te ofrecemos el Pan de vida y el cáliz de salvación,
y te damos gracias porque nos haces dignos
de servirte en tu presencia.

Te pedimos humildemente
que el Espíritu Santo congregue en la unidad
a cuantos participamos del Cuerpo y la Sangre de Cristo.

Acuérdate, Señor, de tu Iglesia extendida
por toda la tierra;

**En los domingos,
cuando no hay otro «Acuérdate...» propio:**

y reunida aquí en el domingo, día en que Cristo ha vencido a la muerte y nos ha hecho partícipes de su vida inmortal.

---

y con el papa N.,
con nuestro obispo N.,
y todos los pastores que cuidan de tu pueblo,
llévala a su perfección por la caridad.

Acuérdate también de nuestros hermanos
que durmieron en la esperanza de la resurrección,
y de todos los que han muerto
en tu misericordia;
admítelos a contemplar la luz de tu rostro.

Ten misericordia de todos nosotros,
y así, con María, la Virgen Madre de Dios,
su esposo san José, los apóstoles
y cuantos vivieron en tu amistad
a través de los tiempos,
merezcamos, por tu Hijo Jesucristo,
compartir la vida eterna y cantar tus alabanzas.

Por Cristo, con él y en él,
a ti, Dios Padre omnipotente,
en la unidad del Espíritu Santo,
todo honor y toda gloria por los siglos de los siglos.

■ Amén. **(Padre nuestro: página 238)**

Plegaria eucarística III

Santo eres en verdad, Padre,
y con razón te alaban todas tus criaturas,
ya que por Jesucristo, tu Hijo, Señor nuestro,
con la fuerza del Espíritu Santo,
das vida y santificas todo,
y congregas a tu pueblo sin cesar,
para que ofrezca en tu honor un sacrificio sin mancha
desde donde sale el sol hasta el ocaso.

Por eso, Padre, te suplicamos
que santifiques por el mismo Espíritu
estos dones que hemos separado para ti,
de manera que se conviertan
en el Cuerpo y ✠ la Sangre de Jesucristo,
Hijo tuyo y Señor nuestro,
que nos mandó celebrar estos misterios.

Porque él mismo,
la noche en que iba a ser entregado,
tomó pan, y dando gracias te bendijo,
lo partió y lo dio a sus discípulos, diciendo:

**«TOMAD Y COMED TODOS DE ÉL,
PORQUE ESTO ES MI CUERPO,
QUE SERÁ ENTREGADO POR VOSOTROS».**

Del mismo modo, acabada la cena,
tomó el cáliz,
dando gracias te bendijo,
y lo pasó a sus discípulos, diciendo:

**«TOMAD Y BEBED TODOS DE ÉL,
PORQUE ESTE ES EL CÁLIZ DE MI SANGRE,
SANGRE DE LA ALIANZA NUEVA Y ETERNA,
QUE SERÁ DERRAMADA
POR VOSOTROS Y POR MUCHOS
PARA EL PERDÓN DE LOS PECADOS.
HACED ESTO EN CONMEMORACIÓN MÍA».**

1

■ Este es el Misterio de la fe.

O bien:

■ Este es el Sacramento de nuestra fe.
■ **Anunciamos tu muerte,
proclamamos tu resurrección.
¡Ven, Señor Jesús!**

2

■ Aclamemos el Misterio de la fe.
■ **Cada vez que comemos de este pan
y bebemos de este cáliz,
anunciamos tu muerte, Señor,
hasta que vuelvas.**

3

■ Proclamemos el Misterio de la fe.
■ **Sálvanos, Salvador del mundo,
que nos has liberado por tu cruz y resurrección.**

Así, pues, Padre,
al celebrar ahora el memorial
de la pasión salvadora de tu Hijo,
de su admirable resurrección y ascensión al cielo,
mientras esperamos su venida gloriosa,
te ofrecemos, en esta acción de gracias,
el sacrificio vivo y santo.

Dirige tu mirada sobre la ofrenda de tu Iglesia,
y reconoce en ella la Víctima
por cuya inmolación quisiste devolvernos tu amistad,
para que, fortalecidos
con el Cuerpo y la Sangre de tu Hijo
y llenos de su Espíritu Santo,
formemos en Cristo un solo cuerpo y un solo espíritu.

Que él nos transforme en ofrenda permanente,
para que gocemos de tu heredad
junto con tus elegidos:
con María, la Virgen Madre de Dios,
su esposo san José,
los apóstoles y los mártires,
[san N.: santo del día o patrono]
y todos los santos, por cuya intercesión
confiamos obtener siempre tu ayuda.

Te pedimos, Padre,
que esta Víctima de reconciliación
traiga la paz y la salvación al mundo entero.
Confirma en la fe y en la caridad
a tu Iglesia, peregrina en la tierra:
a tu servidor, el papa N., a nuestro obispo N.,
al orden episcopal, a los presbíteros y diáconos,
y a todo el pueblo redimido por ti.

Atiende los deseos y súplicas de esta familia
que has congregado en tu presencia,

En los domingos,
cuando no hay otro «Atiende...» propio:

en el domingo, día en que Cristo ha vencido a la muerte y nos ha hecho partícipes de su vida inmortal.

Reúne en torno a ti, Padre misericordioso,
a todos tus hijos dispersos por el mundo.

[Cuando esta plegaria se utiliza en las misas de difuntos:

† Recuerda a tu hijo (-a) N.,
a quien llamaste [hoy] de este mundo a tu presencia:
concédele que, así como ha compartido ya la muerte
de Jesucristo, comparta también con él
la gloria de la resurrección,
cuando Cristo haga resurgir de la tierra a los muertos
y transforme nuestro cuerpo frágil
en cuerpo gloriosos como el suyo.
Y a todos nuestros hermanos difuntos...]

† A nuestros hermanos difuntos
y a cuantos murieron en tu amistad
recíbelos en tu reino,
donde esperamos gozar todos juntos
de la plenitud eterna de tu gloria,

[allí enjugarás las lágrimas de nuestros ojos,
porque, al contemplarte como tú eres, Dios nuestro,
seremos para siempre semejantes a ti
y cantaremos eternamente tus alabanzas,]

por Cristo, Señor nuestro,
por quien concedes al mundo todos los bienes.

**Por Cristo, con él y en él,
a ti, Dios Padre omnipotente,
en la unidad del Espíritu Santo,
todo honor y toda gloria por los siglos de los siglos.
■ Amén.** **(Padre nuestro: página 238)**

Plegaria eucarística IV

**En verdad es justo darte gracias,
y deber nuestro glorificarte, Padre santo,
porque tú eres el único Dios vivo y verdadero
que existes desde siempre y vives para siempre,
luz sobre toda luz.
Porque tú solo eres bueno y la fuente de la vida,
hiciste todas las cosas para colmarlas de tus bendiciones
y alegrar su multitud con la claridad de tu gloria.**

**Por eso, innumerables ángeles en tu presencia,
contemplando la gloria de tu rostro,
te sirven siempre y te glorifican sin cesar.**

**Y con ellos también nosotros, llenos de alegría,
y por nuestra voz, las demás criaturas,
aclamamos tu nombre cantando: Santo…**

**Te alabamos, Padre santo, porque eres grande
y porque hiciste todas las cosas con sabiduría y amor.**

**A imagen tuya creaste al hombre
y le encomendaste el universo entero,
para que, sirviéndote solo a ti, su Creador,
dominara todo lo creado.**

**Y cuando por desobediencia perdió tu amistad,
no lo abandonaste al poder de la muerte,
sino que, compadecido, tendiste la mano a todos,
para que te encuentre el que te busca.**

**Reiteraste, además, tu alianza a los hombres;
por los profetas los fuiste llevando
con la esperanza de salvación.**

**Y tanto amaste al mundo, Padre santo,
que, al cumplirse la plenitud de los tiempos,
nos enviaste como salvador a tu único Hijo.**

El cual se encarnó por obra del Espíritu Santo,
nació de María, la Virgen,
y así compartió en todo nuestra condición humana
menos en el pecado;
anunció la salvación a los pobres,
la liberación a los oprimidos y a los afligidos el consuelo.

Para cumplir tus designios,
él mismo se entregó a la muerte,
y, resucitando, destruyó la muerte
y nos dio nueva vida.

Y porque no vivamos ya para nosotros mismos,
sino para él, que por nosotros murió y resucitó,
envió, Padre, al Espíritu Santo
como primicia para los creyentes,
a fin de santificar todas las cosas,
llevando a plenitud su obra en el mundo.

Por eso, Padre, te rogamos que este mismo Espíritu
santifique estas ofrendas, para que se conviertan
en el Cuerpo y ✠ la Sangre de Jesucristo, nuestro Señor,
y así celebremos el gran misterio
que nos dejó como alianza eterna.

Porque él mismo,
llegada la hora en que había de ser glorificado
por ti, Padre santo,
habiendo amado a los suyos
que estaban en el mundo,
los amó hasta el extremo.
Y, mientras cenaba con sus discípulos,
tomó pan,
te bendijo,
lo partió y se lo dio, diciendo:

**«TOMAD Y COMED TODOS DE ÉL,
PORQUE ESTO ES MI CUERPO,
QUE SERÁ ENTREGADO POR VOSOTROS».**

Del mismo modo,
tomó el cáliz lleno del fruto de la vid,
te dio gracias y lo pasó a sus discípulos, diciendo:

«TOMAD Y BEBED TODOS DE ÉL,
PORQUE ESTE ES EL CÁLIZ DE MI SANGRE,
SANGRE DE LA ALIANZA NUEVA Y ETERNA,
QUE SERÁ DERRAMADA POR VOSOTROS
Y POR MUCHOS
PARA EL PERDÓN DE LOS PECADOS.
HACED ESTO EN CONMEMORACIÓN MÍA».

1

■ Este es el Sacramento de nuestra fe.

O bien:

■ Este es el Misterio de la fe.
■ **Anunciamos tu muerte,**
proclamamos tu resurrección.
¡Ven, Señor Jesús!

2

■ Aclamemos el Misterio de la fe.
■ **Cada vez que comemos de este pan**
y bebemos de este cáliz,
anunciamos tu muerte, Señor,
hasta que vuelvas.

3

■ Proclamemos el Misterio de la fe.
■ **Sálvanos, Salvador del mundo,**
que nos has liberado por tu cruz y resurrección.

Por eso, Padre,
al celebrar ahora el memorial de nuestra redención,
recordamos la muerte de Cristo
y su descenso al lugar de los muertos,
proclamamos su resurrección y ascensión a tu derecha;
y, mientras esperamos su venida gloriosa,
te ofrecemos su Cuerpo y su Sangre,
sacrificio agradable a ti y salvación para todo el mundo.

Dirige tu mirada sobre esta Víctima
que tú mismo has preparado a tu Iglesia,
y concede a cuantos compartimos
este pan y este cáliz,
que, congregados en un solo cuerpo por el Espíritu Santo,
seamos en Cristo víctima viva para alabanza de tu gloria.

Y ahora, Señor, acuérdate
de todos aquellos por quienes te ofrecemos
este sacrificio:
de tu servidor el papa N.,
de nuestro obispo N.,
del orden episcopal y de los presbíteros y diáconos,
de los oferentes y de los aquí reunidos,
de todo tu pueblo santo
y de aquellos que te buscan con sincero corazón.

Acuérdate también
de los que murieron en la paz de Cristo
y de todos los difuntos, cuya fe solo tú conociste.

Padre de bondad,
que todos tus hijos nos reunamos
en la heredad de tu reino,
con María, la Virgen Madre de Dios,
con su esposo san José,
con los apóstoles y los santos;
y allí, junto con toda la creación,
libre ya del pecado y de la muerte,
te glorifiquemos por Cristo, Señor nuestro,
por quien concedes al mundo todos los bienes.

Por Cristo, con él y en él,
a ti, Dios Padre omnipotente,
en la unidad del Espíritu Santo,
todo honor y toda gloria por los siglos de los siglos.

■ Amén.

RITO DE LA COMUNIÓN

Padre nuestro

■ Fieles a la recomendación del Salvador
y siguiendo su divina enseñanza,
nos atrevemos a decir:

O bien:

■ Llenos de alegría por ser hijos de Dios,
digamos confiadamente
la oración que Cristo nos enseñó:

O bien:

■ El amor de Dios ha sido derramado
en nuestros corazones
con el Espíritu Santo que se nos ha dado;
digamos con fe y esperanza:

O bien:

■ Antes de participar en el banquete de la Eucaristía,
signo de reconciliación
y vínculo de unión fraterna,
oremos juntos como el Señor nos ha enseñado:

**Padre nuestro, que estás en el cielo,
santificado sea tu nombre;
venga a nosotros tu reino;
hágase tu voluntad en la tierra como en el cielo.
Danos hoy nuestro pan de cada día;
perdona nuestras ofensas,
como también nosotros perdonamos
a los que nos ofenden;
no nos dejes cær en la tentación
y líbranos del mal.**

**Pater noster, qui es in cælis:
sanctificétur nomen tuum;
advéniat regnum tuum;
fiat volúntas tua,
sicut in cælo, et in terra.
Panem nostrum cotidiánum da nobis hódie;
et dimítte nobis débita nostra,
sicut et nos dimíttimus debitóribus nostris;
et ne nos indúcas in tentatiónem;
sed líbera nos a malo.**

■ Líbranos de todos los males, Señor,
y concédenos la paz en nuestros días,
para que, ayudados por tu misericordia,
vivamos siempre libres de pecado
y protegidos de toda perturbación,
mientras esperamos la gloriosa venida
de nuestro Salvador Jesucristo.

■ Tuyo es el reino,
tuyo el poder y la gloria, por siempre, Señor.

La paz

■ Señor Jesucristo,
que dijiste a tus apóstoles:
«La paz os dejo, mi paz os doy»,
no tengas en cuenta nuestros pecados,
sino la fe de tu Iglesia
y, conforme a tu palabra,
concédele la paz y la unidad.
Tú que vives y reinas por los siglos de los siglos.
■ Amén.
■ La paz del Señor esté siempre con vosotros.
■ Y con tu espíritu.

Luego, si se juzga oportuno, el diácono, o el sacerdote, añade:

Daos fraternalmente la paz.

La fracción del pan

El sacerdote deja cær en el cáliz una parte del pan consagrado, diciendo en secreto:

El Cuerpo y la Sangre de nuestro Señor Jesucristo,
unidos en este cáliz,
sean para nosotros alimento de vida eterna.

Mientras tanto se canta o se dice:

■ Cordero de Dios, que quitas el pecado del mundo,
ten piedad de nosotros.
Cordero de Dios, que quitas el pecado del mundo,
ten piedad de nosotros.
Cordero de Dios, que quitas el pecado del mundo,
danos la paz.
■ Agnus Dei, qui tollis peccáta mundi:
Miserére nobis.
Agnus Dei, qui tollis peccáta mundi:
Miserére nobis.
Agnus Dei, qui tollis peccáta mundi:
Dona nobis pacem.

A continuación, el sacerdote, con las manos juntas, dice en secreto:

Señor Jesucristo, Hijo de Dios vivo,
que por voluntad del Padre,
cooperando el Espíritu Santo,
diste con tu muerte la vida al mundo,
líbrame,
por la recepción de tu Cuerpo y de tu Sangre,
de todas mis culpas y de todo mal.
Concédeme cumplir siempre tus mandamientos
y jamás permitas que me separe de ti.

O bien:

Señor Jesucristo,
la comunión de tu Cuerpo y de tu Sangre
no sea para mí
un motivo de juicio y condenación,
sino que, por tu piedad,
me aproveche para defensa de alma y cuerpo
y como remedio saludable.

Sagrada comunión

El sacerdote hace genuflexión, toma el pan consagrado y, sosteniéndolo un poco elevado sobre el cáliz, lo muestra al pueblo, diciendo:

■ Este es el Cordero de Dios,
que quita el pecado del mundo.
Dichosos los invitados a la cena del Señor.

■ **Señor, no soy digno
de que entres en mi casa,
pero una palabra tuya
bastará para sanarme.**

El sacerdote dice en secreto:

El Cuerpo de Cristo me guarde para la vida eterna.

Y comulga reverentemente el Cuerpo de Cristo. Después toma el cáliz y dice en secreto:

La Sangre de Cristo me guarde para la vida eterna.

Y bebe reverentemente la Sangre de Cristo.

■ El Cuerpo de Cristo.

■ **Amén.**

El canto de comunión

Se pueden guardar unos momentos de silencio o cantar un salmo o cántico de alabanza.

Oración después de la sagrada comunión

RITO DE CONCLUSIÓN

Anuncios y bendición final

■ El Señor esté con vosotros.
■ **Y con tu espíritu.**
■ La bendición de Dios todopoderoso,
Padre, Hijo ✠, y Espíritu Santo,
descienda sobre vosotros.
■ **Amén.**

Despedida

Luego el diácono, o el mismo sacerdote, con las manos juntas, vuelto hacia el pueblo, dice:

I

■ Podéis ir en paz.

II

■ La alegría del Señor sea nuestra fuerza.
Podéis ir en paz.

III

■ Glorificad al Señor con vuestra vida.
Podéis ir en paz.

IV

■ En el nombre del Señor, podéis ir en paz.

I, II, III, IV

■ **Demos gracias a Dios.**

[LUNES 16 DE OCTUBRE
Santa Eduvigis o santa Margarita María de Alacoque]

Oración de la mañana

¡Bendito seas, Señor, Dios de ternura y de amor!

Gloria al Padre, y al Hijo, y al Espíritu Santo,
al Dios que es, que era y que viene,
por los siglos de los siglos. Amén.

HIMNO

Mantener siempre atentos los oídos
al grito de dolor de los demás
y escuchar su llamada de socorro,
es Solidaridad.

Mantener la mirada siempre alerta
y los ojos tendidos sobre el mar
en busca de algún náufrago en peligro,
es Solidaridad.

Sentir como algo propio el sufrimiento
del hermano de aquí y del de allá,
hacer propia la angustia de los pobres,
es Solidaridad.

Llegar a ser la voz de los humildes,
descubrir la injusticia y la maldad,
denunciar al injusto y al malvado,
es Solidaridad.

Dejarse transportar por un mensaje
cargado de esperanza, amor y paz,
hasta apretar la mano del hermano,
es Solidaridad.

Convertirse uno mismo en mensajero
del abrazo sincero y fraternal
que unos pueblos envían a otros pueblos,
es Solidaridad.

Compartir los peligros en la lucha
por vivir en justicia y libertad
arriesgando en amor hasta la vida,
es Solidaridad.

Entregar por amor hasta la vida
es la prueba mayor de la amistad,
es vivir y morir con Jesucristo,
es Solidaridad.
Amén.

Salmo 89

Señor, tú has sido nuestro refugio
de generación en generación.

Antes que naciesen los montes,
o fuera engendrado el orbe de la tierra,
desde siempre y por siempre tú eres Dios.

Tú reduces el hombre a polvo,
diciendo: «Retornad, hijos de Adán».
Mil años en tu presencia
son un ayer que pasó,
una vela nocturna.

Los siembras año por año,
como hierba que se renueva:
que florece y se renueva por la mañana,
y por la tarde la siegan y se seca.

¡Cómo nos ha consumido tu cólera,
y nos ha trastornado tu indignación!
Pusiste nuestras culpas ante ti,

nuestros secretos, ante la luz de tu mirada:
y todos nuestros días pasaron bajo tu cólera,
y nuestros años se acabaron como un suspiro.

Aunque uno viva setenta años,
y el más robusto hasta ochenta,
la mayor parte son fatiga inútil,
porque pasan aprisa y vuelan.

¿Quién conoce la vehemencia de tu ira,
quién ha sentido el peso de tu cólera?
Enséñanos a calcular nuestros años,
para que adquiramos un corazón sensato.

Vuélvete, Señor, ¿hasta cuándo?
Ten compasión de tus siervos;
por la mañana sácianos de tu misericordia,
y toda nuestra vida será alegría y júbilo.

Danos alegría, por los días en que nos afligiste,
por los años en que sufrimos desdichas.
Que tus siervos vean tu acción,
y sus hijos tu gloria.

Baje a nosotros la bondad del Señor
y haga prósperas las obras de nuestras manos.

Palabra de Dios — Judit 8,21b-23

RECORDAD cómo fueron probados nuestros padres para ver si verdaderamente servían a su Dios. Recordad cómo fue probado Abrahán, nuestro padre; y, purificado por muchas tribulaciones, llegó a ser amigo de Dios. Del mismo modo, Isaac, Jacob, Moisés y todos los que agradaron a Dios, le permanecieron fieles en medio de muchos padecimientos.

Aclamad, justos, al Señor,
que merece la alabanza de los buenos. Aclamad…

CÁNTICO DE ZACARÍAS (Texto contraportada B)

Bendito sea el Señor, porque nos ha visitado y redimido.

PRECES

Jesucristo mostró a santa Margarita María los secretos de su corazón. Sabiendo que Dios nos ha amado con corazón de carne, le pedimos:

℟ Ten piedad de nosotros.

Conscientes de que en el mundo hay mucho
sufrimiento, te presentamos el dolor de todos
los hombres,
– haz que en tu amor encuentren el sentido
a sus vidas. ℟

Te pedimos perdón por nuestras infidelidades, por
nuestra frialdad ante la Eucaristía y por el escándalo
que hayamos podido ser para los demás,
– confiados en tu misericordia, afrontamos el nuevo
día con renovada esperanza. ℟

Tú, Señor, eres bueno y junto a ti nada hemos de temer,
– que todos los pastores de la Iglesia se formen
en la escuela de tu Corazón. ℟

Contemplando tu amor, deseamos intensificar
nuestro apostolado,
– danos la fuerza para comunicar a los demás
el amor que experimentamos. ℟

Intenciones libres

Padre nuestro…

ORACIÓN

Oh Dios, que encomendaste al hombre la guarda y el cultivo de la tierra, y creaste la luz del sol en su servicio, concédenos hoy que, con tu luz, trabajemos sin desfallecer para tu gloria y para el bien de nuestro prójimo. Por nuestro Señor Jesucristo.

Misa

Lunes de la 28ª semana del tiempo ordinario

Santa Eduvigis *Memoria libre*

• *Nació en Baviera hacia el año 1174; se casó con el príncipe de Silesia, del que tuvo siete hijos. Llevó una vida de piedad, dedicándose a socorrer a pobres y enfermos, fundando para ellos lugares de asilo. Al morir su esposo, ingresó en el monasterio de Trebnitz, donde murió en el año 1243.* •

Antífona de entrada

El Señor se ha desposado con ella para siempre, en fe y misericordia (cf. Os 2,21-22).

Oración colecta

Concédenos, Dios todopoderoso,
que la valiosa intercesión de santa Eduvigis,
cuya vida admirable ofrece a todos
un ejemplo de humildad,
nos obtenga la ayuda del cielo.
Por nuestro Señor Jesucristo.

Comienzo de la carta del apóstol san Pablo a los Romanos 1,1-7

Pablo, siervo de Cristo Jesús, llamado a ser apóstol, escogido para el evangelio de Dios, que fue prometido por sus profetas en las Escrituras Santas y se refiere a su Hijo, nacido de la estirpe de David según la carne, constituido Hijo de Dios en poder según el Espíritu de santidad por la resurrección de entre los muertos: Jesucristo nuestro

Señor. Por él hemos recibido la gracia del apostolado, para suscitar la obediencia de la fe entre todos los gentiles, para gloria de su nombre. Entre ellos os encontráis también vosotros, llamados de Jesucristo. A todos los que están en Roma, amados de Dios, llamados santos, gracia y paz de Dios nuestro Padre y del Señor Jesucristo.
Palabra de Dios.

SALMO 97

℟ **El Señor da a conocer
su salvación.**

Cantad al Señor un cántico nuevo,
porque ha hecho maravillas.
Su diestra le ha dado la victoria,
su santo brazo. ℟

El Señor da a conocer su salvación,
revela a las naciones su justicia.
Se acordó de su misericordia y su fidelidad
en favor de la casa de Israel. ℟

Los confines de la tierra han contemplado
la salvación de nuestro Dios.
Aclama al Señor, tierra entera;
gritad, vitoread, tocad. ℟

Aleluya, aleluya, aleluya. No endurezcáis hoy vuestro corazón; escuchad la voz del Señor.

• *«MÁS QUE JONÁS». Muy a su pesar, el profeta había invitado a los ninivitas a la conversión; sabía que Dios es compasivo, pero esperaba la condena de los paganos. La superioridad de Jesús, cuya sangre no clama venganza como la de Abel, consiste en expresar con su muerte el amor infinito del Padre que ha enviado a su Hijo para que ninguno se pierda. «Nadie tiene amor más grande».* •

Lectura del santo evangelio según san Lucas 11,29-32

EN AQUEL TIEMPO, la gente se apiñaba alrededor de Jesús, y él se puso a decirles: «Esta generación es una generación perversa. Pide un signo, pero no se le dará más signo que el signo de Jonás. Pues como Jonás fue un signo para los habitantes de Nínive, lo mismo será el Hijo del hombre para esta generación. La reina del Sur se levantará en el juicio contra los hombres de esta generación y hará que los condenen, porque ella vino desde los confines de la tierra para escuchar la sabiduría de Salomón, y aquí hay uno que es más que Salomón. Los hombres de Nínive se alzarán en el juicio contra esta generación y harán que la condenen; porque ellos se convirtieron con la proclamación de Jonás, y aquí hay uno que es más que Jonás».
Palabra del Señor.

ORACIÓN SOBRE LAS OFRENDAS

Dios misericordioso,
que destruiste el hombre viejo
y quisiste crear el hombre nuevo a tu imagen
en santa Eduvigis,
concédenos, renovados del mismo modo,
ofrecer este sacrificio de reconciliación, agradable a ti.
Por Jesucristo, nuestro Señor.

ANTÍFONA DE COMUNIÓN

Mi lote es el Señor: es bueno para quien en él espera (Lam 3,24-25).

ORACIÓN DESPUÉS DE LA COMUNIÓN

Te rogamos, Señor, por la eficacia de este sacramento
y el ejemplo de santa Eduvigis,
que nos mantengas siempre en tu amor
y lleves a su perfección hasta el día de Cristo Jesús
la obra buena que has comenzado en nosotros.
Por Jesucristo, nuestro Señor.

MEDITACIÓN

¿Razones para creer?

A los malos cristianos les falta fe y no lo niegan, sino que pretenden excusarse acerca de su insuficiencia para creer. Por eso es frecuente este discurso en su boca: Si yo hubiera visto un milagro, sería santo. *¡Esta generación malvada y adúltera reclama un signo!,* los impíos buscan milagros. Lo más extraño es que aunque hayan visto varios milagros, pues se realizan ante sus ojos cada día, aunque estén rodeados de ellos, no cesan de buscar más. Como los escribas y fariseos, quieren ver milagros en el cielo después de haberlos visto en la tierra. Pero ni los muertos que resucitó el Salvador durante su vida, ni el eclipse del sol a su muerte los hicieron fieles. Su envidia se volvió más fuerte, su odio más envenenado, llegando hasta la furia. Mas su infidelidad no se curó.

Así será para los que viven mal, esperando milagros para creer. Todas las dificultades que detienen a los incrédulos, las contradicciones que encuentran en los dogmas de fe, todo lo que les parece nuevo, sorprendente, contrario al sentido común o a la razón, inconcebible, imposible, todos sus argumentos y pretendidas demostraciones, todo eso está lejos de quebrar su voluntad.

SAN CLAUDIO DE LA COLOMBIÈRE

Jesuita francés, misionero y autor de obras de espiritualidad. Dirigió espiritualmente a santa Margarita Mª de Alacoque y propagó por todas partes la devoción del Corazón de Jesús (1641-1682).

Oración de la tarde

¡Adoremos al Corazón de Cristo,
que tanto nos ha amado!

Gloria al Padre, y al Hijo, y al Espíritu Santo…

HIMNO

No sé cómo me llamo…
Tú lo sabes, Señor.
Tú conoces el nombre
que hay en Tu corazón
y es solamente mío;
el nombre que Tu amor
me dará para siempre
si respondo a Tu voz.
Pronuncia esa palabra
de júbilo o dolor…
¡Llámame por el nombre
que me diste, Señor! Amén.

SALMO 135 (I)

Dad gracias al Señor, porque es bueno:
porque es eterna su misericordia.

Dad gracias al Dios de los dioses:
porque es eterna su misericordia.

Dad gracias al Señor de los señores:
porque es eterna su misericordia.

Solo él hizo grandes maravillas:
porque es eterna su misericordia.

Él hizo sabiamente los cielos:
porque es eterna su misericordia.

Él afianzó sobre las aguas la tierra:
porque es eterna su misericordia.

Él hizo lumbreras gigantes:
porque es eterna su misericordia.

El sol que gobierna el día:
porque es eterna su misericordia.

La luna que gobierna la noche:
porque es eterna su misericordia.

Gloria al Padre…

Palabra de Dios

1 Tesalonicenses 3,12-13

QUE EL SEÑOR os colme y os haga rebosar de amor mutuo y de amor a todos, lo mismo que nosotros os amamos. Y que así os fortalezca internamente, para que, cuando Jesús, nuestro Señor, vuelva acompañado de todos sus santos, os presentéis santos e irreprensibles ante Dios, nuestro Padre.

Suba mi oración hasta ti, Señor,
como incienso en tu presencia. Suba…

CÁNTICO DE MARÍA

(Texto contraportada A)

Proclame siempre mi alma tu grandeza, oh Dios mío.

PRECES

Jesús no deja de salir a nuestro encuentro y de ofrecernos la salvación; pidamos su intercesión, diciendo:

℟ Señor, renuévanos por dentro.

Para que, como los ninivitas, sepamos reconocer los signos que nos llaman a la conversión y acojamos tu salvación. ℟

Para que, como la reina del Sur, no dejemos de esforzarnos por alcanzar la verdadera sabiduría que se encuentra en Cristo. ℟

Para que profundicemos en el conocimiento de lo que celebramos en la liturgia y no desaprovechemos los dones de tu gracia. ℟

Para que no nos cansemos de hacer el bien y crezcan en nosotros los deseos de vivir según tu amor. ℟

Para que se reafirme nuestra esperanza en los bienes futuros y ello nos mueva a intensificar nuestra vida de oración. ℟

Intenciones libres

Padre nuestro…

Antífona mariana (Texto página 26)

SANTOS
DE AYER Y DE HOY

Violeta de humildad,
ruega por nosotros.

BEATA DELFINA DE GLANDEVES
Virgen (1282-1360)

Nació en Puy-Michel, Francia, en 1282, en el seno de una familia noble. Siendo niña, quedó huérfana de padre y madre, y fue una tía quien se hizo cargo de su educación cristiana. Siendo joven hizo voto de castidad, y rechazó casarse a no ser que su futuro marido se comprometiera a respetarla durante el matrimonio. Así lo prometió Eleazar de Sabrán, con quien se casó. Delfina tomó el hábito de terciaria franciscana y se entregó a una vida de ayuda al prójimo. Esto le obligó a pasar algunas temporadas separada de su esposo, viviendo en la pobreza, con humildad. Su marido murió y ella se deshizo de sus bienes y los distribuyó. En los últimos años sufrió una dolorosa enfermedad, que soportó sin quejarse. Murió en el año 1360 y fue enterrada en la tumba de su esposo. Según la tradición, los esposos pertenecían a la Tercera Orden de san Francisco.

La confianza, y nada más que la confianza,
puede conducirnos al amor.

Santa Teresa del Niño Jesús

[MARTES 17 DE OCTUBRE]

San Ignacio de Antioquía

Oración de la mañana

Adoremos al Señor en sus mártires.

Gloria al Padre, y al Hijo, y al Espíritu Santo…

HIMNO

«Quien entrega su vida por amor,
la gana para siempre»,
dice el Señor.

Aquí el bautismo proclama
su voz de gloria y de muerte.
Aquí la unción se hace fuerte
contra el cuchillo y la llama.

Mirad cómo se derrama
mi sangre por cada herida.
Si Cristo fue mi comida,
dejadme ser pan y vino
en el lagar y el molino
donde me arrancan la vida. Amén.

SALMO 100

Voy a cantar la bondad y la justicia,
para ti es mi música, Señor;
voy a explicar el camino perfecto:
¿cuándo vendrás a mí?

Andaré con rectitud de corazón
dentro de mi casa;
no pondré mis ojos
en intenciones viles.

Aborrezco al que obra mal,
no se juntará conmigo;
lejos de mí el corazón torcido,
no aprobaré al malvado.

Al que en secreto difama a su prójimo;
lo haré callar;
ojos engreídos, corazones arrogantes,
no los soportaré.

Pongo mis ojos en los que son leales,
ellos vivirán conmigo;
el que sigue un camino perfecto,
ese me servirá.

No habitará en mi casa
quien comete fraudes;
el que dice mentiras
no durará en mi presencia.

Cada mañana haré callar
a los hombres malvados,
para excluir de la ciudad del Señor
a todos los malhechores.

Gloria al Padre…

Palabra de Dios — 2 Corintios 1,3-5

¡BENDITO SEA DIOS, Padre de nuestro Señor Jesucristo, Padre de misericordia y Dios del consuelo! Él nos alienta en nuestras luchas hasta el punto de poder nosotros alentar a los demás en cualquier lucha, repartiendo con ellos el ánimo que nosotros recibimos de Dios. Si los sufrimientos de Cristo rebosan sobre nosotros, gracias a Cristo rebosa en proporción nuestro ánimo.

El Señor es mi fuerza y mi energía,
él es mi salvación. El Señor…

CÁNTICO DE ZACARÍAS (Texto contraportada B)

Todo mi deseo y mi voluntad están puestos en aquel que por nosotros murió y resucitó.

PRECES

Dios con su providencia cuida de todas las cosas, especialmente de los hombres. Por eso, podemos acudir a él diciéndole:

℟ Señor, escucha la oración de tus hijos.

Tú has creado el mundo y lo conservas,
– enséñanos a utilizar bien todos los recursos que has puesto a nuestro alcance de manera que nadie quede excluido de ellos. ℟

Tú has distribuido tus dones entre los hombres,
– ayúdanos a descubrir que no podemos emplearlos bien si nos encerramos en el egoísmo. ℟

Tú nos has llamado a vivir en sociedad,
– que no desatendamos a los más necesitados. ℟

Tú quieres que cuidemos los unos de los otros,
– haz que los niños y los débiles gocen de la debida protección. ℟

Tú nos has llamado a formar parte de la Iglesia,
– que, como san Ignacio de Antioquía, sintamos el celo por dar testimonio de nuestra fe. ℟

Intenciones libres

Padre nuestro…

ORACIÓN

Dios todopoderoso y eterno, que embelleces el cuerpo místico de tu Iglesia con el testimonio de los santos mártires, haz que el glorioso martirio que hoy celebramos nos alcance protección constante, como fue causa de gloria eterna para san Ignacio de Antioquía. Por nuestro Señor Jesucristo.

MISA

Martes de la 28ª semana del tiempo ordinario

SAN IGNACIO DE ANTIOQUÍA *Memoria*

• *Ignacio fue el segundo sucesor de Pedro en el gobierno de la Iglesia de Antioquía. Condenado a morir devorado por las fieras, fue trasladado a Roma y allí recibió la corona de su glorioso martirio en el año 107, en tiempos del emperador Trajano. En su viaje a Roma, escribió siete cartas dirigidas a varias Iglesias, en las que trata sabia y eruditamente de Cristo, de la constitución de la Iglesia y de la vida cristiana. Ya en el siglo IV, se celebraba en Antioquía su memoria el mismo día de hoy.* •

ANTÍFONA DE ENTRADA

Estoy crucificado con Cristo, vivo yo, pero no soy yo el que vive, es Cristo quien vive en mí. Vivo en la fe del Hijo de Dios, que me amó y se entregó por mí (Gál 2,19-20).

ORACIÓN COLECTA

Dios todopoderoso y eterno,
que embelleces el cuerpo místico de tu Iglesia
con el testimonio de los santos mártires,
haz que el glorioso martirio que hoy celebramos
nos alcance protección constante,
como fue causa de gloria eterna
para san Ignacio de Antioquía.
Por nuestro Señor Jesucristo.

Lectura de la carta del apóstol san Pablo a los Romanos 1,16-25

HERMANOS: No me avergüenzo del evangelio, que es fuerza de Dios para la salvación de todo el que cree, primero del

judío, y también del griego. Porque en él se revela la justicia de Dios de fe en fe, como está escrito: «El justo por la fe vivirá». La ira de Dios se revela desde el cielo contra toda impiedad e injusticia de los hombres, que tienen la verdad prisionera de la injusticia. Porque lo que de Dios puede conocerse les resulta manifiesto, pues Dios mismo se lo manifestó. Pues lo invisible de Dios, su eterno poder y su divinidad, son perceptibles para la inteligencia a partir de la creación del mundo a través de sus obras; de modo que son inexcusables, pues, habiendo conocido a Dios, no lo glorificaron como Dios ni le dieron gracias; todo lo contrario, se ofuscaron en sus razonamientos, de tal modo que su corazón insensato quedó envuelto en tinieblas. Alardeando de sabios, resultaron ser necios y cambiaron la gloria del Dios inmortal por imágenes del hombre mortal, de pájaros, cuadrúpedos y reptiles. Por lo cual Dios los entregó a las apetencias de su corazón, a una impureza tal que degradaron sus propios cuerpos; es decir, cambiaron la verdad de Dios por la mentira, adorando y dando culto a la criatura y no al Creador, el cual es bendito por siempre. Amén.
Palabra de Dios.

SALMO 18

℟ **El cielo proclama la gloria de Dios.**

El cielo proclama la gloria de Dios,
el firmamento pregona la obra de sus manos:
el día al día le pasa el mensaje,
la noche a la noche se lo susurra. ℟

Sin que hablen, sin que pronuncien,
sin que resuene su voz,
a toda la tierra alcanza su pregón
y hasta los límites del orbe su lenguaje. ℟

Aleluya, aleluya, aleluya. La palabra de Dios es viva y eficaz; juzga los deseos e intenciones del corazón.

● *«SE PUSO A LA MESA». Jesús acepta la invitación de un fariseo y entra en su casa; le basta un resquicio para acceder a la intimidad del hombre a fin de iluminar su conciencia e invitarlo a la conversión del corazón. La limosna, más allá de lo material, es la apertura que nos acerca al prójimo y sus necesidades, como Jesús, que, compadecido del extravío del fariseo y de todos nosotros, comparte su amistad.* ●

Lectura del santo evangelio según san Lucas 11,37-41

EN AQUEL TIEMPO, cuando Jesús terminó de hablar, un fariseo le rogó que fuese a comer con él. Él entró y se puso a la mesa. Como el fariseo se sorprendió al ver que no se lavaba las manos antes de comer, el Señor le dijo: «Vosotros, los fariseos, limpiáis por fuera la copa y el plato, pero por dentro rebosáis de rapiña y maldad. ¡Necios! El que hizo lo de fuera, ¿no hizo también lo de dentro? Con todo, dad limosna de lo que hay dentro, y lo tendréis limpio todo».
Palabra del Señor.

ORACIÓN SOBRE LAS OFRENDAS

La ofrenda de nuestra piedad
sea grata a tus ojos, Señor,
que aceptaste a san Ignacio de Antioquía,
trigo molido de Cristo,
como pan inmaculado
por el padecimiento del martirio.
Por Jesucristo, nuestro Señor.

ANTÍFONA DE COMUNIÓN

Trigo de Cristo soy: seré molido por los dientes de las fieras, a fin de llegar a ser inmaculado pan.

ORACIÓN DESPUÉS DE LA COMUNIÓN

Señor,
el pan del cielo
que hemos recibido en la fiesta
de san Ignacio de Antioquía
nos alimente y nos ayude
a ser cristianos de nombre y de obra.
Por Jesucristo, nuestro Señor.

MEDITACIÓN

Da limosna de lo que tienes, así todo en ti será puro

Amo todo lo que tú me envíes y me mandes, tanto salud como enfermedad, tanto estar aquí como allí, tanto ser una cosa como otra. ¿Mi vida?, tómala, Señor Dios mío, cuando tú quieras. ¡Cómo no ser feliz así! Si el mundo y los hombres supieran. Pero no sabrán; están muy ocupados en sus intereses; tienen el corazón muy lleno de cosas que no son Dios. Vive el mundo muy para un fin terreno; sueñan los hombres con esta vida, en que todo es vanidad, y así…, no se puede encontrar la verdadera felicidad que es el amor a Dios.

Quizás se llegue a comprender, pero para sentirla hay que vivirla, y muy pocos renuncian a sí mismos y toman su cruz (Mt 16,24) aun entre los religiosos… Señor, qué cosas permites…, tu sabiduría sabrá; tenme a mí de la mano y no permitas que mi pie resbale, pues si tú no lo haces, ¿quién me ayudará? ¿Y si tú no edificas?…

SAN RAFAEL ARNAIZ BARÓN

Joven monje trapense, uno de los grandes místicos del siglo XX. Sus numerosos escritos se han difundido ampliamente. Fue canonizado en el año 2009 (1911-1938).

Oración de la tarde

Dios mío, ven en mi auxilio;
Señor, date prisa en socorrerme.

Gloria al Padre, y al Hijo, y al Espíritu Santo…

HIMNO

Estos que van vestidos
de blancas vestiduras,
¿quiénes son, y de dónde han venido?

Todos estos que ciñen llameantes laureles
han venido del fondo de la tribulación.
Todos estos lavaron sus vestidos de boda
en los ríos de sangre del Cordero de Dios.

Estos que van vestidos
de blancas vestiduras,
¿quiénes son, y de dónde han venido?

Son las gentes con hambre
que jamás tendrán hambre,
los sedientos que nunca sentirán ya la sed.
Los abreva el Cordero con el agua de vida;
los asume en su muerte; resucitan con él.

Estos que van vestidos
de blancas vestiduras,
¿quiénes son, y de dónde han venido?

Han venido del llanto para ser consolados;
han salido del fuego y han buscado el frescor.
El Señor les enjuga con sus manos las lágrimas,
con sus manos les guarda contra el fuego del sol.

Gloria al Padre, y al Hijo, y al Espíritu Santo.
Por los siglos.
Amén.

SALMO 136

Junto a los canales de Babilonia
nos sentamos a llorar con nostalgia de Sion;
en los sauces de sus orillas
colgábamos nuestras cítaras.

Allí los que nos deportaron
nos invitaban a cantar,
nuestros opresores, a divertirlos:
«Cantadnos un cantar de Sion».

¡Cómo cantar un cantar del Señor
en tierra extranjera!
Si me olvido de ti, Jerusalén,
que se me paralice la mano derecha;

que se me pegue la lengua al paladar
si no me acuerdo de ti,
si no pongo a Jerusalén
en la cumbre de mis alegrías.

Gloria al Padre…

Palabra de Dios — 1 Pedro 4,13-14

QUERIDOS HERMANOS, estad alegres cuando compartís los padecimientos de Cristo, para que, cuando se manifieste su gloria, reboséis de gozo. Si os ultrajan por el nombre de Cristo, dichosos vosotros, porque el Espíritu de la gloria, el Espíritu de Dios, reposa sobre vosotros.

Oh Dios, nos pusiste a prueba,
pero nos has dado respiro. Oh Dios…

CÁNTICO DE MARÍA — (Texto contraportada A)

Lo que deseo es el pan de Dios, que es la carne de Jesucristo, de la descendencia de David, y la bebida de su sangre, que es la caridad incorruptible.

PRECES

Por intercesión de san Ignacio de Antioquía, nos dirigimos a Dios diciendo:

℟ Señor, aumenta nuestra fe.

Por la Iglesia,
– haz que no falten pastores dispuestos a dar su vida por la fe y por el pueblo que les ha sido encomendado. ℟

Por los ministros de la Iglesia,
– que sepan anteponer el bien de los fieles a todo interés o comodidad propios. ℟

Por los cristianos que sufren persecución,
– para que en el ejemplo de los mártires encuentren consuelo y ayuda. ℟

Por nosotros,
– para que, como san Ignacio, encontremos en la Eucaristía el alimento para hacer de nuestra vida una ofrenda agradable a ti. ℟

Por los que sufren y agonizan,
– haz que, como san Ignacio, puedan tener una esperanza firme en tus promesas. ℟

Intenciones libres

Padre nuestro…

ANTÍFONA MARIANA

(Texto página 26)

SANTOS
DE AYER Y DE HOY

Mística pasionaria,
ruega por nosotros.

BEATO FRANCISCO BEJARANO FERNÁNDEZ
Sacerdote y mártir (1877-1936)

Nació en 1877, en Añora, Córdoba, hijo de una familia humilde y con firme vocación cristiana. Pronto demostró dos cosas: que estaba dotado para los estudios y que quería ser sacerdote. A los trece años pidió el ingreso en el seminario de San Pelagio. Excelente estudiante, tras ser ordenado sacerdote, en 1901, se mantuvo un año en su pueblo natal, adscrito a la parroquia de San Sebastián. Obtuvo permiso para hacer la licenciatura en Teología en Sevilla. Dio clases en el seminario de Córdoba y estudió Derecho Canónico. Tras una vida de entrega, por motivos de salud regresó a su pueblo en 1932. Allí estaba el 18 de julio de 1936, cuando estalló la Guerra Civil. Fue detenido y encarcelado. Después de pasar por varias cárceles durante diecinueve meses, falleció entre sufrimientos.

No encontraba ayuda alguna en la tierra,
que me parecía un desierto agostado y sin agua.
Solo en Dios tenía puesta toda mi esperanza...
Acababa de conocer por experiencia
que vale más recurrir a él que a sus santos.

Santa Teresa del Niño Jesús

MIÉRCOLES 18 DE OCTUBRE
San Lucas

Oración de la mañana

Venid, adoremos al Señor, Rey de los apóstoles.

Gloria al Padre, y al Hijo, y al Espíritu Santo,
al Dios que es, que era y que viene,
por los siglos de los siglos. Amén. ¡Aleluya!

Himno

Lucas, tan justamente peregrino
al lado del Pintor del firmamento,
de la primera imagen fundamento
que a ser altar de nuestros ojos vino.

Vos que con el azul ultramarino
de vuestro celo, y con la fe por tiento,
en la tabla del Nuevo Testamento
pintáis la humanidad del Ser divino.

¿Qué pluma os ha de dar debidos loores,
cuál humano pincel podrá pintaros,
adónde habrá retóricos colores?

Mas para dignamente retrataros,
vos, divino patrón de los pintores,
al espejo de Dios podéis miraros.

Gloria al Padre, y al Hijo, y al Espíritu Santo.
Amén.

Salmo 117 (I)

Dad gracias al Señor porque es bueno,
porque es eterna su misericordia.

Diga la casa de Israel:
eterna es su misericordia.

Diga la casa de Aarón:
eterna es su misericordia.

Digan los fieles del Señor:
eterna es su misericordia.

En el peligro grité al Señor,
y me escuchó poniéndome a salvo.

El Señor está conmigo: no temo;
¿qué podrá hacerme el hombre?
El Señor está conmigo y me auxilia,
veré la derrota de mis adversarios.

Mejor es refugiarse en el Señor
que fiarse de los hombres,
mejor es refugiarse en el Señor
que fiarse de los jefes.

Gloria al Padre…

Palabra de Dios — 1 Corintios 15,1-2a. 3-4

OS RECUERDO, hermanos, el evangelio que os proclamé y que vosotros aceptasteis, y en el que estáis fundados, y que os está salvando. Porque lo primero que yo os transmití, tal como lo había recibido, fue esto: que Cristo murió por nuestros pecados, según las Escrituras; que fue sepultado y que resucitó al tercer día, según las Escrituras.

Contaron las alabanzas del Señor
y su poder. Aleluya, aleluya. Contaron…

Cántico de Zacarías — (Texto contraportada B)

San Lucas, al darnos su evangelio, nos anunció el Sol que nace de lo alto, Cristo, nuestro Señor.

PRECES

Agradecidos por el testimonio de san Lucas, que fue fiel testimonio de tu Palabra y nos instruye con sus escritos, te damos gracias diciendo:

℟ Señor, enséñanos a amar el evangelio.

Señor Jesús, que pasaste por el mundo haciendo el bien,
– no dejes que nadie se pierda por falta de predicadores de tu Palabra. ℟

Tú, que quieres que todos los hombres se salven
y lleguen al conocimiento de la verdad,
– infunde tu sabiduría en nuestros pastores
para que anuncien con gozo el evangelio. ℟

Enséñanos a amar a la Iglesia que edificaste
sobre el fundamento de los apóstoles,
– haz que seamos piedras vivas que contribuyan
a su crecimiento. ℟

Acrecienta nuestro amor a tu palabra,
– que la lectura de los evangelios alimente
nuestra oración. ℟

Ayúdanos a ser, como san Lucas, fieles contempladores
de tu palabra,
– y que, por intercesión de María, pongamos
en práctica lo que tú nos enseñas. ℟

Intenciones libres

Padre nuestro…

ORACIÓN

Señor Dios, que elegiste a san Lucas para que nos revelara con la predicación y los escritos el misterio de tu amor a los pobres, concede, a cuantos se glorían en tu nombre, perseverar viviendo con un solo corazón y una sola alma y que todos los pueblos merezcan ver tu salvación. Por nuestro Señor Jesucristo.

Misa

San Lucas

Fiesta

• *Nacido de familia pagana, se convirtió a la fe y acompañó al apóstol Pablo, de cuya predicación es reflejo el evangelio que escribió. Es autor también del libro denominado Hechos de los apóstoles, en el que se narran los orígenes de la vida de la Iglesia hasta la primera prisión de Pablo en Roma.* •

Antífona de entrada

Qué hermosos son sobre los montes los pies del mensajero que proclama la paz, que anuncia la buena nueva, que pregona la justicia (Is 52,7).

Gloria — página 218

Oración colecta

Señor Dios,
que elegiste a san Lucas
para que nos revelara con la predicación y los escritos
el misterio de tu amor a los pobres,
concede, a cuantos se glorían en tu nombre,
perseverar viviendo con un solo corazón
y una sola alma
y que todos los pueblos merezcan ver tu salvación.
Por nuestro Señor Jesucristo.

Lectura de la segunda carta del apóstol san Pablo a Timoteo 4,10-17b

Querido hermano: Demas me ha abandonado, enamorado de este mundo presente, y se marchó a Tesalónica; Crescente, a Galacia; Tito, a Dalmacia; Lucas es el único que está

conmigo. Toma a Marcos y tráelo contigo, pues me es útil para el ministerio. A Tíquico lo envié a Éfeso. El manto que dejé en Tróade, en casa de Carpo, tráelo cuando vengas, y también los libros, sobre todo los pergaminos. Alejandro, el herrero, se ha portado muy mal conmigo; el Señor le dará el pago conforme a sus obras. Guárdate de él también tú, porque se opuso vehementemente a nuestras palabras. En mi primera defensa, nadie estuvo a mi lado, sino que todos me abandonaron. ¡No les sea tenido en cuenta! Mas el Señor estuvo a mi lado y me dio fuerzas para que, a través de mí, se proclamara plenamente el mensaje y lo oyeran todas las naciones.
Palabra de Dios.

SALMO 144

℟ **Tus santos, Señor,**
proclaman la gloria de tu reinado.

Que todas tus criaturas te den gracias, Señor,
que te bendigan tus fieles.
Que proclamen la gloria de tu reinado,
que hablen de tus hazañas. ℟

Explicando tus hazañas a los hombres,
la gloria y majestad de tu reinado.
Tu reinado es un reinado perpetuo,
tu gobierno va de edad en edad. ℟

El Señor es justo en todos sus caminos,
es bondadoso en todas sus acciones.
Cerca está el Señor de los que lo invocan,
de los que lo invocan sinceramente. ℟

Aleluya, aleluya, aleluya. Yo os he elegido del mundo –dice el Señor–, para que vayáis y deis fruto, y vuestro fruto permanezca.

● «ADONDE PENSABA IR ÉL». *El discípulo anuncia al Maestro y lo hace presente en el corazón de quien escucha. Este conocimiento no es teórico, sino una experiencia que abarca a toda la persona; mente, voluntad, libertad, afectos y emociones entran en juego en la relación que conduce a una amistad plena. En la intimidad de la Última Cena se desvela el objeto de la misión: «A vosotros os llamo amigos».* ●

Lectura del santo evangelio según san Lucas 10,1-9

EN AQUEL TIEMPO, designó el Señor otros setenta y dos, y los mandó delante de él, de dos en dos, a todos los pueblos y lugares adonde pensaba ir él. Y les decía: «La mies es abundante y los obreros pocos; rogad, pues, al dueño de la mies que envíe obreros a su mies. ¡Poneos en camino! Mirad que os envío como corderos en medio de lobos. No llevéis bolsa, ni alforja, ni sandalias; y no saludéis a nadie por el camino. Cuando entréis en una casa, decid primero: "Paz a esta casa". Y si allí hay gente de paz, descansará sobre ellos vuestra paz; si no, volverá a vosotros. Quedaos en la misma casa, comiendo y bebiendo de lo que tengan: porque el obrero merece su salario. No andéis cambiando de casa en casa. Si entráis en una ciudad y os reciben, comed lo que os pongan, curad a los enfermos que haya en ella, y decidles: "El reino de Dios ha llegado a vosotros"».
Palabra del Señor.

ORACIÓN SOBRE LAS OFRENDAS

Por estos dones del cielo, concédenos, Señor,
servirte con libertad de espíritu,
para que la ofrenda que te presentamos
en la fiesta de san Lucas
ponga remedio a nuestros males y nos alcance la gloria.
Por Jesucristo, nuestro Señor.

Prefacio: Los apóstoles, fundamento de la Iglesia y testimonio para el mundo

En verdad es justo y necesario,
es nuestro deber y salvación
darte gracias siempre y en todo lugar,
Señor, Padre santo,
Dios todopoderoso y eterno,
por Cristo, Señor nuestro.

Porque has querido que tu Iglesia
tenga por fundamento a los apóstoles,
para que permanezca en la tierra
como signo perpetuo de tu santidad
y ofrezca a todos los hombres
las enseñanzas del cielo.

Por eso,
Señor, con toda la multitud de los ángeles,
te aclamamos ahora y por siempre
diciendo con humilde fe: Santo…

Antífona de comunión

El Señor mandó a los discípulos que anunciaran a todos los pueblos: El reino de Dios ha llegado a vosotros (cf. Lc 10,1. 9).

Oración después de la comunión

Te pedimos, Dios todopoderoso,
que nos santifique el don recibido de tu santo altar
y nos fortalezca en la fe del evangelio
que san Lucas predicó.
Por Jesucristo, nuestro Señor.

MEDITACIÓN

Para que conozcas la solidez de las enseñanzas que has recibido

En tiempos del Nuevo Testamento, muchos «han intentado» escribir unos evangelios, pero no todos han sido aceptados… Estas palabras de «han intentado» contienen una escondida acusación contra los que, sin poseer la gracia del Espíritu Santo, se han lanzado a la redacción de evangelios. Mateo, Marcos, Lucas y Juan no han «intentado» escribir, sino que son ellos los que, llenos del Espíritu Santo, han escrito los verdaderos evangelios...

La Iglesia posee, pues, cuatro evangelios; los herejes tienen gran cantidad de ellos... *Muchos han intentado escribir,* pero solamente cuatro evangelios han sido aprobados; y es de estos que debemos sacar, para ponerlo a la luz, lo que hay que creer de la persona de nuestro Señor y Salvador. Sé que existe un evangelio que llaman «según Tomás», otro «según Matías», y todavía leemos algunos otros para no dar la impresión, frente a los que se imaginan saber alguna cosa cuando conocen estos textos, de ser ignorantes. Pero en todo ello no aprobamos más que lo que aprueba la Iglesia: solo se deben admitir cuatro evangelios. Esto es lo que se puede decir sobre el texto del prólogo de san Lucas: *Muchos han emprendido la tarea de componer un relato de los hechos que se han verificado entre nosotros.*

ORÍGENES

Asceta y gran teólogo, lleva a su apogeo la escuela de Alejandría y sufre diversos tormentos en la persecución de Decio (185?-253).

Oración de la tarde

Nuestro auxilio es el nombre del Señor,
que hizo el cielo y la tierra.

Gloria al Padre, y al Hijo, y al Espíritu Santo...

HIMNO

¡Guardadnos en la fe y en la unidad,
vosotros, que ya estáis desde el principio
en comunión con Cristo y con el Padre!

¿A quién acudiremos
cuando la fe va herida
sino a vosotros, testigos vigilantes,
que anunciáis con palabra poderosa
lo que era en el principio,
lo que vieron de cerca vuestros ojos
y lo que vuestras manos
tocaron y palparon del Verbo de la vida?

¡Guardadnos en la fe y en la unidad,
vosotros, que ya estáis desde el principio
en comunión con Cristo y con el Padre!

¿En quién descansaremos
la duda y la esperanza
sino en vosotros, cimientos de la Iglesia,
que habéis visto al Señor resucitado,
y oísteis al Espíritu
revelar por el fuego y la palabra
el misterio de Cristo
que estaba oculto en Dios desde los siglos?

¡Guardadnos en la fe y en la unidad,
vosotros, que ya estáis desde el principio
en comunión con Cristo y con el Padre!

Gloria al Padre, y al Hijo, y al Espíritu Santo.
Por los siglos. Amén.

Salmo 115

Tenía fe, aun cuando dije:
«¡Qué desgraciado soy!»
Yo decía en mi apuro:
«Los hombres son unos mentirosos».

¿Cómo pagaré al Señor
todo el bien que me ha hecho?

Alzaré la copa de la salvación,
invocando su nombre.
Cumpliré al Señor mis votos,
en presencia de todo el pueblo.

Mucho le cuesta al Señor
la muerte de sus fieles.
Señor, yo soy tu siervo,
siervo tuyo, hijo de tu esclava:
rompiste mis cadenas.

Te ofreceré un sacrificio de alabanza,
invocando tu nombre, Señor.
Cumpliré al Señor mis votos,
en presencia de todo el pueblo;
en el atrio de la casa del Señor,
en medio de ti, Jerusalén.

Gloria al Padre…

Palabra de Dios — Colosenses 1,3-6a

EN NUESTRAS ORACIONES damos siempre gracias por vosotros a Dios, Padre de nuestro Señor Jesucristo, desde que nos enteramos de vuestra fe en Cristo Jesús y del amor que tenéis a todos los santos. Os anima a esto la esperanza de lo que Dios os ha reservado en los cielos, que ya conocisteis cuando llegó hasta vosotros por primera vez el evangelio, la palabra, el mensaje de la verdad. Este se sigue propagando y va dando fruto en el mundo entero.

Contad a los pueblos la gloria del Señor. Contad…

CÁNTICO DE MARÍA — (Texto contraportada A)

Dichoso evangelista san Lucas, que resplandece en toda la Iglesia por haber destacado en sus escritos la misericordia de Cristo.

PRECES

En la festividad de san Lucas, pidamos por la Iglesia universal, para que se fortalezca su naturaleza misionera, diciendo:

℟ Señor, escucha a tu pueblo.

Por la Iglesia,
– para que la vida de todos sus miembros,
pueblo y pastores, sea atractiva para quienes
no conocen a Cristo y se abran al don de la fe. ℟

Por todos los cristianos de las distintas confesiones,
– para que el deseo de Cristo de que lleguemos
a formar un solo rebaño con un solo pastor nos mueva
a buscar caminos de unidad. ℟

Por los misioneros,
– haz que, fieles a la vocación que han recibido,
no les falte nuestra ayuda en su tarea evangelizadora. ℟

Por los que viven en tristeza o se sientan abandonados,
– para que puedan encontrar amigos que los
conduzcan al conocimiento de Cristo. ℟

Por todos los que han muerto poniendo su confianza
en el Señor,
– que puedan entrar y gozar de las bodas del Cordero. ℟

Intenciones libres

Padre nuestro…

ANTÍFONA MARIANA

(Texto página 26)

JUEVES 19 DE OCTUBRE

San Pedro de Alcántara o santos Juan de Brébeuf e Isaac Jogues y compañeros o san Pablo de la Cruz

Oración de la mañana

Dios mío, ven en mi auxilio;
Señor, date prisa en socorrerme.

Gloria al Padre, y al Hijo, y al Espíritu Santo…

HIMNO

Fijos los ojos en Jesús se siente
la plenitud triunfal de un grande anhelo,
como la dicha de rasgar el velo
que nubla tal visión en nuestra mente.

Es su mirada luz iridiscente,
clara fontana, místico arroyuelo,
esa aureola azul del alto cielo,
cercana voz que el corazón presiente.

El Cielo está muy cerca en su mirada
y ese azul cenital que hay en sus ojos
solo lo ven brillar las almas puras.

Yo, mi Señor, en esta encrucijada
me arrodillo, postrándome de hinojos
ante la faz del Dios de las alturas.
Amén.

CÁNTICO — Isaías 66,10-14a

Festejad a Jerusalén, gozad con ella,
todos los que la amáis,
alegraos de su alegría,
los que por ella llevasteis luto;

mamaréis a sus pechos
y os saciaréis de sus consuelos,
y apuraréis las delicias
de sus ubres abundantes.

Porque así dice el Señor:
«Yo haré derivar hacia ella,
como un río, la paz,
como un torrente en crecida,
las riquezas de las naciones.

Llevarán en brazos a sus criaturas
y sobre las rodillas las acariciarán;
como a un niño a quien su madre consuela,
así os consolaré yo,
y en Jerusalén seréis consolados.

Al verlo, se alegrará vuestro corazón,
y vuestros huesos florecerán como un prado».

Gloria al Padre…

Palabra de Dios

Romanos 8,18-21

LOS SUFRIMIENTOS de ahora no pesan lo que la gloria que un día se nos descubrirá. Porque la Creación, expectante, está aguardando la plena manifestación de los hijos de Dios; ella fue sometida a la frustración, no por su voluntad, sino por uno que la sometió; pero fue con la esperanza de que la Creación misma se vería liberada de la esclavitud de la corrupción, para entrar en la libertad gloriosa de los hijos de Dios.

Velando medito en ti, Señor,
porque fuiste mi auxilio. Velando…

CÁNTICO DE ZACARÍAS

(Texto contraportada B)

Anuncia a tu pueblo, Señor, la salvación, y perdónanos nuestros pecados.

Preces

En la mañana de este día recordamos que toda nuestra esperanza la ponemos en Cristo Jesús, y decimos:

℟ Que Jesús, el Señor, sea nuestra vida.

Tú que con una columna de fuego guiaste al pueblo de Israel por el desierto,
– haz que caminemos durante este día iluminados por el evangelio. ℟

Tú que te serviste de Moisés para dar a tu pueblo elegido los diez mandamientos,
– haz que busquemos en todas nuestras actividades cumplir tu voluntad. ℟

Tú que enseñaste a los israelitas a ser compasivos con los otros pueblos como tú con ellos,
– haz que no cerremos las puertas de nuestro corazón a quienes solicitan nuestra ayuda. ℟

Tú que alimentaste a Israel con el maná durante su marcha hacia la Tierra Prometida,
– haz que tratemos con respeto a la Eucaristía que da vida a la Iglesia. ℟

Tú que condujiste a tu pueblo de la esclavitud a la libertad,
– líbranos del amor desordenado al dinero, de la vanidad y de los respetos humanos. ℟

Intenciones libres

Padre nuestro…

Oración

Concédenos, Señor, que nos sea siempre anunciada la salvación, para que, libres de temor, arrancados de la mano de los enemigos te sirvamos fielmente con santidad y justicia todos nuestros días. Por nuestro Señor Jesucristo.

MISA

Jueves de la 28ª semana del tiempo ordinario

SAN PEDRO DE ALCÁNTARA *Memoria libre*

• *San Pedro, nacido en Alcántara en 1499, entró muy joven en la Orden franciscana y llegó a ser provincial. Organizó definitivamente la reforma de los franciscanos en España, siguiendo el mismo espíritu que santa Teresa, de la que fue acertado consejero, ayudándola a llevar a cabo la perfecta reforma del Carmelo. Austero y duro consigo mismo, extremaba su dulzura con los demás. Murió el 18 de octubre de 1562.* •

ANTÍFONA DE ENTRADA

El Espíritu del Señor está sobre mí, porque él me ha ungido. Me ha enviado a evangelizar a los pobres y curar a los contritos de corazón (cf. Lc 4,18).

O bien:

El Señor lo eligió como su sacerdote, para ofrecer el sacrificio de alabanza (cf. Eclo 45,16).

ORACIÓN COLECTA

Señor y Dios nuestro, que hiciste resplandecer
a san Pedro de Alcántara
por su admirable penitencia y su altísima
contemplación, concédenos, por sus méritos,
que caminando en austeridad de vida
alcancemos más fácilmente los bienes del cielo.
Por nuestro Señor Jesucristo.

Lectura de la carta del apóstol san Pablo a los Romanos 3,21-30

HERMANOS: Ahora, sin la ley se ha manifestado la justicia de Dios, atestiguada por la Ley y los Profetas; justicia de Dios por la fe en Jesucristo para todos los que creen. Pues no hay distinción, ya que todos pecaron y están privados

de la gloria de Dios, y son justificados gratuitamente por su gracia, mediante la redención realizada en Cristo Jesús. Dios lo constituyó medio de propiciación mediante la fe en su sangre, para mostrar su justicia pasando por alto los pecados del pasado en el tiempo de la paciencia de Dios; actuó así para mostrar su justicia en este tiempo, a fin de manifestar que era justo y que justifica al que tiene fe en Jesús. Y ahora, ¿dónde está la gloria? Queda eliminada. ¿En virtud de qué ley? ¿De la ley de las obras? No, sino en virtud de la ley de la fe. Pues sostenemos que el hombre es justificado por la fe, sin obras de la Ley. ¿Acaso Dios lo es solo de los judíos? ¿No lo es también de los gentiles? También lo es de los gentiles, si es verdad que no hay más que un Dios.
Palabra de Dios.

Salmo 129

℟ **Del Señor viene la misericordia,**
la redención copiosa.

Desde lo hondo a ti grito, Señor;
Señor, escucha mi voz;
estén tus oídos atentos
a la voz de mi súplica. ℟

Si llevas cuenta de los delitos, Señor,
¿quién podrá resistir?
Pero de ti procede el perdón,
y así infundes temor. ℟

Mi alma espera en el Señor,
espera en su palabra;
mi alma aguarda al Señor,
más que el centinela la aurora.
Aguarde Israel al Señor,
como el centinela la aurora. ℟

Aleluya, aleluya, aleluya. Yo soy el camino y la verdad y la vida –dice el Señor–; nadie va al Padre sino por mí.

●«DESDE LA SANGRE DE ABEL». *La entrada del pecado en el mundo ha dejado una huella sangrienta que solo será eliminada por la muerte del más inocente de los hombres, la cual no causará más muerte, sino vida en abundancia. Ninguna sangre quedará impune y todo delito será castigado, pues la justicia se abrirá paso a través del costado del crucificado: «Sus heridas nos han curado».* ●

Lectura del santo evangelio según san Lucas 11,47-54

EN AQUEL TIEMPO, dijo el Señor: «¡Ay de vosotros, que edificáis mausoleos a los profetas, a quienes mataron vuestros padres! Así sois testigos de lo que hicieron vuestros padres, y lo aprobáis; porque ellos los mataron y vosotros les edificáis mausoleos. Por eso dijo la Sabiduría de Dios: «Les enviaré profetas y apóstoles: a algunos de ellos los matarán y perseguirán»; y así a esta generación se le pedirá cuenta de la sangre de todos los profetas derramada desde la creación del mundo; desde la sangre de Abel hasta la sangre de Zacarías, que pereció entre el altar y el santuario. Sí, os digo: se le pedirá cuenta a esta generación. ¡Ay de vosotros, maestros de la ley, que os habéis apoderado de la llave de la ciencia: vosotros no habéis entrado y a los que intentaban entrar se lo habéis impedido!» Al salir de allí, los escribas y fariseos empezaron a acosarlo implacablemente y a tirarle de la lengua con muchas preguntas capciosas, tendiéndole trampas para cazarlo con alguna palabra de su boca.
Palabra del Señor.

ORACIÓN SOBRE LAS OFRENDAS

Dios todopoderoso,
humildemente imploramos

de tu divina Majestad
que, así como estos dones ofrecidos
en honor de san Pedro de Alcántara
manifiestan la gloria de tu poder divino,
del mismo modo nos alcancen
el fruto de tu salvación.
Por Jesucristo, nuestro Señor.

ANTÍFONA DE COMUNIÓN

Sabed que yo estoy con vosotros todos los días, hasta el final de los tiempos, dice el Señor (Mt 28,20).

ORACIÓN DESPUÉS DE LA COMUNIÓN

Señor, que los sacramentos que hemos recibido
nos preparen a los gozos eternos
que mereció san Pedro de Alcántara, tu servidor fiel.
Por Jesucristo, nuestro Señor.

O bien:

Fortalecidos con el alimento santo,
te rogamos, Dios todopoderoso,
que, siguiendo siempre el ejemplo
de san Pedro de Alcántara,
nos concedas servirte
con entrega constante
y progresar en el amor incansable hacia todos.
Por Jesucristo, nuestro Señor.

MEDITACIÓN

Los maestros de la ley y los fariseos comenzaron a acosarlo

Delante del tribunal de tu criatura,
en una naturaleza como la mía,
no has replicado, oh tú que das el habla
a los hombres;
no has levantado la voz, oh tú que has creado
la lengua;

no has gritado, oh tú, ante quien tiembla la tierra…
no has puesto resistencia cuando te ataron las manos;
y cuando te abofetearon, no mostraste indignación;
cuando te cubrían de salivazos, no proferías injurias;
y cuando te golpearon, resistías sin desfallecer;
cuando se burlaban de ti, no montaste en cólera,
y cuando te vapuleaban, tu rostro se mantenía sereno…

Lejos de darte un respiro, oh fuente de toda vida,
te prepararon el instrumento de la muerte.
Lo recibiste con magnanimidad,
lo cargaste sobre tus espaldas en silencio,
lo llevaste con paciencia;
cargaste, como si fueras un culpable,
el leño del dolor.

SAN GREGORIO DE NAREK

Monje y poeta armenio. Ha sido nombrado doctor de la Iglesia por el papa Francisco (Ca. 944-Ca. 1010).

Oración de la tarde

¡Demos gracias al Señor por todos sus dones!

¡Gloria al Padre! ¡Gloria al Hijo! ¡Gloria al Espíritu! ¡Gloria a la Santísima Trinidad!

HIMNO

Muchas veces, Señor, a la hora décima
–sobremesa en sosiego–,
recuerdo que, a esa hora, a Juan y a Andrés
les saliste al encuentro.
Ansiosos caminaron tras de ti…
«¿Qué buscáis…?» Les miraste. Hubo silencio.

El cielo de las cuatro de la tarde
halló en las aguas del Jordán su espejo,

y el río se hizo más azul de pronto,
¡el río se hizo cielo!
«Rabbí –hablaron los dos–, ¿en dónde moras?»
«Venid, y lo veréis». Fueron, y vieron…

«Señor, ¿en dónde vives?»
«Ven, y verás». Y yo te sigo y siento
que estás… ¡en todas partes!,
¡y que es tan fácil ser tu compañero!

Al sol de la hora décima, lo mismo,
que a Juan y a Andrés
–es Juan quien da fe de ello–,
lo mismo, cada vez que yo te busco,
Señor, ¡sal a mi encuentro!

Gloria al Padre, y al Hijo, y al Espíritu Santo.
Amén.

SALMO 143 (II)

Dios mío, te cantaré un cántico nuevo,
tocaré para ti el arpa de diez cuerdas:
para ti que das la victoria a los reyes
y salvas a David, tu siervo.

Defiéndeme de la espada cruel,
sálvame de las manos de extranjeros,
cuya boca dice falsedades,
cuya diestra jura en falso.

Sean nuestros hijos un plantío,
crecidos desde su adolescencia;
nuestras hijas sean columnas talladas,
estructura de un templo.

Que nuestros silos estén repletos
de frutos de toda especie;
que nuestros rebaños a millares

se multipliquen en las praderas,
y nuestros bueyes vengan cargados;
que no haya brechas ni aberturas,
ni alarma en nuestras plazas.

Dichoso el pueblo que esto tiene,
dichoso el pueblo cuyo Dios es el Señor.

Gloria al Padre…

Palabra de Dios — Cf. Colosenses 1,23

PERMANECED cimentados y estables en la fe, e inamovibles en la esperanza del evangelio que escuchasteis. Es el mismo que se proclama en la creación entera bajo el cielo.

El Señor es mi pastor,
nada me falta. El Señor…

CÁNTICO DE MARÍA — (Texto contraportada A)

A los hambrientos de justicia, el Señor los sacia y colma de bienes.

PRECES

Conscientes de que no debemos dejar dormir el don de la fe que hemos recibido por el bautismo, oramos a Dios, nuestro Padre, diciendo:

℟ Señor, escucha nuestra oración.

Para que los que piensan que eres indiferente al dolor de los hombres puedan conocer tu cercanía y tu misericordia. ℟

Para que los que no encuentran sentido a sus vidas descubran que en tu Hijo se ilumina el misterio de cada uno. ℟

Para que los que se acercan a recibir los sacramentos experimenten el poder transformador de tu gracia. ℟

Para que quienes hemos sido llamados a formar parte de tu pueblo no desatendamos nuestras obligaciones. ℟

Para que los que ya han cerrado sus ojos a la luz de este mundo puedan participar de la plenitud de vida en el cielo. ℟

Intenciones libres

Padre nuestro…

ANTÍFONA MARIANA (Texto página 26)

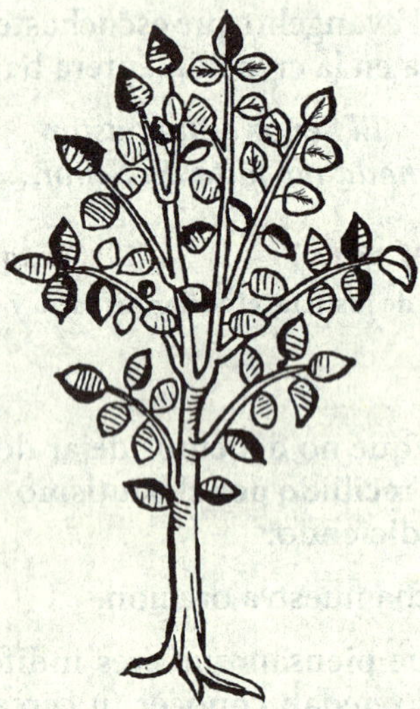

Santos
DE AYER Y DE HOY

Lirio purísimo del Carmelo,
ruega por nosotros.

Beato Esteban Rowsham
Presbítero y mártir († Ca. 1587)

Nació en Oxford, Inglaterra, en cuya universidad estudiaría. Se ordenó en la Iglesia anglicana, y llegó incluso a ser ministro de la iglesia de la Universidad en 1578. Pero el catolicismo acabó por seducirle, hasta el punto de que se trasladó a Reims para ser sacerdote. Ese mismo año fue ordenado sacerdote. Nada más regresar Esteban a su país, fue reconocido y detenido. Estuvo tres años preso en la Torre de Londres, después fue trasladado a la prisión de Mashalsea y por último enviado al exilio, en el otoño de 1585. El 7 de febrero de 1585 fue devuelto a Inglaterra. Le detuvieron en Gloucester y en el tribunal confesó sin ambages que era sacerdote católico. Le ejecutaron en 1586 o 1587.

¡Qué lástima me dan las almas que se pierden...!
Es tan fácil extraviarse
por los senderos floridos del mundo...
Ciertamente, para un alma un tanto elevada,
la dulzura que él ofrece va mezclada de amargura,
y el vacío inmenso de los deseos nunca podrá llenarse
con las alabanzas de un instante.

Santa Teresa del Niño Jesús

[VIERNES 20 DE OCTUBRE]

Oración de la mañana

¡Aclamemos al Señor con cantos de alabanza!

Gloria al Padre, y al Hijo, y al Espíritu Santo…

HIMNO

Si, mi Vida, yo supiera
que mi alma es para ti,
entera yo te la diera.

Mas no es mi dicha certera,
que en mi corazón el sí
es brisa, soplo, quimera,
es fortuna pasajera,
es palabra baladí.

Y siendo de esta manera
mi ingrata naturaleza,
¿he de heredar la belleza
que tan solo el justo espera?

Si, clavado en la madera,
me mostraste tu grandeza,
¿a qué estas simplezas mías?,
¿a qué esta necia torpeza?
¿Cuándo llegarán los días
en que acuse tu nobleza?

Señor, ¿tal vez me darías
para aliviar mi tristeza
un poco de tus amores?
Sé que me acechan dolores,
y trabajos, y pobreza…

Mas teniendo la certeza
de que mi alma es para ti,
préstame tu fortaleza
y haz lo que quieras de mí.
Amén.

CÁNTICO Tobías 13,10-13. 15. 16b-17a

Que todos alaben al Señor
y le den gracias en Jerusalén.
Jerusalén, ciudad santa,
él te castigó por las obras de tus hijos,
pero volverá a apiadarse del pueblo justo.

Da gracias al Señor como es debido
y bendice al rey de los siglos,
para que su templo
sea reconstruido con júbilo,

para que él alegre en ti
a todos los desterrados,
y ame en ti a todos los desgraciados,
por los siglos de los siglos.

Una luz esplendente iluminará
a todas las regiones de la tierra.
Vendrán a ti de lejos muchos pueblos,
y los habitantes del confín de la tierra
vendrán a visitar al Señor, tu Dios,
con ofrendas para el rey del cielo.

Generaciones sin fin
cantarán vítores en tu recinto,
y el nombre de la elegida
durará para siempre.

Saldrás entonces con júbilo
al encuentro del pueblo justo,

porque todos se reunirán
para bendecir al Señor del mundo.

Dichosos los que te aman,
dichosos los que te desean la paz.

Bendice, alma mía, al Señor,
al rey soberano,
porque Jerusalén será reconstruida
y, allí, su templo para siempre.

Gloria al Padre…

Palabra de Dios Gálatas 2,19b-20

ESTOY CRUCIFICADO con Cristo: vivo yo, pero no soy yo, es Cristo quien vive en mí. Y, mientras vivo en esta carne, vivo de la fe en el Hijo de Dios, que me amó hasta entregarse por mí.

Invoco al Dios Altísimo,
al Dios que hace tanto por mí. Invoco…

CÁNTICO DE ZACARÍAS (Texto contraportada B)

Por la entrañable misericordia de nuestro Dios, nos visitará el Sol que nace de lo alto.

PRECES

Sabiendo que hasta los cabellos de nuestra cabeza están contados, nos dirigimos a Dios y le decimos:

℟ Señor, guárdanos en tu amor.

Tú que por el bautismo nos has hecho renacer,
– ayúdanos a vivir como hijos de Dios. ℟

Tú que guías el mundo con sabiduría,
– enséñanos a conocer tus designios para colaborar en ellos. ℟

Tú que conoces lo que hay en el interior de cada uno de nosotros,
– no permitas que caigamos en la doblez ni la hipocresía. R/

Tú que te apiadas de los pobres y de los débiles,
– danos entrañas de misericordia para atender a los necesitados y a los que sufren. R/

Intenciones libres

Padre nuestro…

ORACIÓN

Te pedimos, Señor, tu gracia abundante, para que nos ayude a seguir el camino de tus mandatos, y así gocemos de tu consuelo en esta vida y alcancemos la felicidad eterna. Por nuestro Señor Jesucristo.

MISA

Viernes de la 28ª semana del tiempo ordinario

En este día, se pueden elegir las oraciones y las antífonas que siguen, sacadas de los formularios de la misa votiva del Sagrado Corazón de Jesús.

ANTÍFONA DE ENTRADA

Los proyectos del Corazón del Señor subsisten de edad en edad, para librar sus vidas de la muerte y reanimarlos en tiempo de hambre (cf. Sal 32,11. 19).

ORACIÓN COLECTA

Señor, Dios nuestro,
revístenos con las virtudes del Corazón de tu Hijo
e inflámanos en sus mismos sentimientos,
para que, conformados a su imagen,
merezcamos participar de la redención eterna.
Por nuestro Señor Jesucristo.

Lectura de la carta del apóstol san Pablo a los Romanos 4,1-8

HERMANOS: ¿Qué diremos que obtuvo Abrahán, nuestro padre según la carne? Si Abrahán fue justificado en virtud de las obras, tiene un timbre de gloria, pero no delante de Dios; pues, ¿qué dice la Escritura? «Abrahán creyó a Dios y le fue contado como justicia». A alguien que trabaja, el jornal no se le cuenta como gracia, sino como algo debido; en cambio, a alguien que no trabaja, sino que cree en el que justifica al impío, la fe se le cuenta como justicia. Del mismo modo, también David proclama la bienaventuranza de aquel a quien Dios le cuenta la justicia independientemente de las obras. «Bienaventurados aquellos a quienes se les perdonaron sus maldades y les sepultaron sus delitos; bienaventurado aquel a quien el Señor no le ha contado el pecado».
Palabra de Dios.

SALMO 31

℟ **Tú eres mi refugio,
me rodeas de cantos de liberación.**

Dichoso el que está absuelto de su culpa,
a quien le han sepultado su pecado;
dichoso el hombre a quien el Señor
no le apunta el delito
y en cuyo espíritu no hay engaño. ℟

Había pecado, lo reconocí,
no te encubrí mi delito;
propuse: «Confesaré al Señor mi culpa»,
y tú perdonaste mi culpa y mi pecado. ℟

Alegraos, justos, y gozad con el Señor;
aclamadlo los de corazón sincero. ℟

Aleluya, aleluya, aleluya. Que tu misericordia, Señor, venga sobre nosotros, como lo esperamos de ti.

• *«NO TENGÁIS MIEDO». El Señor nos ha exhortado a no tener miedo, pues «ha vencido al mundo» y su gracia nos asiste. Esto no significa que seamos temerarios y juguemos con fuego: no podemos olvidar que hay uno, muy astuto y mentiroso desde siempre, que ronda como león rugiente y puede mandarnos a la gehena. Ayudados por la intercesión de los santos, no entremos en su juego.* •

Lectura del santo evangelio según san Lucas 12,1-7

EN AQUEL TIEMPO, miles y miles de personas se agolpaban. Jesús empezó a hablar, dirigiéndose primero a sus discípulos: «Cuidado con la levadura de los fariseos, que es la hipocresía, pues nada hay cubierto que no llegue a descubrirse, ni nada escondido que no llegue a saberse. Por eso, lo que digáis en la oscuridad será oído a plena luz, y lo que digáis al oído en las recámaras se pregonará desde la azotea. A vosotros os digo, amigos míos: no tengáis miedo a los que matan el cuerpo, y después de esto no pueden hacer más. Os voy a enseñar a quién tenéis que temer: temed al que, después de la muerte, tiene poder para arrojar a la "gehenna". A ese tenéis que temer, os lo digo yo. ¿No se venden cinco pájaros por dos céntimos? Pues ni de uno solo de ellos se olvida Dios. Más aún, hasta los cabellos de vuestra cabeza están contados. No tengáis miedo: valéis más que muchos pájaros».
Palabra del Señor.

ORACIÓN SOBRE LAS OFRENDAS

Oh, Dios, Padre de toda misericordia,
que, por el gran amor con que nos amaste,
nos has dado con inefable bondad a tu Unigénito,
haz que, en perfecta unión con él,

te ofrezcamos un homenaje digno de ti.
Por Jesucristo, nuestro Señor.

PREFACIO: EL INMENSO AMOR DE CRISTO

En verdad es justo y necesario,
es nuestro deber y salvación
darte gracias siempre y en todo lugar,
Señor, Padre santo, Dios todopoderoso y eterno,
por Cristo, Señor nuestro.

El cual, con amor admirable,
se entregó por nosotros y, elevado sobre la cruz,
hizo que de la herida de su costado
brotaran, con el agua y la sangre,
los sacramentos de la Iglesia,
para que así,
acercándose al Corazón abierto del Salvador,
todos puedan beber siempre con gozo
de las fuentes de la salvación.

Por eso,
con los santos
y con todos los ángeles,
te glorificamos diciendo sin cesar: Santo…

ANTÍFONA DE COMUNIÓN

Dice el Señor: El que tenga sed, que venga a mí y beba. El que cree en mí, de sus entrañas manarán ríos de agua viva (cf. Jn 7,37-38).

O bien:

Uno de los soldados, con la lanza, le traspasó el costado, y al punto salió sangre y agua (Jn 19,34).

ORACIÓN DESPUÉS DE LA COMUNIÓN

Después de participar
del sacramento de tu amor,
imploramos de tu bondad, Señor,
ser configurados con Cristo en la tierra
para que merezcamos participar
de su gloria en el cielo.
Por Jesucristo, nuestro Señor.

MEDITACIÓN

No temáis a los que matan el cuerpo

El que no conoce a Dios, aunque tenga múltiples esperanzas, está, en el fondo, sin esperanza, sin la gran esperanza que sostiene toda existencia. La verdadera, la gran esperanza que se mantiene a pesar de todas las desilusiones, tan solo puede ser Dios el Dios que nos ha amado y nos ama siempre «hasta el fin», hasta el *todo se ha cumplido.*

El que ha sido tocado por el amor comienza a comprender lo que sería precisamente «la vida». Comienza a comprender lo que quieren decir las palabras de esperanza en el rito del bautismo: «De la fe espero la vida eterna», la vida verdadera, la que, totalmente y sin cominaciones, es simplemente la vida en toda su plenitud. Jesús, que ha dicho: *He venido para que tengan vida y la tengan abundante*, nos ha explicado qué significa «la vida»: *La vida eterna es que te conozcan a ti, único Dios verdadero, y a tu enviado, Jesucristo.* La vida en el sentido verdadero no se tiene en sí misma, de sí misma, ni tan solo por sí misma: es una relación. Y la vida en su totalidad es relación con aquel que es la fuente de la vida. Si estamos en relación con aquel que no muere, que él mismo es la vida y el amor, entonces estamos en la vida. Entonces vivimos.

BENEDICTO XVI

Papa emérito de la Iglesia católica tras casi 8 años de pontificado (1927-2022).

Oración de la tarde

¡Demos gracias al Señor por sus misericordias!

Gloria al Padre, y al Hijo, y al Espíritu Santo…

HIMNO

Era una tarde gris. Y tú pasaste.
Yo vi tu resplandor, sentí el perfume
de la luz primigenia de tus ojos.

Una dulce pereza me dejabas
en la frente mordida por tu rayo,
un desmayado amor, una congoja…

Era una tarde gris. No sé si un éxtasis
lavó mi corazón de todo anhelo;
yo vi tu luz pasar… y me moría. Amén.

SALMO 144 (I)

Te ensalzaré, Dios mío, mi rey,
bendeciré tu nombre por siempre jamás.

Día tras día te bendeciré
y alabaré tu nombre por siempre jamás.

Grande es el Señor, merece toda alabanza,
es incalculable su grandeza;
una generación pondera tus obras a la otra,
y le cuenta tus hazañas.

Alaban ellos la gloria de tu majestad,
y yo repito tus maravillas;
encarecen ellos tus temibles proezas,
y yo narro tus grandes acciones;
difunden la memoria de tu inmensa bondad,
y aclaman tus victorias.

El Señor es clemente y misericordioso,
lento a la cólera y rico en piedad;
el Señor es bueno con todos,
es cariñoso con todas sus criaturas.

Que todas tus criaturas te den gracias, Señor,
que te bendigan tus fieles;

que proclamen la gloria de tu reinado,
que hablen de tus hazañas;

explicando tus hazañas a los hombres,
la gloria y majestad de tu reinado.
Tu reinado es un reinado perpetuo,
tu gobierno va de edad en edad.

Gloria al Padre…

Palabra de Dios — Romanos 8,1-2

AHORA no pesa condena alguna sobre los que están unidos a Cristo Jesús, pues, por la unión con Cristo Jesús, la ley del Espíritu de vida me ha librado de la ley del pecado y de la muerte.

Cristo murió por los pecados,
para conducirnos a Dios. Cristo…

Cántico de María (Texto contraportada A)

Acuérdate de tu misericordia, Señor, como lo habías prometido a nuestros padres.

Preces

De nuevo volvemos nuestra mirada a Dios, de quien nos viene la salvación. Pidamos:

℟ Señor, muéstranos tu misericordia.

Tu Hijo dio su vida por la Iglesia y para que fuera santa e inmaculada:
– haz que los cristianos no la empañemos
con nuestras culpas. ℟

Tu Hijo nos advirtió de que no escandalizáramos
a los más pequeños:
– socorre y sana a los que han sido dañados
por los pecados de los hijos de la Iglesia. ℟

Tu Hijo nos indicó que debíamos amar a nuestros enemigos:
– enséñanos a querer a los que nos han ofendido. ℟

Tu Hijo venció la muerte con su resurrección:
– conduce a las moradas eternas a nuestros hermanos difuntos. ℟

Intenciones libres

Padre nuestro…

ANTÍFONA MARIANA (Texto página 26)

SANTOS
DE AYER Y DE HOY

Flor selecta de la Iglesia,
ruega por nosotros.

BEATO ANTONIO BLANCO MUÑOZ
Presbítero y mártir (1871-1936)

Nacido en Pozoblanco, Córdoba, en 1871, en el seno de una familia que vivía de las tareas del campo, fue ordenado sacerdote en diciembre de 1901. Su primer destino fue como coadjutor de la parroquia de San José de Villaviciosa. Posteriormente, fue nombrado cura ecónomo de la parroquia del Espíritu Santo de Posadilla, y en 1910 obtuvo en propiedad la plaza de capellán interino de prisiones en Pozoblanco, que él mismo había solicitado. Eso le permitió prestar sus servicios donde más se le necesitaba, por ejemplo, en la cárcel de Sort, en Lérida. Como capellán de la cárcel preventiva del Partido, se encargaba de las confesiones, las misas, las catequesis. La II República trajo vientos desfavorables para los católicos, pero él fue muy valiente exhortando a sus fieles a que no tuvieran miedo y que dieran la vida por defender su fe. Eso haría él, el 20 de septiembre de 1936, cuando fue asesinado junto al cementerio de Pozoblanco.

No nos cansemos de orar. La confianza hace milagros,
y Jesús dijo a la beata [santa] Margarita María
[de Alacoque]: «Un alma justa tiene
tanto poder sobre mi corazón,
que puede alcanzar de él el perdón
para miles de criminales».

Santa Teresa del Niño Jesús

[SÁBADO 21 DE OCTUBRE]

Oración de la mañana

¡El Señor es bueno, bendigamos su santo nombre!

Gloria al Padre, y al Hijo, y al Espíritu Santo…

HIMNO

El pozo con la higuera. Fue el paisaje.
Enaltecido a veces con la nieve.
La Virgen brega y canta, reza… y mueve
el corazón de Dios con su bagaje.

Entonces llegó el ángel; y el mensaje
floreció entre sus labios, liso y leve.
María está pasmada, ni se atreve
a desatar la flor de aquel ramaje.

El aire sublimado por el vuelo
canta: «feliz, feliz», «graciosa eres»,
y «el mundo es bendecido en tu semilla».

Y nosotros ceñidos de consuelo:
«escogida entre todas las mujeres»,
«dichosa», «arca de Dios», «su maravilla». Amén.

CÁNTICO — Ezequiel 36,24-28

Os recogeré de entre las naciones,
os reuniré de todos los países,
y os llevaré a vuestra tierra.

Derramaré sobre vosotros un agua pura
que os purificará:
de todas vuestras inmundicias e idolatrías
os he de purificar;

y os daré un corazón nuevo,
y os infundiré un espíritu nuevo;
arrancaré de vuestra carne el corazón de piedra,
y os daré un corazón de carne.

Os infundiré mi espíritu,
y haré que caminéis según mis preceptos,
y que guardéis y cumpláis mis mandatos.

Y habitaréis en la tierra que di a vuestros padres.
Vosotros seréis mi pueblo,
y yo seré vuestro Dios.

Gloria al Padre…

Palabra de Dios 2 Pedro 3,13-15a

NOSOTROS, confiados en la promesa del Señor, esperamos un cielo nuevo y una tierra nueva en que habite la justicia. Por tanto, queridos hermanos, mientras esperáis estos acontecimientos, procurad que Dios os encuentre en paz con él, inmaculados e irreprochables. Considerad que la paciencia de Dios es nuestra salvación.

Te aclamarán mis labios, Señor. Te aclamarán…

Cántico de Zacarías (Texto contraportada B)

Guía nuestros pasos, Señor, por el camino de paz.

Preces

Queremos que nuestras palabras y nuestra vida den testimonio de nuestra fe en Jesús. Conscientes de nuestra debilidad, pedimos:

℟ Señor, fortalécenos con tu gracia.

Para que no nos avergoncemos de tu nombre,
– ni nuestras acciones sean contrarias
a la fe que tenemos. ℟

Para que sepamos reconocer tu presencia en los pobres,
– y seamos misericordiosos con ellos. ℟

Para que no dudemos en perdonar a los que nos ofenden,
– y sepamos reconocer nuestras faltas y arrepentirnos de ellas. ℟

Para que no desfallezcamos cuando nos cueste amar,
– ni nos cansemos nunca de hacer el bien. ℟

Para que sepamos valorar cuanto de bueno hay a nuestro alrededor,
– y no despreciemos a nadie. ℟

Intenciones libres

Padre nuestro…

Oración

Dios omnipotente y eterno, luz resplandeciente y día sin ocaso, al volver a comenzar un nuevo día, te pedimos que nos visites con el esplendor de tu luz y disipes así las tinieblas de nuestros pecados. Por nuestro Señor Jesucristo.

Misa

Sábado de la 28ª semana del tiempo ordinario

En este día, se pueden elegir las oraciones y las antífonas que siguen, sacadas de los formularios del común de santa María Virgen.

Antífona de entrada

Salve, Madre Santa, Virgen, Madre del Rey que gobierna cielo y tierra por los siglos de los siglos.

Oración colecta

Te pedimos, Señor,
que nosotros tus siervos

gocemos siempre de salud de alma y cuerpo
y, por la gloriosa intercesión de santa María,
siempre Virgen,
líbranos de las tristezas de este mundo
y concédenos las alegrías del cielo.
Por nuestro Señor Jesucristo.

Lectura de la carta del apóstol san Pablo a los Romanos 4,13. 16-18

HERMANOS: No por la ley sino por la justicia de la fe recibieron Abrahán y su descendencia la promesa de que iba a ser heredero del mundo. Por eso depende de la fe, para que sea según gracia; de este modo, la promesa está asegurada para toda la descendencia, no solamente para la que procede de la ley, sino también para la que procede de la fe de Abrahán, que es padre de todos nosotros. Según está escrito: «Te he constituido padre de muchos pueblos»; la promesa está asegurada ante aquel en quien creyó, el Dios que da vida a los muertos y llama a la existencia lo que no existe. Apoyado en la esperanza, creyó contra toda esperanza que llegaría a ser padre de muchos pueblos, de acuerdo con lo que se le había dicho: «Así será tu descendencia».
Palabra de Dios.

SALMO 104

℟ **El Señor se acuerda de su alianza eternamente.**

O bien:

℟ **Aleluya.**

¡Estirpe de Abrahán, su siervo;
hijos de Jacob, su elegido!
El Señor es nuestro Dios,
él gobierna toda la tierra. ℟

Se acuerda de su alianza eternamente,
de la palabra dada, por mil generaciones;
de la alianza sellada con Abrahán,
del juramento hecho a Isaac. ℟

Porque se acordaba de la palabra sagrada,
que había dado a su siervo Abrahán.
Sacó a su pueblo con alegría,
a sus escogidos con gritos de triunfo. ℟

Aleluya, aleluya, aleluya. El Espíritu de la verdad dará testimonio de mí –dice el Señor–; y vosotros daréis testimonio.

● «EL ESPÍRITU SANTO OS ENSEÑARÁ EN AQUEL MOMENTO». *El Espíritu Santo es enviado para defender la obra realizada por Jesús y a aquellos que él ha redimido con su muerte. Viene en nuestra ayuda no solo para pedir como conviene, sino también para iluminar nuestro intelecto y fortalecer nuestra voluntad con sus dones y carismas, especialmente en los momentos difíciles.* ●

Lectura del santo evangelio según san Lucas 12,8-12

EN AQUEL TIEMPO, dijo Jesús a sus discípulos: «Todo aquel que se declare por mí ante los hombres, también el Hijo del hombre se declarará por él ante los ángeles de Dios, pero si uno me niega ante los hombres, será negado ante los ángeles de Dios. Todo el que diga una palabra contra el Hijo del hombre podrá ser perdonado, pero al que blasfeme contra el Espíritu Santo no se le perdonará. Cuando os conduzcan a las sinagogas, ante los magistrados y las autoridades, no os preocupéis de cómo o con qué razones os defenderéis o de lo que vais a decir, porque el Espíritu Santo os enseñará en aquel momento lo que tenéis que decir».
Palabra del Señor.

ORACIÓN SOBRE LAS OFRENDAS

Recibe, Señor, las oraciones de tu pueblo
junto con la ofrenda de este sacrificio,
para que, por la intercesión de santa María,
Madre de tu Hijo,
no quede frustrado ningún buen deseo
ni petición alguna sin respuesta.
Por Jesucristo, nuestro Señor.

O bien:

Que la humanidad de tu Unigénito
sea nuestro socorro, Señor,
y el que al nacer de la Virgen
no menoscabó la integridad de su Madre,
sino que la santificó,
nos libre del peso de nuestros pecados
y vuelva nuestra ofrenda aceptable para ti.
Por Jesucristo, nuestro Señor.

ANTÍFONA DE COMUNIÓN

Bienaventurado el vientre de María, la Virgen, que llevó al Hijo del eterno Padre (cf. Lc 11,27).

ORACIÓN DESPUÉS DE LA COMUNIÓN

Al recibir estos sacramentos del cielo,
imploramos de tu misericordia, Señor,
que cuantos nos alegramos
en la memoria de la bienaventurada Virgen María,
consigamos colaborar, a imitación suya,
en el misterio de nuestra redención.
Por Jesucristo, nuestro Señor.

MEDITACIÓN

El Espíritu Santo os enseñará lo que tenéis que decir

Prendidos, pues, los santos citados, fueron presentados al prefecto de Roma, por nombre Rústico, que les preguntó: «¿Qué doctrina profesas?» Justino respondió:

«He procurado tener noticia de todo linaje de doctrinas; pero solo me he adherido a las doctrinas de los cristianos…» El prefecto Rústico dijo: «¿Qué dogma es ese?» Justino respondió: «El dogma que nos enseña a dar culto al Dios de los cristianos, al que tenemos por Dios único, el que desde el principio es hacedor y artífice de toda la creación, visible e invisible; y al Señor Jesucristo, por hijo de Dios, el que de antemano predicaron los profetas que había de venir al género humano, como pregonero de salvación y maestro de bellas enseñanzas. Y yo, que soy un pobre hombre, pienso que digo bien poca cosa para lo que merece la divinidad infinita, confesando que para hablar de ella fuera menester virtud profética, pues proféticamente fue predicho acerca de este de quien acabo de decirte que es hijo de Dios. Porque has de saber que los profetas, divinamente inspirados, hablaron anticipadamente de su venida entre los hombres».

ACTAS DEL MARTIRIO DE SAN JUSTINO Y COMPAÑEROS

Oración de la tarde

Vísperas del 29º domingo del tiempo ordinario

Señor, ven en mi ayuda, ¡que yo te dé gracias sin fin!

Gloria al Padre, y al Hijo, y al Espíritu Santo…

HIMNO

¡Oh Jesús! Ayúdame a esparcir tu fragancia
adondequiera que vaya.
Inunda mi alma de tu espíritu y vida.
Penetra en mi ser y adueñate de tal manera de mí
que mi vida sea irradiación de la tuya.

Ilumina por mi medio
y toma posesión de mí de tal manera

que cada alma con la que entre en contacto
pueda sentir tu presencia en mí.

Que no me vean a mí, sino a ti en mí.
Permanece en mí de manera que brille con tu luz
y que mi luz pueda iluminar a los demás.

Toda mi luz vendrá de ti, oh Jesús.
Ni siquiera el rayo más leve será mío.
Tú, a través de mí, iluminarás a los demás.
Pon en mis labios la alabanza que más te agrada
iluminando a otros a mi alrededor.

Que no te pregone con palabras
sino con el ejemplo de mis actos,
con el destello visible del amor
que de ti viene a mi corazón.
Amén.

Salmo 141

A voz en grito clamo al Señor,
a voz en grito suplico al Señor;
desahogo ante él mis afanes,
expongo ante él mi angustia,
mientras me va faltando el aliento.

Pero tú conoces mis senderos,
y que en el camino por donde avanzo
me han escondido una trampa.

Mira a la derecha, fíjate:
nadie me hace caso;
no tengo adónde huir;
nadie mira por mi vida.

A ti grito, Señor,
te digo: «Tú eres mi refugio
y mi lote en el país de la vida».

Atiende a mis clamores,
que estoy agotado;
líbrame de mis perseguidores,
que son más fuertes que yo.

Sácame de la prisión,
y daré gracias a tu nombre:
me rodearán los justos
cuando me devuelvas tu favor.

Gloria al Padre...

Palabra de Dios — Romanos 11,33-36

¡QUÉ ABISMO de generosidad, de sabiduría y de conocimiento, el de Dios! ¡Qué insondables sus decisiones y qué irrastreables sus caminos! ¿Quién conoció la mente del Señor? ¿Quién fue su consejero? ¿Quién le ha dado primero, para que él le devuelva? Él es el origen, guía y meta del universo. A él la gloria por los siglos. Amén.

Cuántas son tus obras, Señor,
y todas las hiciste con sabiduría. Cuántas...

CÁNTICO DE MARÍA (Texto contraportada A)

De oriente a occidente no hay otro Dios fuera de mí. Yo soy el Señor, y no hay otro.

PRECES

En la Vigilia del Domund, nos unimos a la oración de toda la Iglesia conscientes de nuestra responsabilidad misionera:

℟ Señor, guía nuestros pasos.

Por todos los miembros de la Iglesia, para que crezca nuestro ardor misionero y trabajemos con Cristo por la expansión del evangelio. ℟

Para que demos testimonio de que Jesús resucitado está cerca de nosotros. ℟

Para que la labor de los misioneros contribuya a sanar las heridas que hay en tantos lugares del mundo. ℟

Para que el anuncio del evangelio contribuya a un mayor desarrollo cultural y social. ℟

Para que los misioneros y misioneras, que con generosidad han dejado tantas cosas por amor a Cristo, lleven la alegría del evangelio. ℟

Para que desde nuestra comunidad parroquial o nuestros grupos salgamos al encuentro de los hombres y mujeres de nuestra generación para llevarlos a Jesús. ℟

Intenciones libres

Padre nuestro…

ANTÍFONA MARIANA (Texto página 26)

SANTOS
DE AYER Y DE HOY

Rosa deshojada de amor,
ruega por nosotros.

SAN FAMIANO
Monje y peregrino (Ca. 1090-1150)

Nació en Colonia, Alemania, hacia el año 1090, en una familia adinerada, pero siendo adolescente decidió renunciar a los beneficios terrenales para servir a Cristo. Tras vivir como eremita en Galicia, ingresó en el monasterio de Oseira, en Orense. Peregrinó a los lugares sagrados encomendándose a la caridad para poder subsistir. Se hizo ermitaño en Galicia. Las fuentes no se ponen de acuerdo en cuál fue su último lugar de retiro tras su regreso de Tierra Santa. Algunos autores lo sitúan en el monasterio de San Cosme y San Damián en la costa atlántica, otros en la confluencia de los ríos Miño y Sil, cerca de Los Peares, y otros entre Bayona y La Guardia (Pontevedra). Se dice que murió en Gallese ((Viterbo, Italia), ciudad que le dedicó una basílica y de la que es patrón.

Mis pobres oraciones no valen, ciertamente, gran cosa;
espero, sin embargo, que Jesús las escuche,
y que en vez de mirar a quien se las dirige,
pose su mirada sobre quienes son objeto de ellas.

Santa Teresa del Niño Jesús

Palabra de Dios para el domingo

David Amado Fernández

HOY SE CELEBRA la Jornada mundial por la evangelización de los pueblos (Domund). La Iglesia quiere llevar la Buena Noticia de la salvación a todos los hombres y decirles con el salmista: «Aclamad la gloria y el poder del Señor». Conocer el amor de Dios por nosotros y su elección nos mueve a buscar servirle y a querer ser del todo para él. También nos lleva a anunciarlo y a que nuestro testimonio no sea solo con palabras, sino que vaya acompañado, como le sucedió a Pablo, «con la fuerza del Espíritu Santo y con plena convicción». Queremos que todos conozcan el amor de Dios y que se dejen transformar por él.

El deseo de buscar a Dios en todo puede suscitar también la cuestión sobre cuál ha de ser la relación con la autoridad política. La escena del evangelio nos la trae hoy a colación. Los fariseos eran un grupo religioso que intentaba cumplir fielmente la ley. Aquel día establecieron una extraña alianza con los herodianos, facción más política, partidaria del tetrarca Herodes, totalmente sumiso a los mandatos de Roma. Pero, señala el evangelio, su intención no era recta, sino que buscaban tender una trampa a Jesús. El Señor no cayó en ella, sino que dio una enseñanza que también nos ilumina hoy. Decía Benedicto XVI:

> «Esta palabra de Jesús es rica en contenido antropológico, y no se la puede reducir únicamente al ámbito político. La Iglesia, por tanto, no se limita a recordar a los hombres la justa distinción entre la esfera de autoridad del César y la de Dios, entre el ámbito político y el religioso. La misión de la Iglesia, como la de Cristo, es esencialmente hablar de Dios, hacer memoria de su soberanía, recordar a todos, especialmente a los cristianos

que han perdido su identidad, el derecho de Dios sobre lo que le pertenece, es decir, nuestra vida».

Jesús, al hacerse que se fijaran en la efigie de la moneda, indirectamente, como señalaban los padres, indicaba que debían descubrir a quién pertenecía el hombre. Todo lo perecedero debe entregarse a quien le pertenezca, respetando la legítima autonomía de cada orden, también del político. Pero cuanto de eterno hay en el hombre debe ordenarse a Dios.

Santa Teresita del Niño Jesús dice en un poema: «Tu rostro es mi única patria, / él es mi reino de amor». Si volvemos al texto del evangelio, encontramos que la pregunta formulada a Cristo surge precisamente porque se ha dejado de mirar a Dios, y no interesa tanto cumplir su voluntad como el adaptarla a los intereses particulares del momento. De ahí esa alianza entre facciones con intereses contrapuestos. A veces acudimos a Cristo con ánimo polémico, intentando dirimir desde él alguna discusión. Pero debemos descubrir que él está en el centro de todo y que lo que nos conviene es volvernos totalmente hacia él y servirle.

El misterio de la encarnación nos recuerda que Jesús ha venido al mundo para restaurar esa imagen de Dios que, a consecuencia del pecado, ha quedado emborronada en nuestro corazón. El tributo lo hemos de pagar a Dios. No solo lo hemos olvidado, sino que nos hemos quedado sin saldo. Pero por Cristo podemos volvernos de nuevo hacia Dios y disponer nuevamente del capital para servirle. Este no es otro que el mismo amor con que él nos sana y enriquece. Así de nuevo podemos manifestar la gloria que Dios se merece. •

La oración universal

Estas intenciones deben ser completadas y actualizadas por la comunidad que celebra.

Solo Dios es el Señor y solo él tiene poder para socorrernos en nuestras necesidades y dificultades. Por eso, unidos a toda la Iglesia, digamos con fe y confianza:

℟ *Señor, escúchanos.*

Para que, en constante acción de gracias, la Iglesia dé testimonio del amor y la esperanza que nos trajo Cristo. *Oremos.* ℟

Para que el Espíritu Santo inflame nuestros corazones y guíe a nuestros pastores. *Oremos.* ℟

Para que entre todos construyamos nuestra patria con esfuerzo, trabajo y honestidad. *Oremos.* ℟

Para que los enfermos y los que sufren experimenten el consuelo y la fortaleza de Dios. *Oremos.* ℟

Para que quienes en su vida se entregaron al anuncio del evangelio y pasaron haciendo el bien sean recompensados ahora en el cielo. *Oremos.* ℟

Para que la Eucaristía nos ayude a ser buenos cristianos, ciudadanos honrados, y hombres y mujeres de bien. *Oremos.* ℟

Tú, que nos ayudas a vivir en la verdad, escucha nuestras oraciones y haz que te demos gloria asumiendo nuestros deberes y obligaciones. Por Jesucristo, nuestro Señor.

℟ Amén.

DOMINGO 22 DE OCTUBRE

Vigesimonoveno domingo del tiempo ordinario

Jornada mundial por la evangelización de los pueblos

Oración de la mañana

Pueblo del Señor, adoremos a Cristo, nuestro guía.
Adoremos al Padre, y al Hijo,
y al Espíritu Santo, ¡aleluya!

Alabad al Señor, todas las naciones;
aclamadlo, todos los pueblos.

Fuerte es su amor para con nosotros;
¡la fidelidad del Señor es eterna!

¡Gloria al Padre, y al Hijo, y al Espíritu Santo,
por los siglos de los siglos! Amén. ¡Aleluya!

Himno

Despierta, aurora, a la vida
que te ofrece el Sol naciente:
el Cristo que desde Oriente
es causa de tu alegría.

Despierten arpas y liras,
las cítaras y las flautas,
y al sol que ya se levanta
entréguenle su armonía.

Despierta, Creación entera,
y alaba al Dios que ha creado
el mundo que ha regalado
al hombre que lo venera.

Gloria al Padre. Gloria al Hijo.
Gloria al Espíritu Santo. Amén.

SALMO 149

Cantad al Señor un cántico nuevo,
resuene su alabanza en la asamblea de los fieles;
que se alegre Israel por su Creador,
los hijos de Sion por su Rey.

Alabad su nombre con danzas,
cantadle con tambores y cítaras;
porque el Señor ama a su pueblo,
y adorna con la victoria a los humildes.

Que los fieles festejen su gloria
y canten jubilosos en filas:
con vítores a Dios en la boca,
y espadas de dos filos en las manos:

para tomar venganza de los pueblos
y aplicar el castigo a las naciones,
sujetando a los reyes con argollas,
a los nobles con esposas de hierro.

Ejecutar la sentencia dictada
es un honor para todos sus fieles.

Gloria al Padre…

Palabra de Dios — Apocalipsis 7,10. 12

¡LA VICTORIA es de nuestro Dios, que está sentado en el trono, y del Cordero! La alabanza y la gloria y la sabiduría y la acción de gracias y el honor y el poder y la fuerza son de nuestro Dios, por los siglos de los siglos. Amén.

Cristo, Hijo de Dios vivo,
ten piedad de nosotros. Cristo…

CÁNTICO DE ZACARÍAS (Texto contraportada B)

Maestro, sabemos que eres sincero y que enseñas el camino de Dios conforme a la verdad. Aleluya.

Preces

En la mañana de este domingo, agradezcamos a Dios todos sus bienes:

℟ Bendito seas por siempre, Señor.

Te damos gracias, Señor, porque nos has revelado
el misterio escondido desde antiguo,
– y a través de Jesucristo nos has hecho hijos tuyos. ℟

Te bendecimos por el don de la Iglesia, donde
se nos limpia de nuestros pecados,
– y porque en ella aprendemos a hablar contigo
y a cumplir tu voluntad. ℟

Te alabamos porque instituiste desde el principio
la realidad del matrimonio,
– y por todas las familias que hoy, de nuevo, sentirán
la alegría de estar juntas. ℟

Te alabamos por que eres grande, pero quieres
que nosotros seamos colaboradores tuyos,
– y te pedimos que no falten jóvenes que se entreguen
sin miedo al ministerio sacerdotal. ℟

Intenciones libres

Padre nuestro…

Oración

Dios todopoderoso y eterno, haz que te presentemos una voluntad solícita y estable, y sirvamos a tu grandeza con sincero corazón. Por nuestro Señor Jesucristo.

Misa

Vigesimonoveno domingo del tiempo ordinario

Antífona de entrada

Yo te invoco porque tú me respondes, Dios mío; inclina el oído y escucha mis palabras. Guárdame como a las niñas de tus ojos, a la sombra de tus alas escóndeme (Sal 16,6. 8).

GLORIA página 218

ORACIÓN COLECTA

Dios todopoderoso y eterno,
haz que te presentemos una voluntad solícita y estable,
y sirvamos a tu grandeza con sincero corazón.
Por nuestro Señor Jesucristo.

Lectura del libro de Isaías 45,1. 4-6

ESTO DICE EL SEÑOR a su Ungido, a Ciro: «Yo lo he tomado de la mano, para doblegar ante él las naciones y desarmar a los reyes, para abrir ante él las puertas, para que los portales no se cierren. Por mi siervo Jacob, por mi escogido Israel, te llamé por tu nombre, te di un título de honor, aunque no me conocías. Yo soy el Señor y no hay otro; fuera de mí no hay dios. Te pongo el cinturón, aunque no me conoces, para que sepan de Oriente a Occidente que no hay otro fuera de mí. Yo soy el Señor y no hay otro».
Palabra de Dios.

SALMO 95

℟ **Aclamad la gloria y el poder del Señor.**

Cantad al Señor un cántico nuevo,
cantad al Señor, toda la tierra.
Contad a los pueblos su gloria,
sus maravillas a todas las naciones. ℟

Porque es grande el Señor,
y muy digno de alabanza,
más temible que todos los dioses.
Pues los dioses de los gentiles no son nada,
mientras que el Señor ha hecho el cielo. ℟

Familias de los pueblos, aclamad al Señor,
aclamad la gloria y el poder del Señor;

aclamad la gloria del nombre del Señor,
entrad en sus atrios trayéndole ofrendas. ℟

Postraos ante el Señor en el atrio sagrado,
tiemble en su presencia la tierra toda.
Decid a los pueblos: «El Señor es rey:
él gobierna a los pueblos rectamente». ℟

Lectura de la primera carta del apóstol san Pablo a los Tesalonicenses 1,1-5b

PABLO, Silvano y Timoteo a la Iglesia de los Tesalonicenses, en Dios Padre y en el Señor Jesucristo. A vosotros, gracia y paz. En todo momento damos gracias a Dios por todos vosotros y os tenemos presentes en nuestras oraciones, pues sin cesar recordamos ante Dios, nuestro Padre, la actividad de vuestra fe, el esfuerzo de vuestro amor y la firmeza de vuestra esperanza en Jesucristo nuestro Señor. Bien sabemos, hermanos amados de Dios, que él os ha elegido, pues cuando os anuncié nuestro evangelio, no fue solo de palabra, sino también con la fuerza del Espíritu Santo y con plena convicción.
Palabra de Dios.

Aleluya, aleluya, aleluya. Brilláis como lumbreras del mundo, manteniendo firme la palabra de la vida.

Lectura del santo evangelio según san Mateo 22,15-21

EN AQUEL TIEMPO, se retiraron los fariseos y llegaron a un acuerdo para comprometer a Jesús con una pregunta. Le enviaron algunos discípulos suyos, con unos herodianos, y le dijeron: «Maestro, sabemos que eres sincero y que enseñas el camino de Dios conforme a la verdad, sin que te importe nadie, porque no te fijas en apariencias.

Dinos, pues, qué opinas: ¿es lícito pagar impuesto al César o no?» Comprendiendo su mala voluntad, les dijo Jesús: «Hipócritas, ¿por qué me tentáis? Enseñadme la moneda del impuesto». Le presentaron un denario. Él les preguntó: «¿De quién son esta imagen y esta inscripción?» Le respondieron: «Del César». Entonces les replicó: «Pues dad al César lo que es del César y a Dios lo que es de Dios».
Palabra del Señor.

Credo página 219

Oración de los fieles página 313

Oración sobre las ofrendas

Concédenos, Señor,
estar al servicio de tus dones
con un corazón libre,
para que, con la purificación de tu gracia,
nos sintamos limpios
por los mismos misterios
que celebramos.
Por Jesucristo, nuestro Señor.

Prefacio página 223

Antífona de comunión

Los ojos del Señor están puestos en quien lo teme, en los que esperan su misericordia, para librar sus vidas de la muerte y reanimarlos en tiempo de hambre (Sal 32,18-19).

O bien:

El Hijo del hombre ha venido para dar su vida en rescate por muchos (Mc 10,45).

Oración después de la comunión

Señor,
haz que nos sea provechosa
la celebración de las realidades del cielo,
para que nos auxilien los bienes temporales
y seamos instruidos por los eternos.
Por Jesucristo, nuestro Señor.

MEDITACIÓN

Cumplir con sus deberes

El buen orden del mundo depende de la fidelidad de cada uno para cumplir con sus deberes de estado. Todos los desórdenes nacen de la negligencia que se tiene para cumplirlos. El mundo sería bello si cada uno cumpliera sus deberes de estado. Es lo que más se descuida, también en las personas piadosas y ellas a veces más que otros. Sin embargo, no se acusan mucho de eso... Un hombre que falta a sus deberes de estado, aunque realice otras cosas, es una voz discordante en la armonía del mundo...

Cuando se elige un estado, solo se piensa en las ventajas humanas y no en todos los deberes humanos que implica. No puede faltar a sus deberes sin herir al prójimo. Como Dios tiene los intereses de todos más presentes que los suyos propios, es muy peligroso no cumplirlos. Las omisiones en este punto se cometen fácilmente. Se perciben difícilmente y es raro que sean reparadas. Son pecados que se cometen por no hacer nada: no consiste en una mala acción que frecuentemente sigue a una buena obra. Al omitir vuestros sus deberes, dañáis a otros y os hacéis daño vosotros mismos.

San Claudio de la Colombière

Jesuita francés, misionero y autor de obras de espiritualidad. Dirigió espiritualmente a santa Margarita Mª de Alacoque y propagó por todas partes la devoción del Corazón de Jesús (1641-1682).

Oración de la tarde

¡Adoremos y demos gracias a Jesucristo, traspasado por nuestras culpas!

Gloria al Padre, y al Hijo, y al Espíritu Santo...

HIMNO

Y nosotros, Señor…, ¿qué te hemos dado
a cambio de este Amor que nos demuestras?
A tus palabras santas y maestras
¿con qué palabras hemos contestado?

Cuántas veces, Señor, hemos callado
a causa de unas culpas que son nuestras
y son tantas, Señor, tantas las muestras,
que te hemos, otra vez, crucificado.

Y tú, a pesar de todo, cada día
nos sigues ofreciendo tu Alimento
y con qué desamor lo despreciamos.

¿Cómo no amar, Señor, la Eucaristía
si el corazón del hombre sigue hambriento
y solo esperas tú que te comamos…?

Gloria al Padre, y al Hijo, y al Espíritu Santo.
Amén.

CÁNTICO Apocalipsis 19,1-7

Aleluya.
La salvación y la gloria
y el poder son de nuestro Dios,
porque sus juicios
son verdaderos y justos.
Aleluya.

Aleluya.
Alabad al Señor,
sus siervos todos,
los que le teméis,
pequeños y grandes.
Aleluya.

Aleluya.
Porque reina el Señor,

nuestro Dios, dueño de todo,
alegrémonos y gocemos
y démosle gracias.
Aleluya.

Aleluya.
Llegó la boda del Cordero,
su esposa se ha embellecido.
Aleluya.

Gloria al Padre…

Palabra de Dios — 2 Corintios 1,3-4

¡BENDITO SEA DIOS, Padre de nuestro Señor Jesucristo, Padre de misericordia y Dios del consuelo! Él nos alienta en nuestras luchas hasta el punto de poder nosotros alentar a los demás en cualquier lucha, repartiendo con ellos el ánimo que nosotros recibimos de Dios.

Bendito eres, Señor,
en la bóveda del cielo. Bendito…

Cántico de María — (Texto contraportada A)

Pagadle al César lo que es del César y a Dios lo que es de Dios. Aleluya.

Preces

Dios quiere que todos los hombres se salven y lleguen al conocimiento de la verdad. Por eso, en nuestra oración pedimos por las necesidades de todo el mundo, diciendo.

℟ Cuida de tu pueblo, Señor.

Acuérdate de los que están solos y son asediados
por la tristeza,
– que sientan tu cercanía y no caigan
en la tentación. ℟

Te pedimos por todos los que cuidan de nuestras ciudades durante la noche,
– acompáñalos en su trabajo y líbralos de todo peligro. ℟

Permanece junto a los enfermos y los que los acompañan,
– para que puedan superar la noche y agradezcan tu compañía. ℟

Te pedimos por los pobres, los inmigrantes, los marginados,
– hazles saber que son ciudadanos del cielo. ℟

Que los misioneros que permanecen en lugares peligrosos experimenten tu protección,
– y que quienes han entregado su vida en la labor de anunciar el evangelio puedan ahora gozar del descanso del cielo. ℟

Intenciones libres

Padre nuestro…

ANTÍFONA MARIANA **(Texto página 26)**

[LUNES 23 DE OCTUBRE]

San Juan de Capistrano

Oración de la mañana

Adoremos a Cristo, nuestro Rey,
que por nosotros murió en la cruz.

¡Gloria al Padre! ¡Gloria al Hijo! ¡Gloria al Espíritu!
¡Gloria a la Santísima Trinidad!

HIMNO

Te amo, buen Jesús, porque amo a Dios,
pues solo en ti he hallado la llenura.
Del Padre en ti me alegra la hermosura
y solo en ti he encontrado tanto amor.

Te amo, mi Señor, porque me has dado
el abrazo de amigo que yo antes
de nadie recibí, ni semejantes
de piedad y de amor que en ti he gozado.

Porque ofreces la rosa que no espina,
porque el alma me llenas de añoranza,
porque otorgas tu vida y tu alianza,
que a mi mal ponen bálsamo y sordina.

La mente iluminada se desnuda
delante de tu luz deslumbradora
y se embebe mi alma en lo que aflora
de tu aliento de amor, con fe y sin duda.

Y mitiga su sed en fresca fuente
pastando alegre en tu apacible prado
donde goza de amor pleno y sagrado
y de nueva alborada libre y riente.

¡Quién pudiera gozarse en la alegría
de estar ya en tu presencia y a tu lado
sin ansia, sin temor y sin cuidado
en tu reino de paz y poesía!
Amén.

CÁNTICO 1 Crónicas 29,10-13

Bendito eres, Señor,
Dios de nuestro padre Israel,
por los siglos de los siglos.

Tuyos son, Señor, la grandeza y el poder,
la gloria, el esplendor, la majestad,
porque tuyo es cuanto hay en cielo y tierra,
tú eres rey y soberano de todo.

De ti viene la riqueza y la gloria,
tú eres Señor del universo,
en tu mano está el poder y la fuerza,
tú engrandeces y confortas a todos.

Por eso, Dios nuestro,
nosotros te damos gracias,
alabando tu nombre glorioso.

Gloria al Padre…

Palabra de Dios 2 Tesalonicenses 3,10b-13

EL QUE NO TRABAJA, que no coma. Porque nos hemos enterado de que algunos viven sin trabajar, muy ocupados en no hacer nada. Pues a esos les mandamos y recomendamos, por el Señor Jesucristo, que trabajen con tranquilidad para ganarse el pan. Por vuestra parte, hermanos, no os canséis de hacer el bien.

Bendito sea el Señor ahora y por siempre. Bendito…

CÁNTICO DE ZACARÍAS

(Texto contraportada B)

Bendito sea el Señor, Dios nuestro.

PRECES

Jesús nos alerta del peligro de la codicia y nos llama a guardarnos de ella:

℟ Señor, que tu amor nos sacie plenamente.

Que tus ministros no se dejen arrastrar por el afán del dinero,
– y sirvan con generosidad y desinterés a los fieles. ℟

Que el deseo de bienes materiales no conduzca a los gobernantes al mal de la corrupción,
– y sean prudentes y justos en sus decisiones y acuerdos. ℟

Que no caigamos en el mal del consumismo ni busquemos aparentar,
– y así aprendamos a vivir con austeridad. ℟

Líbranos del amor desordenado al dinero,
– y no permitas que seamos arrastrados por el consumismo. ℟

Ayúdanos a vivir en la gratuidad,
– y a compartir con alegría lo que tenemos con los demás. ℟

Intenciones libres

Padre nuestro...

ORACIÓN

Señor, que tu gracia inspire, sostenga y acompañe nuestras obras, para que nuestro trabajo comience en ti, como en su fuente, y tienda siempre a ti, como a su fin. Por nuestro Señor Jesucristo.

MISA

Lunes de la 29ª semana del tiempo ordinario

SAN JUAN DE CAPISTRANO *Memoria libre*

• *Nació en Capistrano, en la región de los Abruzos, en el año 1386. Estudió derecho en Perusa y ejerció por un tiempo el cargo de juez. Ingresó en la Orden de los Frailes Menores y, ordenado sacerdote, ejerció incansablemente el apostolado por toda Europa, trabajando en la reforma de costumbres y en la lucha contra las herejías. Murió en Ilok (Austria) en el año 1456.* •

ANTÍFONA DE ENTRADA

Estos son los varones santos, amigos de Dios, insignes en la predicación de la verdad divina.

O bien:

Te daré gracias entre las naciones, Señor; contaré tu fama a mis hermanos (Sal 17,50; 21,23).

ORACIÓN COLECTA

Oh, Dios,
que suscitaste a san Juan de Capistrano
para confortar a tu pueblo fiel
en las adversidades,
te pedimos que nos mantengas
en la seguridad de tu protección
y que custodies a tu Iglesia en una paz duradera.
Por nuestro Señor Jesucristo.

Lectura de la carta del apóstol san Pablo a los Romanos 4,20-25

HERMANOS: Abrahán, ante la promesa divina, no cedió a la incredulidad, sino que se fortaleció en la fe, dando gloria a Dios, pues estaba persuadido de que Dios es capaz de hacer lo que promete; por lo cual le fue contado como

justicia. Pero que «le fue contado» no está escrito solo por él; también está escrito por nosotros, a quienes se nos contará: nosotros, los que creemos en el que resucitó de entre los muertos a Jesucristo nuestro Señor, el cual fue entregado por nuestros pecados y resucitó para nuestra justificación.
Palabra de Dios.

CÁNTICO (LUCAS 1)

℟ **Bendito sea el Señor, Dios de Israel,**
porque ha visitado a su pueblo.

Suscitándonos una fuerza de salvación
en la casa de David, su siervo,
según lo había predicho desde antiguo
por boca de sus santos profetas. ℟

Es la salvación que nos libra de nuestros enemigos
y de la mano de todos los que nos odian;
realizando la misericordia que tuvo
con nuestros padres,
recordando su santa alianza. ℟

Y el juramento que juró a nuestro padre Abrahán
para concedernos
que, libres de temor,
arrancados de la mano de los enemigos,
le sirvamos con santidad y justicia,
en su presencia, todos nuestros días. ℟

Aleluya, aleluya, aleluya. Bienaventurados los pobres en el espíritu, porque de ellos es el reino de los cielos.

• «GUARDAOS DE TODA CLASE DE CODICIA». *El ansia de poseer cada vez más produce, paradójicamente, un enorme «vacío» en el corazón del hombre que nada puede llenarlo. La persona toda se vuelca en una titánica labor de «búsqueda y captura» que solo deja la amargura de la propia insatisfacción y la envidia de aquellos que, en su inocente alegría, se conforman con lo poco que han recibido.* ●

Lectura del santo evangelio según san Lucas 12,13-21

EN AQUEL TIEMPO, dijo uno de entre la gente a Jesús: «Maestro, dile a mi hermano que reparta conmigo la herencia». Él le dijo: «Hombre, ¿quién me ha constituido juez o árbitro entre vosotros?» Y les dijo: «Mirad: guardaos de toda clase de codicia. Pues, aunque uno ande sobrado, su vida no depende de sus bienes». Y les propuso una parábola: «Las tierras de un hombre rico produjeron una gran cosecha. Y empezó a echar cálculos, diciéndose: "¿Qué haré? No tengo donde almacenar la cosecha". Y se dijo: "Haré lo siguiente: derribaré los graneros y construiré otros más grandes, y almacenaré allí todo el trigo y mis bienes. Y entonces me diré a mí mismo: alma mía, tienes bienes almacenados para muchos años; descansa, come, bebe, banquetea alegremente". Pero Dios le dijo: "Necio, esta noche te van a reclamar el alma, y ¿de quién será lo que has preparado?" Así es el que atesora para sí y no es rico ante Dios».
Palabra del Señor.

ORACIÓN SOBRE LAS OFRENDAS

Dios todopoderoso, mira el sacrificio que te ofrecemos
en la fiesta de san Juan de Capistrano,
y concede a cuantos celebramos
el misterio de la pasión del Señor
imitar lo que realizamos.
Por Jesucristo, nuestro Señor.

ANTÍFONA DE COMUNIÓN

Yo mismo apacentaré mis ovejas y las haré reposar, dice el Señor (cf. Ez 34,15).

O bien:

Lo que os digo en la oscuridad, decidlo a la luz, dice el Señor, y lo que os digo al oído, pregonadlo desde la azotea (cf. Mt 10,27).

Oración después de la comunión

Señor,
por la eficacia de este sacramento
confirma a tus siervos en la verdadera fe
para que la proclamen
de palabra y de obra en todas partes,
a ejemplo de san Juan de Capistrano que,
por ella, trabajó y consagró su vida.
Por Jesucristo, nuestro Señor.

MEDITACIÓN

Señor, muéstranos al Padre y nos basta

Jesús dijo: *Si me conocierais a mí, conoceríais también a mi Padre. Ahora ya lo conocéis y lo habéis visto.* Estas palabras inesperadas causan turbación al apóstol Felipe; la debilidad de su espíritu humano no le permite comprender una afirmación tan extraña. Entonces, con la impetuosidad propia de su familiaridad con Jesús y de su fidelidad de apóstol, interroga a su Maestro: *¡Señor, muéstranos al Padre y nos basta!* No es que desee contemplar al Padre con sus propios ojos físicos, sino que pide comprender lo que está viendo. Porque, contemplando al Hijo bajo forma humana, no comprende cómo, por este mero hecho, está viendo al Padre.

Y el Señor le responde: *Hace tanto que estoy con vosotros, ¿y no me conoces, Felipe?;* lo que le reprocha es que todavía ignora quién es él. Para conocerle, era preciso reconocer que la divinidad, la misma naturaleza del Padre, estaba en él. En efecto, todas las obras que había realizado eran las propias de Dios: caminar sobre las aguas, hacer huir a los demonios, quitar enfermedades, perdonar los pecados, devolver la vida a los muertos... Esto es lo que había hecho su cuerpo de carne y todo ello le permitía proclamarse Hijo de Dios. De ahí su reproche y su queja: a través de la realidad misteriosa de su nacimiento humano, no había percibido que era la naturaleza divina la que llevaba a cabo estos milagros a través de esta naturaleza humana asumida por el Hijo.

SAN HILARIO

Nació en Poitiers, ciudad de la que fue obispo.
Por luchar contra la herejía arriana sufrió el destierro;
es doctor de la Iglesia († 367).

Oración de la tarde

Señor, ven en mi ayuda,
¡que yo te dé gracias sin fin!

Gloria al Padre, y al Hijo,
y al Espíritu Santo...

HIMNO

Qué quieto está ahora el mundo. Y tú, Dios mío,
qué cerca estás. Podría hasta tocarte.
Y hasta reconocerte en cualquier parte
de la tierra. Podría decir: río,

y nombrar a tu sangre. En el vacío
de esta tarde, decir: Dios, y encontrarte
en esas nubes. ¡Oh, Señor, hablarte,
y responderme tú en el verso mío!

Porque estás tan en todo, y yo lo siento,
que, más que nunca, en la quietud del día
se evidencian tus manos y tu acento.

Diría muerte, ahora, y no se oiría
mi voz. Eternidad, repetiría
la antigua y musical lengua del viento.
Amén.

CÁNTICO Efesios 1,3-10

Bendito sea Dios,
Padre de nuestro Señor Jesucristo,
que nos ha bendecido en la persona de Cristo
con toda clase de bienes espirituales y celestiales.

Él nos eligió en la persona de Cristo,
antes de crear el mundo,
para que fuésemos santos
e irreprochables ante él por el amor.

Él nos ha destinado en la persona de Cristo,
por pura iniciativa suya,
a ser sus hijos,
para que la gloria de su gracia,
que tan generosamente nos ha concedido
en su querido Hijo,
redunde en alabanza suya.

Por este Hijo, por su sangre,
hemos recibido la redención,
el perdón de los pecados.
El tesoro de su gracia, sabiduría y prudencia
ha sido un derroche para con nosotros,
dándonos a conocer el misterio de su voluntad.

Este es el plan
que había proyectado realizar por Cristo
cuando llegase el momento culminante:
recapitular en Cristo todas las cosas
del cielo y de la tierra.

Gloria al Padre…

Palabra de Dios

Colosenses 1,9b-11

CONSEGUID un conocimiento perfecto de la voluntad de Dios, con toda sabiduría e inteligencia espiritual. De esta manera, vuestra conducta será digna del Señor, agradándole en todo; fructificaréis en toda clase de obras buenas y aumentará vuestro conocimiento de Dios. El poder de su gloria os dará fuerza para soportar todo con paciencia y magnanimidad, con alegría.

Sáname, Señor,
porque he pecado contra ti. Sáname...

CÁNTICO DE MARÍA

(Texto contraportada A)

Proclama mi alma la grandeza del Señor, porque Dios ha mirado mi humillación.

PRECES

Ante la tentación de buscar nuestra seguridad en las riquezas, el Señor nos recuerda que nuestro auténtico bien está en el cielo. Con confianza pedimos:

℟ Señor, atráenos hacia ti.

Que la Iglesia no deje de caminar fiada
de tu providencia,
– sabedora de que tú estás con ella hasta el final
de los tiempos. ℟

No dejes que la codicia anide en nuestros corazones,
– y mate el anhelo de felicidad que has puesto
en ellos. ℟

Enséñanos a descubrir la alegría de compartir
nuestros bienes,
– y de aceptar con agradecimiento lo que
nos concedes. ℟

Danos sensibilidad para reconocer a quien pasa necesidad,
– y generosidad para salir en su ayuda. ℟

Tú que te hiciste pobre para enriquecernos,
– da la plenitud de la vida a cuantos ya han abandonado este mundo. ℟

Intenciones libres

Padre nuestro…

ANTÍFONA MARIANA **(Texto página 26)**

SANTOS
DE AYER Y DE HOY

Mártir de amor,
ruega por nosotros.

BEATO MIGUEL BORREGO AMO
Sacerdote y mártir (1899-1936)

Nació en Cañete de las Torres, Córdoba, en el seno de una familia cristiana. A los doce años ingresó en el seminario de San Pelagio, donde sacó muy buenas notas. El 26 de mayo de 1923 fue ordenado presbítero. Poco después fue destinado a la parroquia de San Isidro, en Hinojosa del Duque, como coadjutor. No estaría mucho tiempo en este cargo, pues fue llamado a filas en Ceuta, como capellán auxiliar castrense. Tras recuperar la coadjutoría, fue nombrado cura ecónomo de la parroquia de Santa Catalina, en Fuente La Lancha, donde demostró su celo y compromiso con los feligreses. La Guerra Civil le sorprende en Adamuz, donde estaba como coadjutor desde 1930. Los milicianos, desatados en los primeros compases de la contienda, el 10 de agosto de 1936 asesinaron a 26 personas, entre las que se contaba Miguel. A Miguel lo fusilaron en el cementerio del pueblo, donde fue enterrado.

Las almas sencillas no necesitan
usar medios complicados.

Santa Teresa del Niño Jesús

[MARTES 24 DE OCTUBRE]

San Antonio María Claret

Oración de la mañana

Venid, aclamemos al Señor,
que es admirable en sus santos.

Gloria al Padre, y al Hijo, y al Espíritu Santo…

HIMNO

Abre nuestros ojos, Señor,
para que podamos verte a ti
en nuestros hermanos y hermanas.

Abre nuestros oídos, Señor,
para que podamos oír las invocaciones
de quien tiene hambre, frío, miedo,
y de quien está oprimido.

Abre nuestro corazón, Señor,
para que aprendamos a amarnos
los unos a los otros
como tú nos amas.

Danos otra vez tu Espíritu, Señor,
para que nos volvamos un solo corazón
y una sola alma
en tu nombre.
Amén.

SALMO 32

Aclamad, justos, al Señor,
que merece la alabanza de los buenos.

Dad gracias al Señor con la cítara,
tocad en su honor el arpa de diez cuerdas;

cantadle un cántico nuevo,
acompañando los vítores con bordones:

que la palabra del Señor es sincera,
y todas sus acciones son leales;
él ama la justicia y el derecho,
y su misericordia llena la tierra.

La palabra del Señor hizo el cielo;
el aliento de su boca, sus ejércitos;
encierra en un odre las aguas marinas,
mete en un depósito el océano.

Tema al Señor la tierra entera,
tiemblen ante él los habitantes del orbe:
porque él lo dijo, y existió,
él lo mandó, y surgió.

El Señor deshace los planes de las naciones,
frustra los proyectos de los pueblos;
pero el plan del Señor subsiste por siempre,
los proyectos de su corazón, de edad en edad.

Dichosa la nación cuyo Dios es el Señor,
el pueblo que él se escogió como heredad.

El Señor mira desde el cielo,
se fija en todos los hombres;
desde su morada observa
a todos los habitantes de la tierra:
él modeló cada corazón,
y comprende todas sus acciones.

No vence el rey por su gran ejército,
no escapa el soldado por su mucha fuerza,
nada valen sus caballos para la victoria,
ni por su gran ejército se salva.

Los ojos del Señor están puestos en sus fieles,
en los que esperan en su misericordia,

para librar sus vidas de la muerte
y reanimarlos en tiempo de hambre.

Nosotros aguardamos al Señor:
él es nuestro auxilio y nuestro escudo;
con él se alegra nuestro corazón,
en su santo nombre confiamos.

Que tu misericordia, Señor, venga sobre nosotros,
como lo esperamos de ti.

Gloria al Padre…

Palabra de Dios — Romanos 13,11b. 12-13a

Ya es hora de despertaros del sueño. La noche está avanzada, el día se echa encima: dejemos las actividades de las tinieblas y pertrechémonos con las armas de la luz. Conduzcámonos como en pleno día, con dignidad.

Dios mío, peña mía, refugio mío, Dios mío. Dios mío…

Cántico de Zacarías — (Texto contraportada B)

El Señor nos suscitó una fuerza de salvación, según lo había predicho por boca de sus profetas.

Preces

Por intercesión de san Antonio María Claret, imploremos la misericordia de Dios:

℟ Mira con bondad a tu pueblo.

Te pedimos por todos los países del mundo,
– concédeles buenos gobernantes que busquen
la justicia y trabajen por la paz. ℟

Acompaña a los que no tienen trabajo,
– haz que pronto puedan encontrar un empleo digno
y estable. ℟

Ilumina a los jueces y magistrados,
– para que acierten en sus decisiones y ayuden a restablecer la justicia. ℟

Fortalece a todos los que luchan por mantenerse fieles a su vocación,
– que encuentren la alegría de estar a tu servicio. ℟

Que la luz del Espíritu Santo nos acompañe durante este día,
– y acertemos en todas las decisiones que vayamos a tomar. ℟

Intenciones libres

Padre nuestro…

ORACIÓN

Escucha, Señor, nuestras súplicas matinales y, con la luz de tu misericordia, alumbra la oscuridad de nuestro corazón: que los que hemos sido iluminados por tu claridad no andemos nunca tras las obras de las tinieblas. Por nuestro Señor Jesucristo.

MISA

Martes de la 29ª semana del tiempo ordinario

SAN ANTONIO MARÍA CLARET *Memoria libre*

• *Nació en Sallent (España) en el año 1807. Ordenado sacerdote, recorrió Cataluña durante varios años predicando al pueblo. Fundó la Congregación de Misioneros Hijos del Inmaculado Corazón de María. Fue nombrado arzobispo de Santiago de Cuba, cargo en el que se entregó de lleno al bien de las almas. Habiendo regresado a España, sus trabajos por el bien de la Iglesia le proporcionaron aún muchos sufrimientos. Murió en Fontfroide (Francia) en 1870.* •

ANTÍFONA DE ENTRADA

Buscaré a mis ovejas, dice el Señor, y suscitaré un pastor que las apaciente: yo, el Señor, seré su Dios (cf. Ez 34,11. 23-24).

O bien:

Este es el administrador fiel y prudente a quien el Señor pondrá al frente de su servidumbre para que reparta la ración de alimento a sus horas (cf. Lc 12,42).

ORACIÓN COLECTA

Oh, Dios, que fortaleciste al obispo
san Antonio María Claret
con admirable caridad y paciencia
para evangelizar a los pueblos,
concédenos por su intercesión
que, buscando tu voluntad,
trabajemos con empeño
por ganar hermanos para Cristo.
Él, que vive y reina contigo.

Lectura de la carta del apóstol san Pablo a los Romanos

5,12. 15b. 17-19. 20b-21

HERMANOS: Lo mismo que por un hombre entró el pecado en el mundo, y por el pecado la muerte, y así la muerte se propagó a todos los hombres, porque todos pecaron... Si por el delito de uno solo murieron todos, con mayor razón la gracia de Dios y el don otorgado en virtud de un hombre, Jesucristo, se han desbordado sobre todos. Si por el delito de uno solo la muerte inauguró su reinado a través de uno solo, con cuánta más razón los que reciben a raudales el don gratuito de la justificación reinarán en la vida gracias a uno solo, Jesucristo. En resumen, lo mismo que por un solo delito resultó condena para todos, así también por un acto de justicia resultó justificación y vida para todos. Pues, así como por la desobediencia de un solo hombre, todos fueron constituidos pecadores, así también por la obediencia de uno solo, todos serán constituidos justos. Donde abundó el pecado, sobreabundó la gracia, para que, lo mismo que reinó el pecado a través de la muerte, así también reinara la gracia por la justicia para la vida eterna, por Jesucristo, nuestro Señor. Palabra de Dios.

SALMO 39

℟ **Aquí estoy, Señor, para hacer tu voluntad.**

Tú no quieres sacrificios ni ofrendas,
y, en cambio, me abriste el oído;
no pides holocaustos ni sacrificios expiatorios;
entonces yo digo: «Aquí estoy». ℟

«–Como está escrito en mi libro–
para hacer tu voluntad.
Dios mío, lo quiero, y llevo tu ley en las entrañas». ℟

He proclamado tu justicia
ante la gran asamblea;
no he cerrado los labios, Señor,
tú lo sabes. ℟

Alégrense y gocen contigo
todos los que te buscan;
digan siempre: «Grande es el Señor»,
los que desean tu salvación. ℟

Aleluya, aleluya, aleluya. Estad despiertos en todo tiempo, pidiendo manteneros en pie ante el Hijo del hombre.

● «LES IRÁ SIRVIENDO». *Ningún criado es capaz de imaginar a su amo dispuesto a servirle al final de la jornada con el torso desnudo y ceñido con una toalla; sabe que su sitio no es la mesa y que es él quien, a la salida del sol o al ocaso, debe trabajar y servir. Pero lo que el hombre no puede esperar ni en sueños, Dios lo concede gratuitamente: nos ha hecho sus hijos y ha preparado el banquete.* ●

Lectura del santo evangelio según san Lucas 12,35-38

EN AQUEL TIEMPO, dijo Jesús a sus discípulos: «Tened ceñida vuestra cintura y encendidas las lámparas. Vosotros estad como los hombres que aguardan a que su señor vuelva de la boda, para abrirle apenas venga y llame. Bienaventurados aquellos criados a quienes el señor, al llegar, los encuentre en vela; en verdad os digo que se ceñirá, los hará sentar a la mesa y, acercándose, les irá sirviendo. Y, si llega a la segunda vigilia o a la tercera y los encuentra así, bienaventurados ellos».
Palabra del Señor.

ORACIÓN SOBRE LAS OFRENDAS

Mira con bondad, Señor,
las ofrendas que presentamos
en este santo altar
en la fiesta de san Antonio María Claret,
para que glorifiquen tu nombre
y nos obtengan el perdón.
Por Jesucristo, nuestro Señor.

ANTÍFONA DE COMUNIÓN

No sois vosotros los que me habéis elegido, dice el Señor, soy yo quien os he elegido y os he destinado para que vayáis y deis fruto, y vuestro fruto permanezca (cf. Jn 15,16).

O bien:

Bienaventurado aquel criado, a quien el Señor, cuando venga y llame a la puerta, lo encuentre en vela (cf. Lc 12,36-37).

ORACIÓN DESPUÉS DE LA COMUNIÓN

Alimentados por estos sacramentos
te pedimos humildemente, Señor,
que, a ejemplo de san Antonio María Claret,
nos esforcemos en proclamar lo que él creyó
y en poner en práctica lo que enseñó.
Por Jesucristo, nuestro Señor.

MEDITACIÓN

¡Feliz ese servidor fiel!

Cuando se es perseverante en guardar usualmente el sentimiento de la presencia de Dios, el ardor del amor es constante. «Toda nuestra actividad», incluso la más ordinaria, no solamente es «guardada pura de toda mancha» (Regla de san Benito, IV), sino que es elevada a un nivel sobrenatural. Toda nuestra vida es irradiada con la claridad celeste, plena de una suavidad que *desciende del Padre de los astros luminosos* y es el secreto de nuestra fuerza y alegría.

El hábito de la presencia de Dios dispone el alma a las visitas divinas. A ciertas almas les ocurre frecuentemente que, a pesar de su buena voluntad, prueban dificultad para hacer oración a la hora asignada. Fatiga, sueño, malestar, distracciones, impiden aparentemente los esfuerzos para rezar. La sequedad y aridez espiritual están presentes. Que el alma, sin embargo, permanezca fiel y haga lo que pueda para estar cerca del Señor, aun sin ímpetu ni fervor sensible: *Yo estoy siempre contigo, tú me has tomado de la mano derecha.* Dios se manifestará más tarde. *No sabéis qué día vendrá el Señor.* Si en la celda, el claustro, el jardín, el refectorio y en todos lados, vivimos recogidos en la presencia divina, nuestro Señor vendrá.

BEATO COLUMBA MARMION

Monje, sacerdote y tercer abad
de la Abadía de Maredsous (1858-1923).

Oración de la tarde

¡Gloria, alabanza y honor al Cordero de Dios
por los siglos de los siglos!

Gloria al Padre, y al Hijo, y al Espíritu Santo…

Himno

Salva al hombre, Señor, en esta hora
horrorosa de trágico destino;
no sabe adónde va, de dónde vino
tanto dolor, que en sauce roto llora.

Ponlo de pie, Señor, clava tu aurora
en su costado, y sepa que es divino
despojo, polvo errante del camino:
mas que tu luz lo inmortaliza y dora.

Mira, Señor, que tanto llanto, arriba,
en pleamar, oleando a la deriva,
amenaza cubrirnos con la Nada.

¡Ponnos, Señor, encima de la muerte!
¡Agiganta, sostén, nuestra mirada
para que aprenda, desde ahora, a verte! Amén.

Salmo 21 (I)

Dios mío, Dios mío, ¿por qué me has abandonado?;
a pesar de mis gritos, mi oración no te alcanza.

Dios mío, de día te grito, y no respondes;
de noche, y no haces caso;
aunque tú habitas en el santuario,
esperanza de Israel.

En ti confiaban nuestros padres,
confiaban, y los ponías a salvo;
a ti gritaban, y quedaban libres,
en ti confiaban, y no los defraudaste.

Pero yo soy un gusano, no un hombre,
vergüenza de la gente, desprecio del pueblo;
al verme se burlan de mí,
hacen visajes, menean la cabeza:

«Acudió al Señor, que lo ponga a salvo;
que lo libre si tanto lo quiere».

Tú eres quien me sacó del vientre,
me tenías confiado en los pechos de mi madre;
desde el seno pasé a tus manos,
desde el vientre materno tú eres mi Dios.
No te quedes lejos, que el peligro está cerca
y nadie me socorre.

Gloria al Padre…

Palabra de Dios

1 Juan 3,1a. 2

MIRAD qué amor nos ha tenido el Padre para llamarnos hijos de Dios, pues ¡lo somos! Queridos, ahora somos hijos de Dios, y aún no se ha manifestado lo que seremos. Sabemos que, cuando se manifieste, seremos semejantes a él, porque lo veremos tal cual es.

Tu palabra, Señor, es eterna,
más estable que el cielo. Tu palabra…

CÁNTICO DE MARÍA

(Texto contraportada A)

Se alegra mi espíritu en Dios, mi salvador.

PRECES

Jesús nos llama a tener ceñida la cintura y encendidas las lámparas. Le pedimos:

℟ Señor, haz que permanezcamos en tu amor.

Que la Iglesia, que celebra el misterio de tu amor,
mantenga viva la esperanza en tus promesas,
– y siga mostrando a los hombres tu misericordia. ℟

Que los afanes de este mundo no nos aparten de ti,
– ni nos hagan olvidar la felicidad a la que hemos sido llamados. ℟

Que esperemos tu llegada velando en la oración,
– y practicando la caridad con los que nos rodean. ℟

Te pedimos por los que viven momentos de oscuridad,
– que no les falten tu consuelo y tu luz. ℟

Recibe a los que hoy han dejado este mundo,
– que tu misericordia los haga dignos de entrar en el banquete de las bodas eternas. ℟

Intenciones libres

Padre nuestro…

ANTÍFONA MARIANA (Texto página 26)

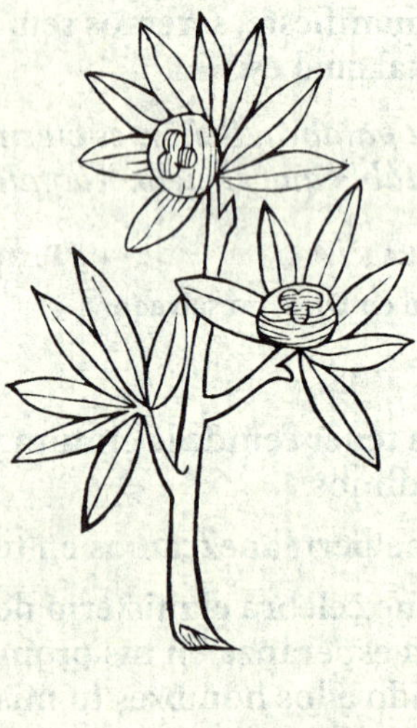

Santos
DE AYER Y DE HOY

Encanto de cielos y tierra,
ruega por nosotros.

Beato Luis Nagai Naisen
Mártir († 1626)

Era un niño japonés de siete años, hijo de Juan y Mónica. Eran cristianos, algo muy peligroso porque Japón había prohibido el culto en 1614. Fue detenido junto a sus padres precisamente por seguir a Cristo. Los tres fueron encarcelados hasta el momento de la ejecución, una escena que no pudo ser más cruel. Un soldado llevó al niño en brazos, pues estaba ya muy debilitado por las condiciones infrahumanas a las que estaba sometido. El niño, al ver a su madre, corrió hacia ella, que estaba rezando. Allí mismo pudo ver cómo decapitaban a sus padres, un tormento por el que él pasaría justo a continuación. Los hechos sucedieron en Nagasaki, Japón, en lo que ahora se conoce como «la colina de los mártires», el 12 de julio de 1626. Luis fue beatificado junto a otros 197 mártires de Japón por Pío IX el 7 de julio de 1867.

El niñito se burla de Don Satanás
y sigue durmiendo sobre el corazón del Gran General…
Junto a ese corazón se aprende a ser valientes,
y sobre todo a confiar.

Santa Teresa del Niño Jesús

Miércoles 25 de octubre

Oración de la mañana

¡Venid, adoremos al Señor, Rey de eterna gloria!

Gloria al Padre, y al Hijo, y al Espíritu Santo...

Himno

¡Creo!
Salto de júbilo,
porque tú solo llenas
este gratuito hueco de existencia.
Tú solo tienes
la palabra que en silencio me convence.
Tú solo llegas
cuando todo, todo, todo
ya se ha ido.

¡Creo!
Creo y me entrego,
me hundo,
vuelo,
y me quedo sin aire,
sin vida,
sin mí mismo dentro.
Y esto es la fe.
Y lo demás,
silencio.
Amén.

Salmo 46

Pueblos todos, batid palmas,
aclamad a Dios con gritos de júbilo;

porque el Señor es sublime y terrible,
emperador de toda la tierra.

Él nos somete los pueblos
y nos sojuzga las naciones;
él nos escogió por heredad suya:
gloria de Jacob, su amado.

Dios asciende entre aclamaciones;
el Señor, al son de trompetas:
tocad para Dios, tocad,
tocad para nuestro rey, tocad.

Porque Dios es el rey del mundo:
tocad con maestría.
Dios reina sobre las naciones,
Dios se sienta en su trono sagrado.

Los príncipes de los gentiles se reúnen
con el pueblo del Dios de Abrahán,
porque de Dios son los grandes de la tierra,
y él es excelso.

Gloria al Padre…

Palabra de Dios — Tobías 4,14-15a. 16ab. 19

TEN CUIDADO, hijo, en todo lo que haces, y pórtate siempre con educación. No hagas a otro lo que a ti no te agrada. Da tu pan al hambriento y tu ropa al desnudo. Da de limosna todo lo que te sobre. Bendice al Señor Dios en todo momento, y pídele que allane tus caminos y que te dé éxito en tus empresas y proyectos.

Inclina, Señor, mi corazón a tus preceptos. Inclina…

CÁNTICO DE ZACARÍAS — (Texto contraportada B)

Ten misericordia de nosotros, Señor, y recuerda tu santa alianza.

PRECES

Jesús nos ha enseñando el poder de la oración. Ahora pedimos por las necesidades de la Iglesia y de todos los hombres diciendo:

℟ Señor, ten misericordia de nosotros.

Concede a cuantos predican el evangelio encontrar las palabras adecuadas para que el mundo conozca que tú eres la única Palabra que da sentido a nuestra existencia. ℟

Haznos capaces de construir una sociedad fundamentada en la justicia, la verdad, el amor y la paz. ℟

Ante la miseria de tantos, ayúdanos a ser solidarios y a no ser indiferentes ante el dolor ajeno. ℟

Que nuestros ancianos, como Simeón y Ana, puedan vivir con la firme esperanza de que estás en medio de nosotros y puedan servirte en la oración. ℟

Intenciones libres

Padre nuestro…

ORACIÓN

Señor, Dios salvador nuestro, danos tu ayuda, para que siempre deseemos las obras de la luz y realicemos la verdad: así los que de ti hemos nacido como hijos de la luz seremos tus testigos ante los hombres. Por nuestro Señor Jesucristo.

MISA

Miércoles de la 29ª semana del tiempo ordinario

ANTÍFONA DE ENTRADA

Yo te invoco porque tú me respondes, Dios mío; inclina el oído y escucha mis palabras. Guárdame como a las niñas de tus ojos, a la sombra de tus alas escóndeme (Sal 16,6. 8).

Oración colecta

Dios todopoderoso y eterno,
haz que te presentemos
una voluntad solícita y estable,
y sirvamos a tu grandeza con sincero corazón.
Por nuestro Señor Jesucristo.

Lectura de la carta del apóstol san Pablo a los Romanos 6,12-18

Hermanos: Que el pecado no siga reinando en vuestro cuerpo mortal, sometiéndoos a sus deseos; no pongáis vuestros miembros al servicio del pecado, como instrumentos de injusticia; antes bien, ofreceos a Dios como quienes han vuelto a la vida desde la muerte, y poned vuestros miembros al servicio de Dios, como instrumentos de la justicia. Porque el pecado no ejercerá su dominio sobre vosotros: pues no estáis bajo ley, sino bajo gracia. Entonces, ¿qué? ¿Pecaremos, puesto que no estamos bajo ley, sino bajo gracia? ¡En absoluto! ¿No sabéis que, cuando os ofrecéis a alguien como esclavos para obedecerlo, os hacéis esclavos de aquel a quien obedecéis: bien del pecado, para la muerte, bien de la obediencia, para la justicia? Pero gracias sean dadas a Dios, porque erais esclavos del pecado, mas habéis obedecido de corazón al modelo de doctrina al que fuisteis entregados; liberados del pecado, os habéis hecho esclavos de la justicia.
Palabra de Dios.

Salmo 123

℟. **Nuestro auxilio es el nombre del Señor.**

Si el Señor no hubiera estado de nuestra parte
–que lo diga Israel–,
si el Señor no hubiera estado de nuestra parte,
cuando nos asaltaban los hombres,

nos habrían tragado vivos:
tanto ardía su ira contra nosotros. ℟

Nos habrían arrollado las aguas,
llegándonos el torrente hasta el cuello;
nos habrían llegado hasta el cuello
las aguas impetuosas.
Bendito el Señor,
que no nos entregó
en presa a sus dientes. ℟

Hemos salvado la vida, como un pájaro
de la trampa del cazador:
la trampa se rompió,
y escapamos.
Nuestro auxilio es el nombre del Señor,
que hizo el cielo y la tierra. ℟

Aleluya, aleluya, aleluya. Estad en vela y preparados, porque a la hora que menos penséis viene el Hijo del hombre.

• «ADMINISTRADOR FIEL Y PRUDENTE». *Situado en el centro del mundo, el hombre ha recibido el don de la creación. Todas las criaturas son buenas y le sirven para su salvación siempre que las use con fidelidad y prudencia. No es dueño de nada y debe administrarlas en nombre del Creador; no puede actuar arbitrariamente, sino respetando su ser y finalidad. «Y mediante esto salvar el ánima».* •

Lectura del santo evangelio según san Lucas 12,39-48

EN AQUEL TIEMPO, dijo Jesús a sus discípulos: «Comprended que si supiera el dueño de casa a qué hora viene el ladrón, velaría y no le dejaría abrir un boquete en casa. Lo mismo vosotros, estad preparados, porque a la hora que menos penséis viene el Hijo del hombre». Pedro le dijo: «Señor,

¿dices esta parábola por nosotros o por todos?» Y el Señor dijo: «¿Quién es el administrador fiel y prudente a quien el señor pondrá al frente de su servidumbre para que reparta la ración de alimento a sus horas? Bienaventurado aquel criado a quien su señor, al llegar, lo encuentre portándose así. En verdad os digo que lo pondrá al frente de todos sus bienes. Pero si aquel criado dijere para sus adentros: «Mi señor tarda en llegar», y empieza a pegarles a los criados y criadas, a comer y beber y emborracharse, vendrá el señor de ese criado el día que no espera y a la hora que no sabe y lo castigará con rigor, y le hará compartir la suerte de los que no son fieles. El criado que, conociendo la voluntad de su señor, no se prepara ni obra de acuerdo con su voluntad, recibirá muchos azotes; pero el que, sin conocerla, ha hecho algo digno de azotes, recibirá menos. Al que mucho se le dio, mucho se le reclamará; al que mucho se le confió, más aún se le pedirá».
Palabra del Señor.

ORACIÓN SOBRE LAS OFRENDAS

Concédenos, Señor, estar al servicio de tus dones
con un corazón libre, para que, con la purificación
de tu gracia, nos sintamos limpios por los mismos
misterios que celebramos.
Por Jesucristo, nuestro Señor.

ANTÍFONA DE COMUNIÓN

Los ojos del Señor están puestos en quien lo teme, en los que esperan su misericordia, para librar sus vidas de la muerte y reanimarlos en tiempo de hambre (Sal 32,18-19).

O bien:

El Hijo del hombre ha venido para dar su vida en rescate por muchos (Mc 10,45).

ORACIÓN DESPUÉS DE LA COMUNIÓN

Señor, haz que nos sea provechosa
la celebración de las realidades del cielo,
para que nos auxilien los bienes temporales

y seamos instruidos por los eternos.
Por Jesucristo, nuestro Señor.

MEDITACIÓN

Estad preparados

Nuestro Señor nos ha hecho esta advertencia en el momento en que estaba a punto de dejar este mundo, por lo menos de dejarlo visiblemente. Preveía los cientos de años que podían transcurrir antes de su retorno. Conocía su propio destino, el del Padre; dejar gradualmente este mundo y su propio curso, retirando poco a poco las prendas de su presencia misericordiosa. Preveía el olvido en que caería, incluso entre sus discípulos... Preveía el estado del mundo y de la Iglesia tal como los vemos hoy, donde su ausencia prolongada ha hecho creer que ya no volverá nunca más...

Hoy, nos susurra al oído con gran misericordia que no nos fiemos de aquello que vemos, que no participemos en la incredulidad general, que no nos dejemos arrastrar por el mundo, sino que nos dediquemos a *velar y orar en todo tiempo* y a esperar su venida. Este aviso misericordioso tendría que estar siempre en nuestro corazón por ser tan necesario, solemne y urgente. Nuestro Señor anunció su primera venida; y sin embargo, fue una sorpresa cuando apareció. Volverá de modo más imprevisto aún en su segunda venida y sorprenderá a los hombres, pues no ha dicho nada sobre el espacio de tiempo que media antes de su vuelta y nos encomienda la vigilancia y la guarda de la fe y del amor.

SAN JOHN HENRY NEWMAN

Nace en Londres; convertido del anglicanismo, fue presbítero, cardenal y fundador de una comunidad religiosa (1801-1890).

Oración de la tarde

Fuerte es el amor del Señor para con nosotros;
¡su fidelidad es eterna!

Gloria al Padre, y al Hijo, y al Espíritu Santo.
¡Gloria a la Santísima Trinidad!

HIMNO

Dame Amor, Vida mía, diré a voces
porque dándote amor en él te goces.
Si tu poder inmenso me cedieras
te daría en mi amor cuanto quisieras.

Amarte quiero más y no gozarte,
y gozarte tan solo para amarte.
Escoria soy, Amor, mas aunque escoria
un dios quisiera ser para tu gloria.

Pues si yo fuera Dios, tanto te amara
que para serlo tú, yo renunciara.
Mas, ¡ay Amado mío!, yo me muero
de ver que no te amo cuanto quiero.

Úneme a ti, Amado de mi vida,
seré la nada en todo convertida.
Si yo pudiera, mi Amor, algo robarte
solo amor te robaría para amarte.

Y si mi amor tu gloria deslumbrara
aunque pudiera amarte no te amara.
Ámate, pues de amor eres abismo,
por ti, por mí, por todos, a ti mismo. Amén.

CÁNTICO Colosenses 1,12-20

Damos gracias a Dios Padre,
que nos ha hecho capaces de compartir
la herencia del pueblo santo en la luz.

Él nos ha sacado del dominio de las tinieblas,
y nos ha trasladado al reino de su Hijo querido,
por cuya sangre hemos recibido la redención,
el perdón de los pecados.

Él es imagen de Dios invisible,
primogénito de toda criatura;
porque por medio de él
fueron creadas todas las cosas:
celestes y terrestres, visibles e invisibles,
tronos, dominaciones, principados, potestades;
todo fue creado por él y para él.

Él es anterior a todo, y todo se mantiene en él.
Él es también la cabeza del cuerpo: de la Iglesia.
Él es el principio, el primogénito de entre los muertos,
y así es el primero en todo.

Porque en él quiso Dios que residiera toda la plenitud.
Y por él quiso reconciliar consigo todos los seres:
los del cielo y los de la tierra,
haciendo la paz por la sangre de su cruz.

Gloria al Padre…

Palabra de Dios — Santiago 1,22. 25

LLEVAD A LA PRÁCTICA la ley y no os limitéis a escucharla, engañándoos a vosotros mismos. El que se concentra en la ley perfecta, la de la libertad, y es constante, no para oír y olvidarse, sino para ponerla por obra, este será dichoso al practicarla.

Sálvame, Señor, y ten misericordia de mí. Sálvame…

CÁNTICO DE MARÍA — (Texto contraportada A)

El Poderoso ha hecho obras grandes por mí: su nombre es santo.

PRECES

Conscientes de que cada día hemos de responder a lo que Jesucristo nos propone, le decimos:

℟ Danos tu gracia.

Tú has dicho que al que mucho se le dio mucho se le exigirá,
– no permitas que desatendamos nuestras obligaciones. ℟

Tú has puesto los bienes del mundo al servicio de todos los hombres,
– haz que sepamos repartir equitativamente las riquezas. ℟

Tú nos has enseñado a estar atentos a las necesidades de nuestro prójimo,
– ayúdanos a acompañar a los matrimonios que pasan dificultades. ℟

Tú has puesto en nuestro corazón el deseo de conocer la verdad,
– ilumina a los investigadores para que la busquen con rectitud. ℟

Tú nos llamas a la vida eterna,
– ten misericordia de todos los que han muerto con el deseo de alcanzar la plena felicidad. ℟

Intenciones libres

Padre nuestro…

ANTÍFONA MARIANA

(Texto página 26)

SANTOS
DE AYER Y DE HOY

Mensajera de la paz,
ruega por nosotros.

BEATO PABLO BRULL CARRASCO
Sacerdote y mártir (1881-1936)

Cordobés de nacimiento (Belalcázar, 1881), procedía de una familia emigrante. Ingresó en el seminario de San Pelagio y fue ordenado sacerdote el 25 de septiembre de 1905. Ese mismo año comenzó a oficiar como coadjutor en la parroquia de Villaviciosa de Córdoba. Allí estuvo ocho años, hasta que fue enviado a otra parroquia: la de San Andrés de Alcarejos. Después de tres años se preparó las oposiciones al concurso de curatos. Su vida discurre entre catequesis para niños, retiros para sacerdotes, visitas a los enfermos, etc. Al estallar la Guerra Civil, los milicianos le detuvieron y llevaron preso a la iglesia de San Francisco. Junto a otras ochenta personas, fue asesinado en la madrugada del 29 de julio de 1936 por ser sacerdote.

Como un torrente que se lanza impetuosamente
hacia el océano arrastrando tras de sí
todo lo que encuentra a su paso,
así, Jesús mío, el alma que se hunde
en el océano sin riberas de tu amor
atrae tras de sí todos los tesoros que posee.

Santa Teresa del Niño Jesús

[JUEVES 26 DE OCTUBRE]

Oración de la mañana

Dios mío, ven en mi auxilio;
Señor, date prisa en socorrerme.

Gloria al Padre, y al Hijo, y al Espíritu Santo…

HIMNO

Tú revistes de música a los pájaros,
alimentas con pétalos la piedra,
introduces tu espíritu en mi barro
y me coronas rey de la materia.

Soy lo que tú me has dado, nada es mío,
y me reclamarás al fin los réditos.
Soy lo que con tus dones he crecido
y el ofrecerme a ti será mi mérito.

Deseo que mi vida te prolongue,
que tú habites mi cuerpo en esta tierra,
que en mi voz tu palabra inflame y logre
encender nueva luz en las tinieblas.

Y cuando me recibas en tu reino
me mires a los ojos y sonrías,
compruebes que ya es bueno tu universo
porque tu voluntad está cumplida.

Gloria al Padre, gloria al Hijo, gloria al Espíritu.
Amén.

CÁNTICO Jeremías 31,10-14

Escuchad, pueblos, la palabra del Señor,
anunciadla en las islas remotas:

«El que dispersó a Israel lo reunirá,
lo guardará como un pastor a su rebaño;
porque el Señor redimió a Jacob,
lo rescató de una mano más fuerte».

Vendrán con aclamaciones a la altura de Sion,
afluirán hacia los bienes del Señor:
hacia el trigo y el vino y el aceite,
y los rebaños de ovejas y de vacas;
su alma será como un huerto regado,
y no volverán a desfallecer.

Entonces se alegrará la doncella en la danza,
gozarán los jóvenes y los viejos;
convertiré su tristeza en gozo,
los alegraré y aliviaré sus penas;
alimentaré a los sacerdotes con enjundia,
y mi pueblo se saciará de mis bienes.

Gloria al Padre...

Palabra de Dios — Isaías 66,1-2

ASÍ DICE EL SEÑOR: «El cielo es mi trono, y la tierra, el estrado de mis pies: ¿Qué templo podréis construirme o qué lugar para mi descanso? Todo esto lo hicieron mis manos, todo es mío –oráculo del Señor–. En ese pondré mis ojos: en el humilde y el abatido que se estremece ante mis palabras».

Te invoco de todo corazón,
respóndeme, Señor. Te invoco...

CÁNTICO DE ZACARÍAS — (Texto contraportada B)

Sirvamos al Señor con santidad, y nos librará de nuestros enemigos.

PRECES

Porque Dios está siempre atento a nuestras necesidades, podemos elevar nuestra mirada a él y decirle:

℟ Señor, renuévanos con tu gracia.

Jesucristo, manso y humilde de corazón, enséñanos a ser compasivos, humildes y misericordiosos,
– y a tener paciencia con todos. ℟

Tú que actúas en el interior de los hombres,
– ayúdanos a construir contigo el reino. ℟

Que sepamos acompañar a los que sufren,
– imitándote a ti, que eres el buen Samaritano. ℟

Te pedimos por las vírgenes consagradas,
– para que su entrega total a ti sea fecunda. ℟

Tú que eres la verdad y la vida,
– acompaña a los maestros y a sus alumnos para que el tiempo de estudio les sea provechoso. ℟

Intenciones libres

Padre nuestro…

ORACIÓN

Dios todopoderoso y eterno, humildemente acudimos a ti al empezar el día, a media jornada y al atardecer, para pedirte que, alejando de nosotros las tinieblas del pecado, nos hagas alcanzar la luz verdadera que es Cristo. Que vive y reina contigo.

MISA

Jueves de la 29ª semana del tiempo ordinario

ANTÍFONA DE ENTRADA

Yo te invoco porque tú me respondes, Dios mío; inclina el oído y escucha mis palabras. Guárdame como a las niñas de tus ojos, a la sombra de tus alas escóndeme (Sal 16,6. 8).

ORACIÓN COLECTA

Dios todopoderoso y eterno,
haz que te presentemos una voluntad solícita y estable,

y sirvamos a tu grandeza con sincero corazón.
Por nuestro Señor Jesucristo.

Lectura de la carta del apóstol san Pablo a los Romanos 6,19-23

HERMANOS: Hablo al modo humano, adaptándome a vuestra debilidad natural: lo mismo que antes ofrecisteis vuestros miembros a la impureza y a la maldad, como esclavos suyos, para que obrasen la maldad, ofreced ahora vuestros miembros a la justicia, como esclavos suyos, para vuestra santificación. Pues cuando erais esclavos del pecado, erais libres en lo que toca a la justicia. ¿Y qué fruto obteníais entonces? Cosas de las que ahora os avergonzáis, porque conducen a la muerte. Ahora, en cambio, liberados del pecado y hechos esclavos de Dios, dais frutos para la santidad que conducen a la vida eterna. Porque la paga del pecado es la muerte, mientras que el don de Dios es la vida eterna en Cristo Jesús, Señor nuestro.
Palabra de Dios.

SALMO 1

℟. **Dichoso el hombre que ha puesto su confianza en el Señor.**

Dichoso el hombre
que no sigue el consejo de los impíos,
ni entra por la senda de los pecadores,
ni se sienta en la reunión de los cínicos;
sino que su gozo es la ley del Señor,
y medita su ley día y noche. ℟.

Será como un árbol
plantado al borde de la acequia:
da fruto en su sazón

y no se marchitan sus hojas;
y cuanto emprende tiene buen fin. ℟

No así los impíos, no así;
serán paja que arrebata el viento.
Porque el Señor protege el camino de los justos,
pero el camino de los impíos acaba mal. ℟

Aleluya, aleluya, aleluya. Por él lo perdí todo, y todo lo considero basura con tal de ganar a Cristo y ser hallado en él.

● *«ESTARÁN DIVIDIDOS». El efecto destructor del pecado se manifiesta en el corazón dividido el hombre. Sus apetencias desordenadas lo separan de Dios, del prójimo y del mundo, con el riesgo de la «autoexclusión definitiva», el infierno. La reconciliación operada por la cruz del Señor se manifestó con la paz entregada aquella mañana de Pascua. No desesperemos y dejémosle actuar.* ●

Lectura del santo evangelio según san Lucas 12,49-53

EN AQUEL TIEMPO, dijo Jesús a sus discípulos: «He venido a prender fuego a la tierra, ¡y cuánto deseo que ya esté ardiendo! Con un bautismo tengo que ser bautizado, ¡y qué angustia sufro hasta que se cumpla! ¿Pensáis que he venido a traer paz a la tierra? No, sino división. Desde ahora estarán divididos cinco en una casa: tres contra dos y dos contra tres; estarán divididos el padre contra el hijo y el hijo contra el padre, la madre contra la hija y la hija contra la madre, la suegra contra su nuera y la nuera contra la suegra».
Palabra del Señor.

ORACIÓN SOBRE LAS OFRENDAS

Concédenos, Señor,
estar al servicio de tus dones con un corazón libre,

para que, con la purificación de tu gracia,
nos sintamos limpios
por los mismos misterios que celebramos.
Por Jesucristo, nuestro Señor.

ANTÍFONA DE COMUNIÓN

Los ojos del Señor están puestos en quien lo teme, en los que esperan su misericordia, para librar sus vidas de la muerte y reanimarlos en tiempo de hambre (Sal 32,18-19).

O bien:

El Hijo del hombre ha venido para dar su vida en rescate por muchos (Mc 10,45).

ORACIÓN DESPUÉS DE LA COMUNIÓN

Señor, haz que nos sea provechosa
la celebración de las realidades del cielo,
para que nos auxilien los bienes temporales
y seamos instruidos por los eternos.
Por Jesucristo, nuestro Señor.

MEDITACIÓN

Abrazados por un fuego de amor

Todo lo que hagamos, aunque fuera el acto más heroico que quebrara las bases del mal en esta tierra, solo tendrá valor en la medida en que esté de acuerdo con la voluntad de la Inmaculada y, a través de ella, con la voluntad de Dios... Es el amor en toda su profundidad (más allá de los sentimientos, aunque eso sea también bello) lo que debe transformarnos, a través de la Inmaculada, en Dios. Debe consumirnos y con nosotros prender fuego en el mundo, destruir y quemar el mal que está en él. Es el fuego del que el Salvador dice: *Yo he venido a traer fuego sobre la tierra.* Consumidos por ese fuego del amor divino, incendiaremos el mundo entero.

Insisto: no se trata de dulces lágrimas ni de sentimientos, sino de voluntad, también en medio de la aversión y la antipatía. El amor no reposa jamás, sino que se propaga como el fuego que lo quema todo. Nosotros debemos aspirar a ser abrazados por ese fuego del amor y que él inflame a todas las almas que están y estarán en el mundo. Ese es el ideal hacia el que tenemos que tender. Recordemos la palabra de Jesús: *Yo he venido a traer fuego sobre la tierra.* Debemos hacer todo lo que podamos para que este amor brille cada vez más.

SAN MAXIMILIANO Mª KOLBE

Franciscano polaco, apóstol del Corazón Inmaculado de María, fundó la Ciudad de la Inmaculada (Niepokalanów). Murió mártir de la caridad en el campo de concentración de Auschwitz (1894-1941).

Oración de la tarde

Nuestro auxilio es el nombre del Señor,
que hizo el cielo y la tierra.

Gloria al Padre, y al Hijo,
y al Espíritu Santo...

HIMNO

De lo profundo de mi pecho clamo
plañendo en las tinieblas mis gemidos.
Oye, Señor, no cierres tus oídos,
que con angustia y con pavor te llamo.

Ve el dolor, la vergüenza en que me inflamo,
no mis maldades; oye mis quejidos
como avecicas nuevas que en sus nidos
hoy ya saben piar a tu reclamo.

Si a solas nuestras culpas atendieres,
¿quién podría aguardar que le asistieres?
Mas la efusión de tu piedad nos salva.

Y, así, esperando en ti, mi pecho vela
como espera en la noche el centinela,
con miedo y con afán, que rompa el alba. Amén.

Salmo 31

Dichoso el que está absuelto de su culpa,
a quien le han sepultado su pecado;
dichoso el hombre a quien el Señor
no le apunta el delito.

Mientras callé se consumían mis huesos,
rugiendo todo el día,
porque día y noche tu mano
pesaba sobre mí;
mi savia se me había vuelto un fruto seco.

Había pecado, lo reconocí,
no te encubrí mi delito;
propuse: «Confesaré al Señor mi culpa»,
y tú perdonaste mi culpa y mi pecado.

Por eso, que todo fiel te suplique
en el momento de la desgracia:
la crecida de las aguas caudalosas
no lo alcanzará.

Tú eres mi refugio, me libras del peligro,
me rodeas de cantos de liberación.

– Te instruiré y te enseñaré el camino que has de seguir,
fijaré en ti mis ojos.

No seáis irracionales como caballos y mulos,
cuyo brío hay que domar con freno y brida;
si no, no puedes acercarte.

Los malvados sufren muchas penas;
al que confía en el Señor,
la misericordia lo rodea.

Alegraos, justos, y gozad con el Señor,
aclamadlo, los de corazón sincero.

Gloria al Padre…

Palabra de Dios

1 Pedro 1,6-9

ALEGRAOS DE ELLO, aunque de momento tengáis que sufrir un poco, en pruebas diversas: así la comprobación de vuestra fe –de más precio que el oro, que, aunque perecedero, lo aquilatan a fuego– llegará a ser alabanza y gloria y honor cuando se manifieste Jesucristo. No habéis visto a Jesucristo, y lo amáis; no lo veis, y creéis en él; y os alegráis con un gozo inefable y transfigurado, alcanzando así la meta de vuestra fe: vuestra propia salvación.

El Señor nos alimentó con flor de harina. El Señor…

Cántico de María

(Texto contraportada A)

El Señor derriba del trono a los poderosos y enaltece a los humildes.

Preces

Porque somos conscientes de nuestra debilidad, oremos a Dios pidiéndole que nos sostenga en el camino de la vida cristiana:

℟ Salva a tu pueblo, Señor.

A Pedro le fue encomendada la misión de confortar a sus hermanos en la fe,
– oremos para que el Papa cuente siempre con colaboradores fieles que le ayuden a cumplir su misión. ℟

El hombre actual corre detrás de los ídolos y se deja seducir por una razón que no se abre al Misterio,
– oremos para que nuestro pueblo vuelva su mirada a Dios y recupere la verdadera libertad. ℟

Los cristianos sabemos que Dios nos otorga su gracia también para la edificación de toda la Iglesia,
– oremos para que todos seamos fieles a la vocación que hemos recibido. ℟

Nuestra sociedad ha olvidado la imagen del Padre y muchas personas viven desorientadas,
– oremos para que se recupere el sentido de la dignidad humana y nadie se vea maltratado en sus derechos. ℟

Intenciones libres

Padre nuestro…

ANTÍFONA MARIANA **(Texto página 26)**

Santos
DE AYER Y DE HOY

Patrona de las misiones,
ruega por nosotros.

Beato Luis Benjamín Hurtrel

Presbítero, religioso y mártir (1762-1792)

Tras obtener el título de maestro en artes, ingresó en los frailes mínimos. Hizo la profesión religiosa en 1781 y fue ordenado dos años después. Gran orador, recibió el título de predicador de manos del rey Luis XVI. Estaba próxima la Revolución francesa, y ya se adivinaba en el ambiente el clima de hostilidad y persecución contra los católicos. Como se negó a prestar el juramento constitucional que otorgaba plenos derechos a los revolucionarios en asuntos de religión, fue arrestado y asesinado en la abadía de Saint-Germain-des-Prés de París, el 2 de septiembre de 1792. También murió mártir su hermano Carlos Luis, que compartía con él la devoción por Cristo y el rechazo de la Revolución.

Sí, para que el amor quede plenamente satisfecho,
es preciso que se abaje hasta la nada
y que transforme en fuego esa nada.

Santa Teresa del Niño Jesús

[VIERNES 27 DE OCTUBRE]

Oración de la mañana

Señor, que veamos en este día tu amor,
¡y nos des tu salvación!

Gloria al Padre, y al Hijo, y al Espíritu Santo…

Himno

Señor, así lo has dicho:

Que gozarán del Reino de los cielos
los pobres de espíritu,
y tendrán por heredad la tierra
los mansos y sumisos.

Que encontrarán consolación y gracia
los que estén afligidos,
y los que padecieron hambre y sed
se sentirán ahítos.

Que los que fueron misericordiosos
se verán asistidos;
y los de limpio corazón
contemplarán la gloria del Altísimo.

Que se llamarán hijos de Dios
quienes fueron pacíficos,
y entrarán en tu Reino
los que un día se vieron perseguidos.

Señor, con estas bienaventuranzas
¡cuánta fe y esperanza recibimos!

Gloria al Padre, gloria al Hijo, gloria al Espíritu.
Amén.

SALMO 99

Aclama al Señor, tierra entera,
servid al Señor con alegría,
entrad en su presencia con vítores.

Sabed que el Señor es Dios:
que él nos hizo y somos suyos,
su pueblo y ovejas de su rebaño.

Entrad en sus puertas con acción de gracias,
por sus atrios con himnos,
dándole gracias y bendiciendo su nombre:

«El Señor es bueno,
su misericordia es eterna,
su fidelidad por todas las edades».

Gloria al Padre…

Palabra de Dios

Efesios 4,29-32

MALAS PALABRAS no salgan de vuestra boca; lo que digáis sea bueno, constructivo y oportuno, así hará bien a los que lo oyen. No pongáis triste al Espíritu Santo de Dios con que él os ha marcado para el día de la liberación final. Desterrad de vosotros la amargura, la ira, los enfados e insultos y toda la maldad. Sed buenos, comprensivos, perdonándoos unos a otros como Dios os perdonó en Cristo.

En la mañana hazme escuchar tu gracia.
En la mañana…

CÁNTICO DE ZACARÍAS

(Texto contraportada B)

El Señor ha visitado y redimido a su pueblo.

PRECES

Jesús nos llama a estar atentos a los signos de los tiempos. Por eso, le decimos:

℟ Señor, danos tu luz.

Para entender que tú eres el que rige los destinos
de la historia. R/

Para que podamos percibir mejor lo que esperas
de nosotros. R/

Para que crezca nuestro amor a la Iglesia
y nos adentremos en su misterio. R/

Para que te reconozcamos en los hermanos
necesitados. R/

Para que acertemos en las palabras que hemos
de dirigir a los demás. R/

Para que no caigamos en el desaliento ni nos venza
la tristeza. R/

Intenciones libres

Padre nuestro…

ORACIÓN

Oh Dios, que has iluminado las tinieblas de nuestra ignorancia con la luz de tu Palabra: acrecienta en nosotros la fe que tú mismo nos has dado; que ninguna tentación pueda nunca destruir el ardor de la fe y de la caridad que tu gracia ha encendido en nuestro espíritu. Por nuestro Señor Jesucristo.

MISA

Viernes de la 29ª semana del tiempo ordinario

En este día, se pueden elegir las oraciones y las antífonas que siguen, sacadas de los formularios de la misa votiva del Sagrado Corazón de Jesús.

ANTÍFONA DE ENTRADA

Los proyectos del Corazón del Señor subsisten de edad en edad, para librar sus vidas de la muerte y reanimarlos en tiempo de hambre (cf. Sal 32,11. 19).

Oración colecta

Señor, Dios nuestro,
revístenos con las virtudes
del Corazón de tu Hijo
e inflámanos en sus mismos sentimientos,
para que, conformados a su imagen,
merezcamos participar de la redención eterna.
Por nuestro Señor Jesucristo.

Lectura de la carta del apóstol san Pablo a los Romanos 7,18-24

Hermanos: Sé que lo bueno no habita en mí, es decir, en mi carne; en efecto, querer está a mi alcance, pero hacer lo bueno, no. Pues no hago lo bueno que deseo, sino que obro lo malo que no deseo. Y si lo que no deseo es precisamente lo que hago, no soy yo el que lo realiza, sino el pecado que habita en mí. Así, pues, descubro la siguiente ley: yo quiero hacer lo bueno, pero lo que está a mi alcance es hacer el mal. En efecto, según el hombre interior, me complazco en la ley de Dios; pero percibo en mis miembros otra ley que lucha contra la ley de mi razón, y me hace prisionero de la ley del pecado que está en mis miembros. ¡Desgraciado de mí! ¿Quién me librará de este cuerpo de muerte? ¡Gracias a Dios, por Jesucristo nuestro Señor!
Palabra de Dios.

Salmo 118

℟ **Instrúyeme, Señor, en tus decretos.**

Enséñame la bondad, la prudencia y el conocimiento,
porque me fío de tus mandatos. ℟

Tú eres bueno y haces el bien;
instrúyeme en tus decretos. ℟

Que tu bondad me consuele,
según la promesa hecha a tu siervo. ℟

Cuando me alcance tu compasión, viviré,
y tu ley será mi delicia. ℟

Jamás olvidaré tus mandatos,
pues con ellos me diste vida. ℟

Soy tuyo, sálvame,
que yo consulto tus mandatos. ℟

Aleluya, aleluya, aleluya. Bendito seas, Padre, Señor del cielo y de la tierra, porque has revelado los misterios del reino a los pequeños.

● «INTERPRETAR EL TIEMPO PRESENTE». *Cuanto más participamos del desarrollo técnico más parece que se atrofian otras dimensiones humanas, especialmente aquellas que tocan lo íntimo de nuestro ser. Verdad y mentira, bien y mal, justo e injusto, esgrimidos por tantas opiniones, se difuminan en nuestra conciencia y no logramos pensar ni actuar. Qué bien nos haría un poco de discernimiento.* ●

Lectura del santo evangelio según san Lucas 12,54-59

EN AQUEL TIEMPO, decía Jesús a la gente: «Cuando veis subir una nube por el poniente, decís enseguida: "Va a caer un aguacero", y así sucede. Cuando sopla el sur decís: "Va a hacer bochorno", y sucede. Hipócritas: sabéis interpretar el aspecto de la tierra y del cielo, pues ¿cómo no sabéis interpretar el tiempo presente? ¿Cómo no sabéis juzgar vosotros mismos lo que es justo? Por ello, mientras vas con tu adversario al magistrado, haz lo posible en el camino por llegar a un acuerdo con él, no sea que te lleve a la fuerza ante el juez y el juez te entregue al guardia y el guardia te meta en la cárcel. Te digo que no saldrás de allí hasta que no pagues la última monedilla».
Palabra del Señor.

ORACIÓN SOBRE LAS OFRENDAS

Oh, Dios,
Padre de toda misericordia,
que, por el gran amor con que nos amaste,
nos has dado con inefable bondad a tu Unigénito,
haz que, en perfecta unión con él,
te ofrezcamos un homenaje digno de ti.
Por Jesucristo, nuestro Señor.

PREFACIO: EL INMENSO AMOR DE CRISTO

En verdad es justo y necesario,
es nuestro deber y salvación
darte gracias siempre y en todo lugar,
Señor, Padre santo, Dios todopoderoso y eterno,
por Cristo, Señor nuestro.

El cual, con amor admirable,
se entregó por nosotros y, elevado sobre la cruz,
hizo que de la herida de su costado
brotaran, con el agua y la sangre,
los sacramentos de la Iglesia,
para que así,
acercándose al Corazón abierto del Salvador,
todos puedan beber siempre con gozo
de las fuentes de la salvación.

Por eso, con los santos
y con todos los ángeles,
te glorificamos diciendo sin cesar: Santo…

ANTÍFONA DE COMUNIÓN

Dice el Señor: El que tenga sed, que venga a mí y beba. El que cree en mí, de sus entrañas manarán ríos de agua viva (cf. Jn 7,37-38).

O bien:

Uno de los soldados, con la lanza, le traspasó el costado, y al punto salió sangre y agua (Jn 19,34).

ORACIÓN DESPUÉS DE LA COMUNIÓN

Después de participar
del sacramento de tu amor,
imploramos de tu bondad, Señor,

ser configurados con Cristo en la tierra
para que merezcamos participar
de su gloria en el cielo.
Por Jesucristo, nuestro Señor.

MEDITACIÓN

Los signos de los tiempos en que estamos

¿No es acaso un «signo de los tiempos» el que hoy, a pesar de los vastos procesos de secularización, se detecte una difusa exigencia de espiritualidad, que en gran parte se manifiesta precisamente en una renovada necesidad de orar? También las otras religiones, ya presentes extensamente en los territorios de antigua cristianización, ofrecen sus propias respuestas a esta necesidad, y lo hacen a veces de manera atractiva.

Nosotros, que tenemos la gracia de creer en Cristo, revelador del Padre y Salvador del mundo, debemos enseñar a qué grado de interiorización nos puede llevar la relación con él. La gran tradición mística de la Iglesia, tanto en Oriente como en Occidente, puede enseñar mucho a este respecto. Muestra cómo la oración puede avanzar, como verdadero y propio diálogo de amor, hasta hacer que la persona humana sea poseída totalmente por el divino Amado, sensible al impulso del Espíritu y abandonada filialmente en el corazón del Padre. Entonces se realiza la experiencia viva de la promesa de Cristo: *El que me ame será amado de mi Padre; y yo le amaré y me manifestaré a él.*

SAN JUAN PABLO II

Primer papa polaco de la historia. Su pontificado ha sido el tercero más largo de la historia (1920-2005).

Oración de la tarde

Dios mío, ven en mi auxilio;
Señor, date prisa en socorrerme.

Gloria al Padre, y al Hijo, y al Espíritu Santo,
al Dios que es, que era y que viene,
por los siglos de los siglos. Amén.

HIMNO

Cansado estoy de haber sin ti vivido
que todo cansa en tan dañosa ausencia.
Mas, ¿qué derecho tengo a tu clemencia,
si me falta el dolor de arrepentido?

Pero, Señor, en pecho tan rendido
algo descubrirás de suficiencia
que te obligue a curar como dolencia
mi obstinación y yerro cometido.

Tuya es mi conversión y tú la quieres;
tuya es, Señor, la traza y tuyo el medio
de conocerme yo y de conocerte.

Aplícale a mi mal, por quien tú eres,
aquel eficacísimo remedio
compuesto de tu sangre, vida y muerte.
Amén.

SALMO 45

Dios es nuestro refugio y nuestra fuerza,
poderoso defensor en el peligro.

Por eso no tememos aunque tiemble la tierra,
y los montes se desplomen en el mar.

Que hiervan y bramen sus olas,
que sacuden a los montes con su furia.

El Señor de los ejércitos está con nosotros,
nuestro alcázar es el Dios de Jacob.

El correr de las acequias alegra la ciudad de Dios,
el Altísimo consagra su morada.

Teniendo a Dios en medio, no vacila,
Dios la socorre al despuntar la aurora.

Los pueblos se amotinan, los reyes se rebelan:
pero él lanza su trueno y se tambalea la tierra.

El Señor de los ejércitos está con nosotros,
nuestro alcázar es el Dios de Jacob.

Venid a ver las obras del Señor,
las maravillas que hace en la tierra.

Pone fin a la guerra hasta el extremo del orbe,
rompe los arcos, quiebra las lanzas,
prende fuego a los escudos.

«Rendíos, reconoced que yo soy Dios:
más alto que los pueblos, más alto que la tierra».

El Señor de los ejércitos está con nosotros,
nuestro alcázar es el Dios de Jacob.

Gloria al Padre…

Palabra de Dios — Romanos 15,1-3

NOSOTROS, los robustos, debemos cargar con los achaques de los endebles y no buscar lo que nos agrada. Procuremos cada uno dar satisfacción al prójimo en lo bueno, mirando a lo constructivo. Tampoco Cristo buscó su propia satisfacción; al contrario, como dice la Escritura: «Las afrentas con que te afrentaban cayeron sobre mí».

Cristo nos amó y nos ha librado por su sangre. Cristo…

CÁNTICO DE MARÍA

(Texto contraportada A)

El Señor nos auxilia a nosotros, sus siervos, acordándose de su misericordia.

PRECES

Jesús nos llama a reconocer e interpretar los signos de los tiempos:

℟ Señor, renuévanos por dentro.

Por los ministros de la Iglesia,
– haz que sepan encontrar el lenguaje adecuado para anunciar el evangelio en nuestro tiempo. ℟

Por cada uno de nosotros,
– para que en los acontecimientos de nuestra vida busquemos cumplir la voluntad de Dios. ℟

Por los niños que se forman en la catequesis,
– que aprendan a iluminar su vida con la verdad del evangelio. ℟

Por cuantos lloran la muerte de un ser querido,
– para que en la certeza de que Jesús ha resucitado no duden de la misericordia de Dios. ℟

Intenciones libres

Padre nuestro…

ANTÍFONA MARIANA

(Texto página 26)

Santos
DE AYER Y DE HOY

Sembradora de rosas,
ruega por nosotros.

Beato Cándido del Cacho Cruz

Sacerdote y mártir (1886-1936)

Natural de Fuente Obejuna, Córdoba (1886), nacido en el seno de una familia humilde, solicitó su ingreso en el seminario de San Pelagio, pero por falta de recursos fue admitido en la sección segunda, en el servicio doméstico. Recibió el presbiterado el 23 de diciembre de 1911. Al año siguiente fue desplazado a la parroquia de Santa Marina, en Villafranca de Córdoba, donde viviría con su madre y una hermana. Posteriormente, tendría otros destinos: en Bujalance, como capellán; en 1919 se hace cargo de la parroquia de Ntra. Sra. de la Consolación de Monterrubio; también estuvo en Anunciación de Bélmez, como coadjutor. El 14 de agosto de 1936 le detuvieron en su casa de Fuente Obejuna. Torturado y vejado, lo asesinaron junto a 42 presos en el cementerio, y luego los enterraron en una fosa común.

Puesto que «si hay un cielo, es para mí»,
seré rica, tendré todos los tesoros de Dios,
y él mismo será mi bien.

Santa Teresa del Niño Jesús

[SÁBADO 28 DE OCTUBRE]

Santos Simón y Judas

Oración de la mañana

¡Pueblo del Señor, adoremos a Cristo,
Rey de los apóstoles!

Gloria al Padre, y al Hijo, y al Espíritu Santo,
por los siglos de los siglos. Amén. ¡Aleluya!

HIMNO

Vosotros que escuchasteis la llamada
de viva voz que Cristo os dirigía,
abrid nuestro vivir y nuestra alma
al mensaje de amor que él nos envía.

Vosotros que invitados al banquete
gustasteis el sabor del nuevo vino,
llenad el vaso, del amor que ofrece,
al sediento de Dios en su camino.

Vosotros que tuvisteis tan gran suerte
de verle dar a muertos nueva vida,
no dejéis que el pecado y que la muerte
nos priven de la vida recibida.

Vosotros que lo visteis ya glorioso,
hecho Señor de gloria sempiterna,
haced que nuestro amor conozca el gozo
de vivir junto a él la vida eterna. Amén.

SALMO 92

El Señor reina, vestido de majestad,
el Señor, vestido y ceñido de poder:
así está firme el orbe y no vacila.

Tu trono está firme desde siempre,
y tú eres eterno.

Levantan los ríos, Señor,
levantan los ríos su voz,
levantan los ríos su fragor;

pero más que la voz de aguas caudalosas,
más potente que el oleaje del mar,
más potente en el cielo es el Señor.

Tus mandatos son fieles y seguros,
la santidad es el adorno de tu casa,
Señor, por días sin término.

Gloria al Padre…

Palabra de Dios — Efesios 2,19-22

YA NO SOIS extranjeros ni forasteros, sino que sois ciudadanos de los santos y miembros de la familia de Dios. Estáis edificados sobre el cimiento de los apóstoles y profetas, y el mismo Cristo Jesús es la piedra angular. Por él todo el edificio queda ensamblado, y se va levantando hasta formar un templo consagrado al Señor. Por él también vosotros os vais integrando en la construcción, para ser morada de Dios, por el Espíritu.

Los nombrarás príncipes
sobre toda la tierra. Los nombrarás…

Cántico de Zacarías — (Texto contraportada B)

El muro de la ciudad tenía doce cimientos que llevaban doce nombres: los nombres de los apóstoles del Cordero; y su lámpara es el Cordero.

Preces

Oremos por intercesión de los apóstoles san Simón y san Judas, que compartieron la vida de Jesús y fueron testigos de su resurrección:

℟ Alabado seas, Señor, por el testimonio
de tus apóstoles.

Porque tú nos has amado primero,
– y mendigas nuestro amor para podernos comunicar tu vida. ℟

Porque te hiciste en todo semejante a nosotros, excepto en el pecado,
– y cargaste con nuestras culpas para que pudiéramos seguir tus pasos. ℟

Porque nos has enviado el Espíritu Santo que nos permite conocerte como hicieron los apóstoles,
– escuchar tus palabras y participar de tu vida. ℟

Porque a través de los sacramentos de la Iglesia nos comunicas tu vida,
– y por tu misericordia podemos ser imitadores tuyos. ℟

Porque antes de tu ascensión diste a tus apóstoles el mandato misionero,
– y la Iglesia continúa anunciando tu misericordia para que llegue a todos los pueblos. ℟

Intenciones libres

Padre nuestro…

Oración

Oh, Dios, que nos concediste llegar al conocimiento de tu nombre por medio de los santos apóstoles, te rogamos que, por intercesión de san Simón y san Judas, la Iglesia siga creciendo siempre por el incremento de los pueblos que crean en ti. Por nuestro Señor Jesucristo.

Misa

Santos Simón y Judas

Fiesta

• *El nombre de Simón figura en undécimo lugar en la lista de los apóstoles. Lo único que sabemos de él es que nació en Caná y que se le daba el apodo de «Zelotes». Judas, por sobrenombre Tadeo, es aquel apóstol que en la última cena preguntó al Señor por qué se manifestaba a sus discípulos y no al mundo (Jn 14,22). La liturgia romana, a diferencia de la de los orientales, conmemora el mismo día, juntamente, a estos dos apóstoles.* •

ANTÍFONA DE ENTRADA

Estos son los varones santos a quienes eligió el Señor amorosamente y les dio la gloria eterna.

GLORIA **página 218**

ORACIÓN COLECTA

Oh, Dios, que nos concediste llegar
al conocimiento de tu nombre
por medio de los santos apóstoles, te rogamos que,
por intercesión de san Simón y san Judas,
la Iglesia siga creciendo siempre
por el incremento de los pueblos que crean en ti.
Por nuestro Señor Jesucristo.

Lectura de la carta del apóstol san Pablo a los Efesios 2,19-22

HERMANOS: Ya no sois extranjeros ni forasteros, sino conciudadanos de los santos, y miembros de la familia de Dios. Estáis edificados sobre el cimiento de los apóstoles y profetas, y el mismo Cristo Jesús es la piedra angular. Por él todo el edificio queda ensamblado, y se va levantando hasta formar un templo consagrado al Señor. Por él también vosotros entráis con ellos en la construcción, para ser morada de Dios, por el Espíritu.
Palabra de Dios.

SALMO 18

℟ **A toda la tierra alcanza su pregón.**

El cielo proclama la gloria de Dios,
el firmamento pregona la obra de sus manos:
el día al día le pasa el mensaje,
la noche a la noche se lo susurra. ℟

Sin que hablen, sin que pronuncien,
sin que resuene su voz,
a toda la tierra alcanza su pregón
y hasta los límites del orbe su lenguaje. ℟

Aleluya, aleluya, aleluya. A ti, oh, Dios, te alabamos, a ti, Señor, te reconocemos; a ti te ensalza el glorioso coro de los apóstoles, Señor.

● *«ESCOGIÓ DE ENTRE ELLOS A DOCE». Llamados para estar con él, Simón y Judas fueron testigos de los milagros y enseñanzas de Jesús, de su muerte y su resurrección. Quedará en su memoria el momento de la elección, sobre todo la dulce voz que pronunciaba sus nombres y la tierna mirada que les penetraba el corazón. De una cosa estaban seguros: eran sus amigos y su amistad venció la muerte.* ●

Lectura del santo evangelio según san Lucas 6,12-19

EN AQUELLOS DÍAS, Jesús salió al monte a orar y pasó la noche orando a Dios. Cuando se hizo de día, llamó a sus discípulos, escogió de entre ellos a doce, a los que también nombró apóstoles: Simón, al que puso de nombre Pedro, y Andrés, su hermano; Santiago, Juan, Felipe, Bartolomé, Mateo, Tomás, Santiago el de Alfeo, Simón, llamado el Zelote; Judas el de Santiago y Judas Iscariote, que fue el traidor. Después de bajar con ellos, se paró en una llanura con un grupo grande de discípulos y una gran muchedumbre del pueblo, procedente de toda Judea, de Jerusalén y de la costa de Tiro y de Sidón. Venían a oírlo

y a que los curara de sus enfermedades; los atormentados por espíritus inmundos quedaban curados, y toda la gente trataba de tocarlo, porque salía de él una fuerza que los curaba a todos.
Palabra del Señor.

Oración sobre las ofrendas

Al venerar la gloria eterna
de los santos apóstoles Simón y Judas,
te pedimos, Señor, que recibas nuestras súplicas
y nos dispongas para participar dignamente
en estos sagrados misterios.
Por Jesucristo, nuestro Señor.

Prefacio: Los apóstoles, fundamento de la Iglesia y testimonio para el mundo

En verdad es justo y necesario,
es nuestro deber y salvación
darte gracias siempre y en todo lugar,
Señor, Padre santo, Dios todopoderoso y eterno.

Porque tú, Pastor eterno,
no abandonas nunca a tu rebaño,
sino que por medio de los santos apóstoles
lo proteges y conservas,
y quieres que tenga siempre por guías
a los mismos pastores a quienes tu Hijo
estableció como enviados suyos.

Por eso, con los ángeles y arcángeles,
tronos y dominaciones,
y con todos los coros celestiales,
cantamos sin cesar el himno de tu gloria: Santo…

Antífona de comunión

El que me ama guardará mi palabra, y mi Padre lo amará, y vendremos a él y haremos morada en él, dice el Señor (cf. Jn 14,23).

Oración después de la comunión

Después de participar en la comunión,
movidos por el Espíritu Santo

te pedimos, Señor, que cuanto hemos celebrado
en recuerdo del martirio de los apóstoles Simón y Judas
nos ayude a perseverar en tu amor.
Por Jesucristo, nuestro Señor.

MEDITACIÓN

Eligió a doce, a los que llamó apóstoles

Nuestro Señor Jesucristo instituyó a aquellos que habían de ser guías y maestros de todo el mundo y *administradores de sus divinos misterios,* y les mandó que fueran como astros que iluminaran con su luz no solo el país de los judíos, sino también a todos los países que hay bajo el sol, a todos los hombres que habitan la tierra entera…

Si el Señor tenía la convicción de que había de enviar a sus discípulos como el Padre lo había enviado a él, era necesario que ellos, que habían de ser imitadores de uno y otro, supieran con qué finalidad había enviado el Padre al Hijo. Por esto, Cristo decía: *No he venido a llamar a los justos, sino a los pecadores a que se conviertan*. De este modo, resume en pocas palabras la regla de conducta de los apóstoles, ya que, al afirmar que los envía como el Padre lo ha enviado a él, les da a entender que su misión consiste en invitar a los pecadores a que se arrepientan y curar a los enfermos de cuerpo y de alma, y que en el ejercicio de su ministerio no han de buscar su voluntad, sino la de aquel que los ha enviado, y que han de salvar al mundo con la doctrina que de él han recibido.

SAN CIRILO DE ALEJANDRÍA

Monje y obispo de Alejandría, fue gran defensor de la fe;
es doctor de la Iglesia (370-444).

Oración de la tarde

Vísperas del 30° domingo del tiempo ordinario

¡Por siempre cantaremos y viviremos
para tu gloria, Señor!

Gloria al Padre, y al Hijo, y al Espíritu Santo…

HIMNO

Estate, Señor, conmigo
siempre, sin jamás partirte,
y, cuando decidas irte,
llévame, Señor, contigo;
porque el pensar que te irás
me causa un terrible miedo
de si yo sin ti me quedo,
de si tú sin mí te vas.

Llévame en tu compañía,
donde tú vayas, Jesús,
porque bien sé que eres tú
la vida del alma mía;
si tú vida no me das,
yo sé que vivir no puedo,
ni si yo sin ti me quedo,
ni si tú sin mí te vas.

Por eso, más que a la muerte,
temo, Señor, tu partida
y quiero perder la vida
mil veces más que perderte;
pues la inmortal que tú das
sé que alcanzarla no puedo
cuando yo sin ti me quedo,
cuando tú sin mí te vas.
Amén.

SALMO 15

Protégeme, Dios mío, que me refugio en ti;
yo digo al Señor: «Tú eres mi bien».
Los dioses y señores de la tierra
no me satisfacen.

Multiplican las estatuas
de dioses extraños;
no derramaré sus libaciones con mis manos,
ni tomaré sus nombres en mis labios.

El Señor es el lote de mi heredad y mi copa,
mi suerte está en tu mano:
me ha tocado un lote hermoso,
me encanta mi heredad.

Bendeciré al Señor que me aconseja,
hasta de noche me instruye internamente.
Tengo siempre presente al Señor,
con él a mi derecha no vacilaré.

Por eso se me alegra el corazón,
se gozan mis entrañas,
y mi carne descansa serena.
Porque no me entregarás a la muerte
ni dejarás a tu fiel conocer la corrupción.

Me enseñarás el sendero de la vida,
me saciarás de gozo en tu presencia,
de alegría perpetua a tu derecha.

Gloria al Padre…

Palabra de Dios — Colosenses 1,2b-6a

OS DESEAMOS LA GRACIA y la paz de Dios, nuestro Padre. En nuestras oraciones damos siempre gracias por vosotros a Dios, Padre de nuestro Señor Jesucristo, desde que nos enteramos de vuestra fe en Cristo Jesús y del amor que tenéis a todos los santos. Os anima a esto la esperanza de lo que Dios os tiene reservado en los cielos, que ya conocisteis cuando llegó hasta vosotros por primera vez el evangelio, la palabra, el mensaje de la verdad. Este se sigue propagando y va dando fruto en el mundo entero, como ha ocurrido entre vosotros.

De la salida del sol hasta su ocaso,
alabado sea el nombre del Señor. De la salida…

CÁNTICO DE MARÍA

(Texto contraportada A)

El amor no lleva cuentas del mal; amar es cumplir la ley entera.

PRECES

Con la confianza de que la Iglesia ha sido fundada sobre las columnas de los apóstoles, invoquemos al Señor:

℟ Guía a tu pueblo, Señor.

Para que seamos fieles a la tradición apostólica, la conservemos en su integridad y seamos capaces de comunicarla: ℟

Tú, que elegiste a Simón y a Judas para que estuvieran junto a ti y para enviarlos a predicar, ayúdanos a no apartarnos nunca del camino de la Iglesia: ℟

Te pedimos por los obispos, que suceden a los apóstoles al servicio de la Iglesia, para que no les falte nunca tu gracia y sean amados por los fieles: ℟

Para que todos los cristianos huyamos de la tentación de sobresalir y pongamos nuestras cualidades personales al servicio del reino: ℟

Te pedimos por nuestros hermanos difuntos, que puedan gozar de la alegría de los santos en el cielo: ℟

Intenciones libres

Padre nuestro…

ANTÍFONA MARIANA

(Texto página 26)

Palabra de Dios para el domingo

David Amado Fernández

¿CUÁL ES el mandamiento principal de la ley? Sin duda, es esta una pregunta muy importante. Jesús, en su respuesta, une el amor a Dios y al hombre. Lo primero es amar a Dios, y no de cualquier manera, sino con todo lo que somos: corazón, alma y mente en su totalidad. Pero ese amor es inseparable del amor al prójimo. Jesús dice que es «semejante a él». El amor a Dios me permite reconocer en los demás su dignidad, pues han sido creados a su imagen, y mi deseo de servir a Cristo me lleva a querer reconocerlo en cualquiera que pueda necesitar mi ayuda. Al mismo tiempo, el amor al prójimo me ayuda a profundizar en mi relación con Dios, pues puedo poner en práctica lo que medito en la oración y celebro en la liturgia. De alguna manera se convierte en el lugar donde verifico mi amor a Dios y donde descubro que estoy más necesitado de él, que es quien me ha amado primero.

Señalaba Benedicto XVI: «Los santos –pongamos como ejemplo a Teresa de Calcuta–, en su encuentro con el Señor en la Eucaristía, han sacado toda su capacidad de amar al prójimo de manera siempre nueva y, recíprocamente, este encuentro ha adquirido todo su realismo y toda su profundidad precisamente gracias a su servicio a los otros». Por tanto, en la Eucaristía encontramos las fuerzas para vivir el mandamiento, y nuestra lucha por querer a los demás como él nos enseña a la vez nos dispone para vivir más profundamente nuestra comunión con Jesús.

A veces, el cansancio o la decepción por nuestra inconsistencia nos llevan a separar ambos mandamientos. En este punto nos puede ayudar la segunda lectura de hoy. San Pablo habla de los tesalonicenses, que recibieron la predicación en medio de una gran tribulación, pero con la alegría del Espíritu Santo. La dificultad de las circunstancias (enfrentamientos, persecuciones, malentendidos...) se unía a la experiencia del amor de Dios, que acaba transformándolo todo de tal manera que, dice el Apóstol, la fama de aquellos cristianos se extendió por todas partes.

Lo que más nos cuesta es amar como Jesús nos pide. ¿Por qué? Porque hemos de ponernos totalmente en sus manos para ser transformados por él. Porque el amor que nos pide es superior a nuestras fuerzas y solo podemos vivirlo con él. Pero lo sucedido en Tesalónica se puede realizar en nosotros: «Os convertisteis a Dios, abandonando los ídolos, para servir al Dios vivo y verdadero y vivir aguardando la vuelta de su Hijo Jesús desde el cielo».

En ese camino quizás debamos empezar con cosas pequeñas y concretas, tal como nos muestra el texto del Éxodo en el que Dios va enseñando a Israel, y, sin desanimarnos, dejar que Dios trabaje en nosotros. Mantengamos en nuestro horizonte lo que santa Teresa de Lisieux descubrió un día: «¡Oh Jesús!, amor mío (...) ¡Por fin he hallado mi vocación: mi vocación es el amor!» Porque lo que es un mandamiento es también la exigencia más profunda de nuestro corazón. Es aquello en lo que podemos asemejarnos a Dios, viviendo de su mismo amor. Es también en lo que encontraremos nuestra plena felicidad, pues Dios es amor y el cumplimiento de los mandamientos nos orienta hacia él. •

La oración universal

Estas intenciones deben ser completadas y actualizadas por la comunidad que celebra.

Pidamos a Dios que nos enseñe a amar y presentémosle las intenciones de todos los hombres diciendo:

℟ *Escucha, Señor, nuestra oración.*

Para que el evangelio se anuncie como Buena Noticia de salvación en todas las situaciones que atraviesa la humanidad. *Oremos.* ℟

Para que nuestro amor a Dios se plasme en el amor a los hermanos. *Oremos.* ℟

Para que la justicia, la solidaridad y la paz garanticen la convivencia fraterna de todos los hombres. *Oremos.* ℟

Para que los oprimidos, perseguidos, necesitados y marginados encuentren personas generosas que los ayuden y defiendan. *Oremos.* ℟

Para que los jóvenes y adolescentes abran sus ojos a los verdaderos valores, a la belleza, al bien y al amor puro. *Oremos.* ℟

Para que al comulgar el Cuerpo y la Sangre de Cristo nos comprometamos a vivir en el amor. *Oremos.* ℟

Escucha, Señor, la oración de tu Iglesia. Ayúdanos a vivir el mandamiento del amor y danos fortaleza para no avergonzarnos nunca de ti. Por Jesucristo, nuestro Señor.

℟ Amén.

DOMINGO 29 DE OCTUBRE

Trigésimo domingo del tiempo ordinario

Oración de la mañana

Pueblo del Señor, adoremos a Cristo,
nuestro guía. Adoremos al Padre, y al Hijo,
y al Espíritu Santo, ¡aleluya!

Alabad al Señor, todas las naciones;
aclamadlo, todos los pueblos.

Fuerte es su amor para con nosotros;
¡la fidelidad del Señor es eterna!

¡Gloria al Padre, y al Hijo, y al Espíritu Santo,
por los siglos de los siglos! Amén. ¡Aleluya!

HIMNO

Con una palabra
creaste la tierra,
los cielos, los mares.
Con una palabra,
los seres vivientes,
la hierba, los árboles
que cada año vuelven
a darnos su sombra
con ramas de encaje.
Con una palabra,
al amigo muerto
lo resucitaste.

¿Vendrás, di, Palabra,
esta primavera
con tu sol radiante
barriendo en mi huerto

las oscuridades,
pregonando al mundo
que en mi ser renaces?

¡Solo una palabra!
Cuando tú lo quieras,
ven, Amor, a hablarme.
Que me hallarás siempre
siempre en esta espera,
despierta, anhelante.

Gloria al Padre, y al Hijo, y al Espíritu Santo.
Amén.

CÁNTICO Daniel 3,57-88. 56

Criaturas todas del Señor, bendecid al Señor,
ensalzadlo con himnos por los siglos.

Ángeles del Señor, bendecid al Señor;
cielos, bendecid al Señor.

Aguas del espacio, bendecid al Señor;
ejércitos del Señor, bendecid al Señor.

Sol y luna, bendecid al Señor;
astros del cielo, bendecid al Señor.

Lluvia y rocío, bendecid al Señor;
vientos todos, bendecid al Señor.

Fuego y calor, bendecid al Señor;
fríos y heladas, bendecid al Señor.

Rocíos y nevadas, bendecid al Señor;
témpanos y hielos, bendecid al Señor.

Escarchas y nieves, bendecid al Señor;
noche y día, bendecid al Señor.

Luz y tinieblas, bendecid al Señor;
rayos y nubes, bendecid al Señor.

Bendiga la tierra al Señor,
ensálcelo con himnos por los siglos.

Montes y cumbres, bendecid al Señor;
cuanto germina en la tierra, bendiga al Señor.

Manantiales, bendecid al Señor;
mares y ríos, bendecid al Señor.

Cetáceos y peces, bendecid al Señor;
aves del cielo, bendecid al Señor.

Fieras y ganados, bendecid al Señor,
ensalzadlo con himnos por los siglos.

Hijos de los hombres, bendecid al Señor;
bendiga Israel al Señor.

Sacerdotes del Señor, bendecid al Señor;
siervos del Señor, bendecid al Señor.

Almas y espíritus justos, bendecid al Señor;
santos y humildes de corazón, bendecid al Señor.

Ananías, Azarías y Misael, bendecid al Señor;
ensalzadlo con himnos por los siglos.

Bendigamos al Padre y al Hijo con el Espíritu Santo,
ensalcémoslo con himnos por los siglos.

Bendito el Señor en la bóveda del cielo,
alabado y glorioso y ensalzado por los siglos.

Gloria al Padre…

Palabra de Dios — Ezequiel 36,25-27

Derramaré sobre vosotros un agua pura que os purificará: de todas vuestras inmundicias e idolatrías os he de purificar; y os daré un corazón nuevo, y os infundiré un espíritu nuevo; arrancaré de vuestra carne el corazón de piedra, y os daré un corazón de carne. Os infundiré mi espíritu, y haré que caminéis según mis preceptos, y que guardéis y cumpláis mis mandatos.

Te damos gracias, oh Dios,
invocando tu nombre. Te damos gracias...

CÁNTICO DE ZACARÍAS (Texto contraportada B)

Amarás a tu prójimo como a ti mismo.

PRECES

Dirijamos nuestra oración a Jesús, que sigue saliendo a nuestro encuentro en el banquete de la Eucaristía y nos mira con amor:

℟ Danos, Señor, la sabiduría del corazón.

Maestro bueno, enséñanos a dejar todo lo que nos impide seguirte,
– y a ser prontos en la respuesta cuando nos lo pidas. ℟

Maestro bueno, acoge a todos los que se acercan a ti con sincero deseo,
– y da fuerzas a los que luchan por mantenerse fieles a tu llamada. ℟

Maestro bueno, no dejes que las ocupaciones del mundo nos hagan olvidar la vida eterna,
– y que la celebración de la Eucaristía aumente en nosotros el deseo de santidad. ℟

Maestro bueno, que enseñas con amor a todos los que se te acercan,
– protege a nuestro papa N. y a nuestro obispo N. y envíales tu espíritu. ℟

Maestro bueno, que nos has enseñado que el primer mandamiento es amar a Dios con todas nuestras fuerzas, y al prójimo como a uno mismo,
– danos tu gracia para que podamos cumplirlo. ℟

Intenciones libres

Padre nuestro…

ORACIÓN

Dios todopoderoso y eterno, aumenta nuestra fe, esperanza y caridad, y, para que merezcamos conseguir lo que prometes, concédenos amar tus preceptos. Por nuestro Señor Jesucristo.

MISA

Trigésimo domingo del tiempo ordinario

ANTÍFONA DE ENTRADA

Que se alegren los que buscan al Señor. Recurrid al Señor y a su poder, buscad continuamente su rostro (Sal 104,3-4).

GLORIA página 218

ORACIÓN COLECTA

Dios todopoderoso y eterno,
aumenta nuestra fe, esperanza y caridad,
y, para que merezcamos conseguir lo que prometes,
concédenos amar tus preceptos.
Por nuestro Señor Jesucristo.

Lectura del libro del Éxodo 22,20-26

ESTO DICE EL SEÑOR: «No maltratarás ni oprimirás al emigrante, pues emigrantes fuisteis vosotros en la tierra de Egipto. No explotarás a viudas ni a huérfanos. Si los explotas y gritan a mí, yo escucharé su clamor, se encenderá mi ira y os mataré a espada; vuestras mujeres quedarán viudas y vuestros hijos huérfanos. Si prestas dinero a alguien

de mi pueblo, a un pobre que habita contigo, no serás con él un usurero cargándole intereses. Si tomas en prenda el manto de tu prójimo, se lo devolverás antes de ponerse el sol, porque no tiene otro vestido para cubrir su cuerpo, ¿y dónde, si no, se va a acostar? Si grita a mí, yo lo escucharé, porque yo soy compasivo».
Palabra de Dios.

SALMO 17

℟ Yo te amo, Señor; tú eres mi fortaleza.

Yo te amo, Señor; tú eres mi fortaleza;
Señor, mi roca, mi alcázar, mi libertador. ℟

Dios mío, peña mía, refugio mío,
escudo mío, mi fuerza salvadora, mi baluarte.
Invoco al Señor de mi alabanza
y quedo libre de mis enemigos. ℟

Viva el Señor, bendita sea mi Roca,
sea ensalzado mi Dios y Salvador:
Tú diste gran victoria a tu rey,
tuviste misericordia de tu ungido. ℟

Lectura de la primera carta del apóstol san Pablo a los Tesalonicenses 1,5c-10

HERMANOS: Sabéis cómo nos comportamos entre vosotros para vuestro bien. Y vosotros seguisteis nuestro ejemplo y el del Señor, acogiendo la Palabra en medio de una gran tribulación, con la alegría del Espíritu Santo. Así llegasteis a ser un modelo para todos los creyentes de Macedonia y de Acaya. No solo ha resonado la palabra del Señor en Macedonia y en Acaya desde vuestra comunidad, sino que además vuestra fe en Dios se ha difundido por doquier, de modo que nosotros no teníamos necesidad

de explicar nada, ya que ellos mismos cuentan los detalles de la visita que os hicimos: cómo os convertisteis a Dios, abandonando los ídolos, para servir al Dios vivo y verdadero, y vivir aguardando la vuelta de su Hijo Jesús desde el cielo, a quien ha resucitado de entre los muertos y que nos libra del castigo futuro.
Palabra de Dios.

Aleluya, aleluya, aleluya. El que me ama guardará mi palabra –dice el Señor–, y mi Padre lo amará, y vendremos a él.

Lectura del santo evangelio según san Mateo 22,34-40

EN AQUEL TIEMPO, los fariseos, al oír que Jesús había hecho callar a los saduceos, se reunieron en un lugar y uno de ellos, un doctor de la ley, le preguntó para ponerlo a prueba: «Maestro, ¿cuál es el mandamiento principal de la ley?» Él le dijo: «“Amarás al Señor tu Dios con todo tu corazón, con toda tu alma, con toda tu mente”. Este mandamiento es el principal y primero. El segundo es semejante a él: “Amarás a tu prójimo como a ti mismo”. En estos dos mandamientos se sostienen toda la Ley y los Profetas».
Palabra del Señor.

CREDO ——— página 219

ORACIÓN DE LOS FIELES ——— página 393

ORACIÓN SOBRE LAS OFRENDAS

Mira, Señor,
los dones que ofrecemos a tu majestad,
para que redunde en tu mayor gloria
cuanto se cumple con nuestro ministerio.
Por Jesucristo, nuestro Señor.

PREFACIO ——— página 223

Antífona de comunión

Que nos alegremos en tu salvación y glorifiquemos el nombre de nuestro Dios (cf. Sal 19,6).

O bien:

Cristo nos amó y se entregó por nosotros como oblación de suave olor (cf. Ef 5,2).

Oración después de la comunión

Que tus sacramentos, Señor,
efectúen en nosotros lo que expresan,
para que obtengamos en la realidad
lo que celebramos
ahora sacramentalmente.
Por Jesucristo, nuestro Señor.

MEDITACIÓN

Dará la vida eterna a todos los que tú le confiaste

No porque Dios tuviera necesidad del hombre modeló a Adán al principio, sino para tener a alguien en quien depositar sus beneficios. Porque no solo antes de Adán, sino incluso antes de la creación, el Verbo glorificaba ya al Padre, permaneciendo en él, y él era glorificado por el Padre, tal como él mismo dice: *Padre, glorifícame con la gloria que yo tenía cerca de ti antes que el mundo existiese.* No es que primero tuviera necesidad de nuestro servicio por lo que nos mandó seguirle, sino para procurarnos la salvación. Porque seguir al Señor es tener parte en la salvación, igual que seguir la luz es tener parte en la luz.

Si Dios pide el servicio de los hombres, es para poder conceder sus beneficios a los que perseveran en su servicio, porque es misericordioso. Porque si Dios no tiene necesidad de nada, el hombre sí tiene necesidad de la comunión con Dios. La gloria del hombre es perseverar en el servicio de Dios. Por eso el Señor decía a sus discípulos: *No sois vosotros los que me habéis elegido, soy yo quien os he elegido.* Con ello quería indicar que no eran ellos los que le glorificaban al seguirle, sino que, por haber seguido al Hijo de Dios, ellos serían glorificados por él. *Padre, este es mi deseo: que los que me confiaste estén conmigo donde yo estoy y contemplen mi gloria.*

SAN IRENEO

Discípulo de san Policarpo, obispo de Esmirna.
Como obispo de Lyon (Francia), se erigió en defensor
de la ortodoxia frente a los gnósticos. Muere mártir († 200).

Oración de la tarde

Señor, que mi oración llegue hasta ti
como incienso en tu presencia;
y el alzar de mis manos, como ofrenda de la tarde.

Gloria al Padre, y al Hijo, y al Espíritu Santo,
al Dios que es, que era y que viene,
por los siglos de los siglos. Amén.

HIMNO

El Espíritu Santo
y el Hijo ampárennos
y al Padre pídase
el Pan por viático.
Manjar angélico,
hoy, Señor, dánoslo,
Pan de quien símbolo
fueron los ázimos,
emblema físico
y enigma cándido.

¡Oh Pan de ángeles,
tu gracia sálvenos!
A los que débiles
por estos ásperos
valles de lágrimas
peregrinamos,
¡oh Pan de ángeles,
tu gracia sálvenos!

Gloria al Padre, y al Hijo, y al Espíritu Santo.
Amén.

Salmo 144 (II)

El Señor es fiel a sus palabras,
bondadoso en todas sus acciones.
El Señor sostiene a los que van a caer,
endereza a los que ya se doblan.

Los ojos de todos te están aguardando,
tú les das la comida a su tiempo;
abres tú la mano,
y sacias de favores a todo viviente.

El Señor es justo en todos sus caminos,
es bondadoso en todas sus acciones;
cerca está el Señor de los que lo invocan,
de los que lo invocan sinceramente.

Satisface los deseos de sus fieles,
escucha sus gritos, y los salva.
El Señor guarda a los que lo aman,
pero destruye a los malvados.

Pronuncie mi boca la alabanza del Señor,
todo viviente bendiga su santo nombre
por siempre jamás.

Gloria al Padre…

Palabra de Dios — 2 Tesalonicenses 2,13-14

DEBEMOS DAR continuas gracias a Dios por vosotros, hermanos amados por el Señor, porque Dios os escogió como primicias para salvaros, consagrándoos con el Espíritu y dándoos fe en la verdad. Por eso os llamó por medio del evangelio que predicamos, para que sea vuestra la gloria de nuestro Señor Jesucristo.

Nuestro Señor es grande y poderoso. Nuestro Señor...

CÁNTICO DE MARÍA (Texto contraportada A)

«Maestro, ¿cuál es el mandamiento principal de la ley?» Jesús le dijo: «Amarás al Señor, tu Dios, con todo tu corazón». Aleluya.

PRECES

En la oración elevamos nuestra mirada a Dios y nos unimos a todos los hombres del mundo. Llenos de confianza, decimos:

℟ Señor, renueva nuestro corazón.

Por los que estudian las leyes de la naturaleza,
– para que sus esfuerzos contribuyan al bien
de la sociedad. ℟

Por quienes trabajan en la urgente tarea educativa,
– que no se desanimen por las dificultades
de nuestro tiempo. ℟

Para que quienes hoy han muerto sean juzgados
con misericordia,
– y puedan contemplar el misterio del amor de Dios. ℟

Intenciones libres

Padre nuestro...

ANTÍFONA MARIANA (Texto página 26)

[LUNES 30 DE OCTUBRE]

Oración de la mañana

¡Bendito seas, Señor,
Dios de ternura y amor!

Gloria al Padre, y al Hijo, y al Espíritu Santo,
por los siglos de los siglos. Amén.

HIMNO

Tu verbo es la materia, es el color,
es la cifra que forma el universo,
es el ritmo que anima la emoción,
es la vida que brota del silencio.
Me formas con el gesto de tus labios,
me alimentas con blanca flor de harina,
me vistes con los pétalos de mayo,
me sacias con la miel de siempreviva.

Reverbera tu voz en mi horizonte
y soy eco de estrellas siderales,
percibo los destellos de mi Norte
en el brillo angular de tu diamante.
Me guías al final del laberinto
y construyes mi casa y mi ciudad,
tu lámpara ilumina mi destino
y me das tu viñedo y tu trigal.

Mística flor del valle de las lágrimas
abrió a tu luz su virginal corola
y germinó, a la sombra de tus alas,
la semilla del fruto de la aurora.
Habitas en el aire, el agua, el fuego,
en el óleo sagrado, el pan y el vino,

me obsequias con tus siete Sacramentos
y con los siete dones de tu Espíritu.

Gloria al Padre, gloria al Hijo, gloria al Espíritu.
Amén.

Salmo 18 A

El cielo proclama la gloria de Dios,
el firmamento pregona la obra de sus manos:
el día al día le pasa el mensaje,
la noche a la noche se lo susurra.

Sin que hablen, sin que pronuncien,
sin que resuene su voz,
a toda la tierra alcanza su pregón
y hasta los límites del orbe su lenguaje.

Allí le ha puesto su tienda al sol:
él sale como el esposo de su alcoba,
contento como un héroe, a recorrer su camino.

Asoma por un extremo del cielo,
y su órbita llega al otro extremo:
nada se libra de su calor.

Gloria al Padre…

Palabra de Dios — Jeremías 15,16

Cuando encontraba palabras tuyas, las devoraba; tus palabras eran mi gozo y la alegría de mi corazón, porque tu nombre fue pronunciado sobre mí, Señor, Dios de los ejércitos.

Aclamad, justos, al Señor,
que merece la alabanza de los buenos. Aclamad…

Cántico de Zacarías (Texto contraportada B)

Bendito sea el Señor, porque nos ha visitado y redimido.

PRECES

Jesús curó a la mujer que llevaba dieciocho años encorvada y mostró así que la misericordia estaba por encima del sábado. Pidamos hoy con fe:

℟ Señor, escucha nuestra oración.

Endereza a los que se doblan bajo el peso de los pecados,
– para que levanten la mirada hacia ti y proclamen tu misericordia. ℟

No permitas que nos encerremos en nosotros mismos,
– y líbranos del egoísmo que nos hace indiferentes a las necesidades del prójimo. ℟

Fortalece a los que se esfuerzan por enderezar sus vidas,
– para que no se desanimen sabiendo que tú nunca nos abandonas. ℟

Ayúdanos a crecer en el amor a ti y al prójimo,
– y no dejes que busquemos excusas para dejar de obrar el bien. ℟

Bendice nuestros pasos durante este día,
– para que nuestras palabras y obras te den gloria. ℟

Intenciones libres

Padre nuestro…

ORACIÓN

Señor, Dios todopoderoso, que nos has hecho llegar al comienzo de este día, sálvanos hoy con tu poder, para que no caigamos en ningún pecado, sino que nuestras palabras, pensamientos y acciones sigan el camino de tus mandatos. Por nuestro Señor Jesucristo.

MISA

Lunes de la 30ª semana del tiempo ordinario

ANTÍFONA DE ENTRADA

Que se alegren los que buscan al Señor. Recurrid al Señor y a su poder, buscad continuamente su rostro (Sal 104,3-4).

ORACIÓN COLECTA

Dios todopoderoso y eterno,
aumenta nuestra fe, esperanza y caridad,
y, para que merezcamos conseguir lo que prometes,
concédenos amar tus preceptos.
Por nuestro Señor Jesucristo.

Lectura de la carta del apóstol san Pablo a los Romanos 8,12-17

HERMANOS: Somos deudores, pero no de la carne para vivir según la carne. Pues si vivís según la carne, moriréis; pero si con el Espíritu dais muerte a las obras del cuerpo, viviréis. Cuantos se dejan llevar por el Espíritu de Dios, esos son hijos de Dios. Pues no habéis recibido un espíritu de esclavitud, para recaer en el temor, sino que habéis recibido un Espíritu de hijos de adopción, en el que clamamos: «¡Abba, Padre!» Ese mismo Espíritu da testimonio a nuestro espíritu de que somos hijos de Dios; y, si hijos, también herederos; herederos de Dios y coherederos con Cristo; de modo que, si sufrimos con él, seremos también glorificados con él.
Palabra de Dios.

SALMO 67

℟ **Nuestro Dios es un Dios que salva.**

Se levanta Dios, y se dispersan sus enemigos,
huyen de su presencia los que lo odian.
En cambio, los justos se alegran,

gozan en la presencia de Dios,
rebosando de alegría. ℟

Padre de huérfanos, protector de viudas,
Dios vive en su santa morada.
Dios prepara casa a los desvalidos,
libera a los cautivos y los enriquece. ℟

Bendito el Señor cada día,
Dios lleva nuestras cargas, es nuestra salvación.
Nuestro Dios es un Dios que salva,
el Señor Dios nos hace escapar de la muerte. ℟

Aleluya, aleluya, aleluya. Tu palabra, Señor, es verdad; santifícanos en la verdad.

● *«HIJA DE ABRAHÁN». Así como por su fe en Dios Abrahán fue constituido padre de una gran descendencia, así también esta pobre mujer, confiando en el Dios que da la vida, se acerca a Jesús. Estaba encorvada, obligada a mirar hacia abajo, pero su corazón estaba levantado hacia el Señor y su enfermedad, hecha súplica, obtuvo la anhelada sanación. Alma y cuerpo, en plena sintonía, alaban a Dios.* ●

Lectura del santo evangelio según san Lucas 13,10-17

UN SÁBADO, enseñaba Jesús en una sinagoga. Había una mujer que desde hacía dieciocho años estaba enferma por causa de un espíritu, y estaba encorvada, sin poderse enderezar de ningún modo. Al verla, Jesús la llamó y le dijo: «Mujer, quedas libre de tu enfermedad». Le impuso las manos, y enseguida se puso derecha. Y glorificaba a Dios. Pero el jefe de la sinagoga, indignado porque Jesús había curado en sábado, se puso a decir a la gente: «Hay seis días para trabajar; venid, pues, a que os curen en esos días y no en sábado». Pero el Señor le respondió y dijo: «Hipócritas:

cualquiera de vosotros, ¿no desata en sábado su buey o su burro del pesebre, y los lleva a abrevar? Y a esta, que es hija de Abrahán, y que Satanás ha tenido atada dieciocho años, ¿no era necesario soltarla de tal ligadura en día de sábado?» Al decir estas palabras, sus enemigos quedaron abochornados, y toda la gente se alegraba por todas las maravillas que hacía.
Palabra del Señor.

ORACIÓN SOBRE LAS OFRENDAS

Mira, Señor,
los dones que ofrecemos a tu majestad,
para que redunde en tu mayor gloria
cuanto se cumple con nuestro ministerio.
Por Jesucristo, nuestro Señor.

ANTÍFONA DE COMUNIÓN

Que nos alegremos en tu salvación y glorifiquemos el nombre de nuestro Dios (cf. Sal 19,6).

O bien:

Cristo nos amó y se entregó por nosotros como oblación de suave olor (cf. Ef 5,2).

ORACIÓN DESPUÉS DE LA COMUNIÓN

Que tus sacramentos, Señor,
efectúen en nosotros lo que expresan,
para que obtengamos en la realidad
lo que celebramos ahora sacramentalmente.
Por Jesucristo, nuestro Señor.

MEDITACIÓN

Liberados de las ataduras del pecado por la cruz de Cristo

Fue una cosa asombrosa que el ciego de nacimiento recobrara la vista en Siloé; pero esto, ¿qué beneficio reportaba a todos los ciegos del mundo? Fue una cosa muy grande y por encima de la naturaleza la resurrección de Lázaro, muerto hacía ya cuatro días; pero de esta gracia solo se beneficiaba él, no socorría en nada a todos los que, en el mundo, estaban muertos por sus pecados…

Sin embargo, la victoria de la cruz ha llevado la luz a todos los que la ignorancia los hacía estar ciegos, desató a todos los que estaban cautivos del pecado, y rescató a toda la humanidad. No te sorprenda, pues, que el mundo entero haya sido rescatado. El que murió por esta causa no era tan solo un hombre, sino el Hijo único de Dios. La falta de Adán trajo la muerte al mundo entero; si la caída de uno solo hizo reinar la muerte sobre todos, con cuánta más razón la justicia de uno solo no hará que reine la vida. Si antiguamente, por el árbol del que comieron el fruto, nuestros primeros padres fueron echados del paraíso, ¿es que ahora, por el árbol de la cruz de Jesús, los creyentes no entrarán con mucha más facilidad en el Paraíso?

SAN CIRILO DE JERUSALÉN

Obispo de Jerusalén, autor de catequesis y predicaciones, sufrió varios destierros. Es doctor de la Iglesia (315-386).

Oración de la tarde

Demos gracias a nuestro Dios.
Demos gracias al Padre, y al Hijo,
y al Espíritu Santo.

¡Gloria a la Santísima Trinidad!

HIMNO

Atardece, anochece, el alma cesa
de agitarse en el mundo
como una mariposa sacudida.

La sombra fugitiva ya se esconde.
Un temblor vagabundo
en la penumbra deja su fatiga.

Y rezamos, muy juntos,
hacia dentro de un gozo sostenido,
Señor, por tu profundo
ser insomne que existe y nos cimienta.

Señor, gracias, que es tuyo
el universo aún; y cada hombre
hijo es, aunque errabundo,
al final de la tarde, fatigado,
se marcha hacia lo oscuro
de sí mismo; Señor, te damos gracias
por este ocaso último.
Por este rezo súbito.
Amén.

Salmo 44 (II)

Escucha, hija, mira: inclina el oído,
olvida tu pueblo y la casa paterna:
prendado está el rey de tu belleza,
póstrate ante él, que él es tu señor.
La ciudad de Tiro viene con regalos,
los pueblos más ricos buscan tu favor.

Ya entra la princesa, bellísima,
vestida de perlas y brocado;
la llevan ante el rey, con séquito de vírgenes;
la siguen sus compañeras.
Las traen entre alegría y algazara,
van entrando en el palacio real.

«A cambio de tus padres tendrás hijos,
que nombrarás príncipes por toda la tierra».

Quiero hacer memorable tu nombre
por generaciones y generaciones,
y los pueblos te alabarán,
por los siglos de los siglos.

Gloria al Padre…

Palabra de Dios

1 Tesalonicenses 2,13

NO CESAMOS de dar gracias a Dios, porque al recibir la palabra de Dios, que os predicamos, la acogisteis no como palabra de hombre, sino, cual es en verdad, como palabra de Dios, que permanece operante en vosotros los creyentes.

Suba mi oración hasta ti, Señor,
como incienso en tu presencia. Suba…

Cántico de María

(Texto contraportada A)

Proclame siempre mi alma tu grandeza, oh Dios mío.

Preces

San Pablo nos recuerda que, habiendo recibido un espíritu de hijos adoptivos, podemos gritar: ¡Abba! Padre. Digamos, pues:

℟ Padre, escucha a los hijos que te invocan.

Que la oscuridad de la noche no nos haga olvidar
que somos hijos tuyos,
– y podamos tener un buen descanso. ℟

Acompaña a todos los que trabajarán esta noche,
– y a los que no pueden dormir por
las preocupaciones. ℟

Apiádate de los que han perdido su casa,
– haz que experimenten tu protección y encuentren
quien los acoja. ℟

Enséñanos a ser caritativos con todos
los que nos rodean,
– y a buscar siempre la manera de mejorar la vida
de los demás. ℟

Tú que enviaste al mundo a tu Hijo para que se salven
todos los que crean en él,
– recibe en tu amor eterno a los que han muerto. ℟

Intenciones libres

Padre nuestro…

ANTÍFONA MARIANA (Texto página 26)

Santos
DE AYER Y DE HOY

Maestra de infancia espiritual,
ruega por nosotros.

San Sátiro y compañeros
Mártires († 203)

Sátiro, Saturnino, Revocato y Secundino compartieron martirio con las santas cartaginesas Perpetua y Felicidad. Sátiro era catequista, y ni siquiera estaba con los mártires cuando los detuvieron, pero quiso compartir su suerte y se entregó voluntariamente. Las Actas del martirio de las santas y sus compañeros han llegado hasta nuestros días, y ya en el siglo IV tuvieron mucho predicamento en las iglesias de África, donde se leían públicamente. El único de ellos que murió en la cárcel fue Secundino; todos los demás pasaron primero por las fauces de las fieras y luego fueron decapitados. Los hechos sucedieron en el año 203, en tiempos del emperador Severo, quien obligaba a los cristianos a maldecir a Jesús y a hacer una ofrenda a los dioses romanos para evitar su ejecución.

Jesús se complace en mostrarme el único camino
que conduce a esa hoguera divina.
Ese camino es el abandono del niñito
que se duerme sin miedo en brazos de su padre.

Santa Teresa del Niño Jesús

MARTES 31 DE OCTUBRE

Oración de la mañana

Pueblo del Señor, rebaño que él guía,
¡venid, adorémosle!

Gloria al Padre, y al Hijo,
y al Espíritu Santo…

HIMNO

Ya soy feliz, ya nada anhelo,
puesto que mora en mí
el Rey de tierra y cielo.

Yo soy de Dios,
¡oh dulce pensamiento,
que al alma anega
en celestial amor!
Un Dios potente hasta albergarse llega
en mi pobre y estrecho corazón.

Yo soy de Dios,
mis ojos se recrean
al contemplar, absortos de esplendor,
desaparecer encantos terrenales:
huye ante la Verdad toda ilusión.

Gloria al Padre, gloria al Hijo, gloria al Espíritu.
Amén.

CÁNTICO Isaías 38,10-14; 17-20

Yo pensé: «En medio de mis días
tengo que marchar hacia las puertas del abismo;
me privan del resto de mis años».

Yo pensé: «Ya no veré más al Señor
en la tierra de los vivos,
ya no miraré a los hombres
entre los habitantes del mundo.

Levantan y enrollan mi vida
como una tienda de pastores.
Como un tejedor, devanaba yo mi vida,
y me cortan la trama».

Día y noche me estás acabando,
sollozo hasta el amanecer.
Me quiebras los huesos como un león,
día y noche me estás acabando.

Estoy piando como una golondrina,
gimo como una paloma.
Mis ojos mirando al cielo se consumen:
¡Señor, que me oprimen, sal fiador por mí!

Me has curado, me has hecho revivir,
la amargura se me volvió paz
cuando detuviste mi alma ante la tumba vacía
y volviste la espalda a todos mis pecados.

El abismo no te da gracias,
ni la muerte te alaba,
ni esperan en tu fidelidad
los que bajan a la fosa.

Los vivos, los vivos son quienes te alaban:
como yo ahora.
El padre enseña a sus hijos tu fidelidad.

Sálvame, Señor,
y tocaremos nuestras arpas
todos nuestros días en la casa del Señor.

Gloria al Padre…

Palabra de Dios

1 Tesalonicenses 5,4-5

VOSOTROS, hermanos, no vivís en tinieblas, para que ese día no os sorprenda como un ladrón, porque todos sois hijos de la luz e hijos del día; no lo sois de la noche ni de las tinieblas.

Señor, escucha mi voz,
he esperado en tus palabras. Señor...

CÁNTICO DE ZACARÍAS

(Texto contraportada B)

De la mano de todos los que nos odian, sálvanos, Señor.

PRECES

Jesús ha comparado el reino de Dios a un grano de mostaza y a la levadura. En la mañana de este día, le decimos:

℟ Señor, enséñanos a poner nuestra vida en tus manos.

No siempre reconocemos tu cercanía,
– pero tú no dejas de obrar en bien de los que te aman. ℟

Tus caminos no son nuestros caminos,
– haz que nuestro corazón se vaya conformando a tu querer. ℟

Nos cuesta creer en el poder transformador del evangelio,
– guíanos por el camino de la pequeñez para que se pueda manifestar la potencia de tu gracia. ℟

Tú que nos hablas a través de la creación, haz que no dejemos de alabarte por la belleza del mundo que nos rodea,
– y ayúdanos para que nuestro trabajo de este día contribuya a un mundo mejor. ℟

Intenciones libres

Padre nuestro...

ORACIÓN

Señor Jesucristo, luz verdadera que alumbras a todo hombre y le muestras el camino de la salvación, concédenos la abundancia de tu fuerza, para que preparemos delante de ti caminos de justicia y de paz. Tú que vives y reinas.

MISA

Martes de la 30ª semana del tiempo ordinario

ANTÍFONA DE ENTRADA

Que se alegren los que buscan al Señor. Recurrid al Señor y a su poder, buscad continuamente su rostro (Sal 104,3-4).

ORACIÓN COLECTA

Dios todopoderoso y eterno,
aumenta nuestra fe, esperanza y caridad,
y, para que merezcamos conseguir lo que prometes,
concédenos amar tus preceptos.
Por nuestro Señor Jesucristo.

Lectura de la carta del apóstol san Pablo a los Romanos 8,18-25

HERMANOS: Considero que los sufrimientos de ahora no se pueden comparar con la gloria que un día se nos manifestará. Porque la creación, expectante, está aguardando la manifestación de los hijos de Dios; en efecto, la creación fue sometida a la frustración, no por su voluntad, sino por aquel que la sometió, con la esperanza de que la creación misma sería liberada de la esclavitud de la corrupción, para entrar en la gloriosa libertad de los hijos de Dios. Porque sabemos que hasta hoy toda la creación está gimiendo y sufre dolores de parto. Y no solo eso, sino que también nosotros, que poseemos las primicias del Espíritu, gemimos en nuestro interior, aguardando la adopción filial, la redención de nuestro cuerpo. Pues

hemos sido salvados en esperanza. Y una esperanza que se ve no es esperanza; efectivamente, ¿cómo va a esperar uno algo que ve? Pero si esperamos lo que no vemos, aguardamos con perseverancia.
Palabra de Dios.

SALMO 125

℟ **El Señor ha estado grande con nosotros.**

Cuando el Señor hizo volver a los cautivos de Sion,
nos parecía soñar:
la boca se nos llenaba de risas,
la lengua de cantares. ℟

Hasta los gentiles decían:
«El Señor ha estado grande con ellos».
El Señor ha estado grande con nosotros,
y estamos alegres. ℟

Recoge, Señor, a nuestros cautivos
como los torrentes del Negueb.
Los que sembraban con lágrimas
cosechan entre cantares. ℟

Al ir, iba llorando, llevando la semilla;
al volver, vuelve cantando,
trayendo sus gavillas. ℟

Aleluya, aleluya, aleluya. Bendito seas, Padre, Señor del cielo y de la tierra, porque has revelado los misterios del reino a los pequeños.

• «TODO FERMENTÓ». *La gracia divina actúa sobre el hombre entero de modo que cada una de sus dimensiones es permeada por ella; todo vuelve a nacer y todo queda interconectado en un desarrollo armonioso. Al ponerse en relación unos con otros, los hijos de Dios difunden esta vida nueva y participan de ella y, muchas veces, sin darse cuenta, el reino de Dios crece delante de ellos.* •

Lectura del santo evangelio según san Lucas 13,18-21

En aquel tiempo, decía Jesús: «¿A qué es semejante el reino de Dios o a qué lo compararé? Es semejante a un grano de mostaza que un hombre toma y siembra en su huerto; creció, se hizo un árbol y los pájaros del cielo anidaron en sus ramas». Y dijo de nuevo: «¿A qué compararé el reino de Dios? Es semejante a la levadura que una mujer tomó y metió en tres medidas de harina, hasta que todo fermentó».
Palabra del Señor.

Oración sobre las ofrendas

Mira, Señor, los dones que ofrecemos a tu majestad,
para que redunde en tu mayor gloria
cuanto se cumple con nuestro ministerio.
Por Jesucristo, nuestro Señor.

Antífona de comunión

Que nos alegremos en tu salvación y glorifiquemos el nombre de nuestro Dios (cf. Sal 19,6).

O bien:

Cristo nos amó y se entregó por nosotros como oblación de suave olor (cf. Ef 5,2).

Oración después de la comunión

Que tus sacramentos, Señor,
efectúen en nosotros lo que expresan,
para que obtengamos en la realidad
lo que celebramos ahora sacramentalmente.
Por Jesucristo, nuestro Señor.

MEDITACIÓN

Toda alma puede devenir primera en el reino

¡Qué bueno es el Señor al llamar a todas las naciones a la salvación!… No solo a todas las naciones en general, por sus apóstoles y sucesores, ¡también a cada hombre en particular, en todo momento, por la acción incesante de su gracia divina! No solo llama a la salvación y al cielo, sino al «primer lugar» en el cielo. Porque está «a la puerta de cada alma, llamando» con su gracia. Depende de cada alma aceptar la gracia y serle fiel. Recibirá cada vez una gracia mayor. Luego, verá crecer la gracia, aumentar a cada momento y tomar pronto un desarrollo inmenso, si el alma es fiel al recibirla.

Seamos fieles a la gracia. Como el grano de mostaza, en poco tiempo, ella será en nosotros un árbol donde puedan posarse los pájaros del cielo. Por la comunión de los santos, la aplicación de sus méritos, el poder de sus oraciones y ejemplos, ¡nuestra vida dará una gran gloria a Dios y ayudará a la santificación de muchas almas! ¡Oh Dios mío! ¡Qué destino nos ofreces! Toda alma puede devenir un sol, un gran árbol, «la primera en el reino de Dios». Toda alma puede recibir torrentes de gracia. Nos ofreces sin cesar todo eso si somos fieles a la gracia desde cualquier instante de nuestra vida. ¡Que el momento presente sea para mí ese feliz instante!

SAN CARLOS DE FOUCAULD

Militar y explorador, fue ordenado sacerdote. Murió asesinado por una banda de forajidos en el Sáhara argelino (1858-1916).

Oración de la tarde

Vísperas de la solemnidad de Todos los Santos

Dios mío, ven en mi auxilio;
Señor, date prisa en socorrerme.

Gloria al Padre, y al Hijo, y al Espíritu Santo…

HIMNO

Patriarcas que fuisteis semillas
del árbol de la fe en siglos remotos,

al vencedor divino de la muerte,
rogadle por nosotros.

Profetas que rasgasteis inspirados
del porvenir el velo misterioso,
al que sacó la luz de las tinieblas,
rogadle por nosotros.

Almas cándidas, santos inocentes,
que aumentáis de los ángeles el coro,
al que llamó a los niños a su lado,
rogadle por nosotros.

Soldados del ejército de Cristo,
santas y santos todos,
rogadle que perdone nuestras culpas
a aquel que vive y reina entre nosotros.
Amén.

Salmo 13

Dice el necio para sí:
«No hay Dios».
Se han corrompido cometiendo execraciones,
no hay quien obre bien.

El Señor observa desde el cielo
a los hijos de Adán,
para ver si hay alguno sensato
que busque a Dios.

Todos se extravían
igualmente obstinados,
no hay uno que obre bien,
ni uno solo.

Pero ¿no aprenderán los malhechores
que devoran a mi pueblo como pan
y no invocan al Señor?

Pues temblarán de espanto,
porque Dios está con los justos.
Podéis burlaros de los planes del desvalido,
pero el Señor es su refugio.

¡Ojalá venga desde Sion
la salvación de Israel!
Cuando el Señor cambie la suerte de su pueblo,
se alegrará Jacob y gozará Israel.

Gloria al Padre…

Palabra de Dios

Hebreos 12,22-24

VOSOTROS os habéis acercado al monte Sion, ciudad del Dios vivo, Jerusalén del cielo, a millares de ángeles en fiesta, a la asamblea de los primogénitos inscritos en el cielo, a Dios, juez de todos, a las almas de los justos que han llegado a su destino y al Mediador de la nueva alianza, Jesús, y a la aspersión purificadora de una sangre que habla mejor que la de Abel.

Alégrense los justos en la presencia de Dios
y rebosen de alegría. Alégrense…

CÁNTICO DE MARÍA

(Texto contraportada A)

A ti te ensalza el glorioso coro de los apóstoles, la multitud admirable de los profetas, el blanco ejército de los mártires; todos los santos y elegidos te proclaman a una sola voz, santa Trinidad, único Dios.

PRECES

Oremos a Jesucristo, que ha amado a la Iglesia hasta el punto de dar la vida por ella, y digamos:

℟ Escúchanos, Señor.

Para que los cristianos sintamos que formamos parte
de la única familia de los hijos de Dios,
– y se superen las diferencias que nos mantienen
divididos. ℟

Para que en nuestra sociedad consumista y materialista
no se apaguen los deseos de verdadera felicidad
que hay en el corazón de los hombres,
– y sigamos encontrando testigos que nos lo recuerden
con su ejemplo. ℟

Para que los esposos cristianos, fieles al amor
que se prometieron, permanezcan abiertos a la vida,
– y sus hogares sean remansos de paz y lugar
de acogida para quien lo necesite. ℟

Para que quienes sufren justas condenas a causa
de sus delitos alcancen el arrepentimiento,
– y en nuestra sociedad el perdón se imponga
a los deseos de venganza. ℟

Para que los difuntos puedan participar en las bodas
eternas del Cordero,
– y quienes los lloran no pierdan la esperanza. ℟

Intenciones libres

Padre nuestro…

ANTÍFONA MARIANA (Texto página 26)

SANTOS
DE AYER Y DE HOY

Abogada de los Sacerdotes,
ruega por nosotros.

BEATO JOSÉ CAMACHO MORENO
Sacerdote y mártir (1891-1936)

Nació en Los Blázquez, Córdoba, en 1891, y a los trece años ingresó en el seminario de San Pelagio. A los veinticuatro fue ordenado sacerdote, tras lo cual recibió su primer destino como coadjutor de la parroquia de Ntra. Sra. de la Consolación en Monterrubio de la Serena, en Badajoz, aunque entonces pertenecía a la diócesis de Córdoba. Tomó posesión de la parroquia de El Salvador en 1918, donde pasaría once años. El ambiente era hostil contra la religión, pero José hizo lo posible por mantener a flote la iglesia. El inicio de la Guerra Civil le sorprendió en Belalcázar, pueblo que sufrió una de las represiones más duras: 183 víctimas. José fue encarcelado en el antiguo hospital de San Antonio. El 20 de agosto de 1936 lo condujeron junto a otras 19 víctimas a «El Tomillar», donde los asesinaron después de cavar su propia fosa.

Es muy consolador pensar que Jesús, el Dios fuerte,
conoció nuestras debilidades
y tembló a la vista del cáliz amargo,
ese cáliz que poco antes había deseado
tan ardientemente beber.

Santa Teresa del Niño Jesús

MAGNIFICAT®

Director de la redacción: **Pierre-Marie Dumont**
Redactor Jefe: **Pablo Cervera Barranco**
Redacción: **David Amado Fernández**
Secretaria de la redacción española: **Ángela Pérez García**
Colaboradores en este número:
Monseñor Robert Barron; José María Alsina Casanova, hnssc; Manuel González López-Corps; Juan Manuel de Prada
Introducciones a la Misa diaria:
Rafael Hernando de Larramendi, SDJ
Santos de ayer y de hoy: **Ana González Cervera**
Comentario de la obra de arte: **María Rodríguez Velasco**
Comentario de la portada: **Pierre-Marie Dumont**
Secretaría general de redacción (España, Francia, Estados Unidos):
Arnaud Gancel
Primer secretario de redacción: **Georges Boudier**
Secretaria de redacción: **Djima Mérah**
Revisor: **Ignacio Muñoz Bielsa**
Iconografía: **Isabelle Mascaras**
Portada y encarte: **Georges Boudier**

Magnificat es publicado por Magnificat Inc.
con la licencia de la Conferencia Episcopal Española
ISBN 978-84-18607-36-3- Depósito legal: M-52513-2003

Impresión: CPI-Clausen & Bosse, Leck, Alemania

Para escribir a la redacción: Pablo Cervera - Apdo. 8049, 28080 Madrid - España. info-esp@magnificat.net
Distribuidor en librerías de España: SOLUZIONO
Madrid. Teléf.: (+34) 91 447 35 66; E-mail: info@soluziono.com

Magnificat en español (ISSN 1547-9161) is published monthly by Magnificat Inc., 86 Main Street, Yonkers, NY 10701. Periodicals Postage Paid at Yonkers, NY, and at additional mailing offices. Romain Lizé: President; Axel d'Epinay: Chief Operating Officer. The annual subscription rate is US $39.95; single-copy price is US $5.95. Circulation records are maintained at Magnificat Inc, 86 Main Street, Yonkers NY 10701. POSTMASTER: send address changes to Magnificat, PO Box 822, Yonkers, NY 10702.

Mis hermanas golondrinas...

Pierre-Marie Dumont

Esta miniatura está sacada de un precioso manuscrito, fechado en 1478, que incluye e ilustra *La vida y milagros de san Francisco,* obra escrita por san Buenaventura († 1274), entonces General de la Orden franciscana. Fue en 1260 cuando en el capítulo general los Frailes Menores de Narbona le pidieron que escribiera una hagiografía del que fue apodado como *alter Christus.* Deseoso de restaurar el espíritu franciscano original, Buenaventura hizo una investigación detallada y regresó a los lugares por donde pasó Francisco, que había muerto treinta años antes, para recoger los testimonios de aquellos que lo habían conocido.

Aquí contemplamos el famoso episodio de san Francisco predicando y bendiciendo a los pájaros. Esta escena ocurrió en primavera, según algunas fuentes, en las laderas del Monte Subiasio con vistas a Asís, donde se ubicará la ermita de las Cárceles (Carceri); según otras, acaeció cerca de la ciudad de Perugia, a unos veinte kilómetros de Asís. Mientras la vegetación expresa su alegría de renovación a través de una profusión de flores, el Santo enseña a los pájaros. Uno de ellos parece haber descendido del cielo y refrenda la escena como una manifestación del Espíritu Santo. Detrás de Francisco se encuentra uno de sus primerísimos discípulos. Esta miniatura la hizo Sibilla von Bondorf, clarisa en un convento de Friburgo. Su obra expresa un candor de alma casi infantil que traduce bien la visión deliciosamente ingenua que marca la espiritualidad franciscana. Los personajes lucen la mirada feliz de los bienaventurados, como si hubieran bajado del cielo para reproducir esta escena, paradisíaca en muchos sentidos. La dimensión franciscana de naturaleza reconciliada y armoniosa ha sido admirablemente representada en la escena 6 de la prodigiosa ópera *San Francisco de Asís* del compositor francés Olivier Messiaen († 1992).

En realidad, el carisma de san Francisco no es tan extraordinario como se le considera. Cualquier alma simple y amorosa puede experimentarlo. Y si me permiten una confidencia, puedo testificar que mi amada dialoga con fluidez con los gorriones y que su conversación es muy buscada por sus hermanas las golondrinas.

Pero dejemos que san Buenaventura nos relate en qué circunstancias ocurrió este maravilloso episodio:

> «Acercándose a Bevagna, llegó a un lugar donde se había reunido una gran multitud de aves de toda especie. Al verlas el santo de Dios, corrió presuroso a aquel sitio y saludó a las aves como si estuvieran dotadas de razón. Todas se le quedaron en actitud expectante, con los ojos fijos en él, de modo que las que se habían posado sobre los árboles, inclinando sus cabecitas, lo miraban de un modo insólito al verlo aproximarse hacia ellas. Y, dirigiéndose a las aves, las exhortó encarecidamente a escuchar la palabra de Dios, y les dijo: "Mis hermanas avecillas, mucho debéis alabar a vuestro Creador, que os ha revestido de plumas y os ha dado alas para volar, os ha otorgado el aire puro y os sustenta y gobierna, sin preocupación alguna de vuestra parte". Mientras les decía estas cosas y otras parecidas, las avecillas, gesticulando de modo admirable, comenzaron a alargar sus cuellecitos, a extender las alas, a abrir los picos y mirarle fijamente. Entre tanto, el varón de Dios, paseándose en medio de ellas con admirable fervor de espíritu, las tocaba suavemente con la fimbria de su túnica, sin que por ello ninguna se moviera de su lugar, hasta que, hecha la señal de la cruz y concedida su licencia y bendición, remontaron todas a un mismo tiempo el vuelo.
> Todo esto lo contemplaron los compañeros que estaban esperando en el camino. Vuelto a ellos el varón simple y puro, comenzó a inculparse de negligencia por no haber predicado hasta entonces a las aves.
> Luego pasó por los pueblos vecinos, proclamando la palabra de Dios, y llegó a un pueblo llamado Alviano, donde reunió a la gente. Después de invitar a la multitud a guardar silencio, comenzó; pero las golondrinas que tenían sus nidos muy cerca hacían tal ruido que apenas se podían entender sus palabras. Entonces el hombre de Dios se dirigió a ellas en presencia de todos, y les dijo: "Mis hermanas golondrinas, habéis hablado hasta este momento; ahora es mi turno. Escuchad la palabra de Dios y permaneced en silencio hasta que termine mi discurso". Inmediatamente guardaron silencio como si hubieran entendido, y no se fueron hasta que terminó la predicación».

«Bienaventurados los pobres de corazón» (Mt 5,3): nuestro Padre celestial les ha dado como confidentes a los pajaritos del cielo. ●

[Traducido del original francés por Pablo Cervera Barranco]

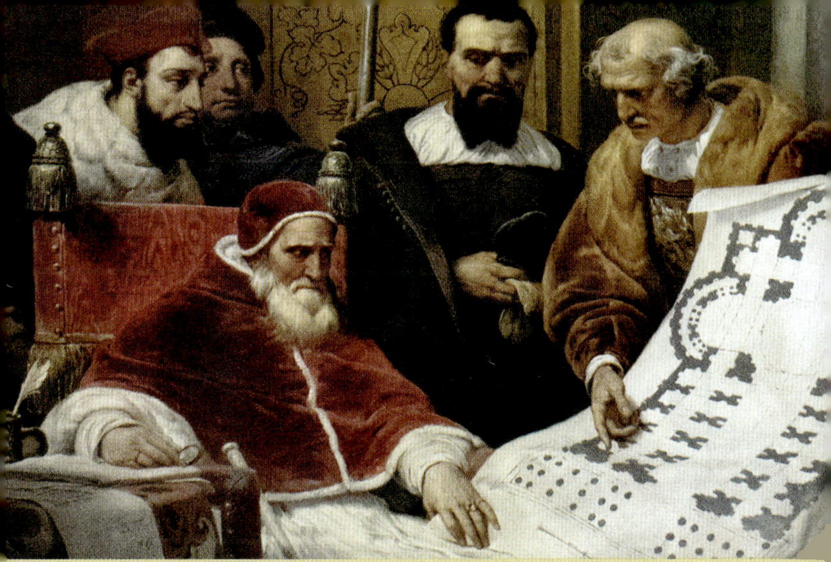

El papa Julio II ordenando a Bramante, Rafael y Miguel Ángel construir el Palacio vaticano y San Pedro, 1827

Horacio Vernet (1789-1863), Museo del Louvre, París

EN AGOSTO DE 1826 se encargó al francés Horacio Vernet una pintura destinada a la cubrición de una de las salas del Museo Carlos X, inaugurado un año más tarde. El pintor había de responder al gusto academicista de su época y del ámbito al que se destinaría su obra, por lo que seleccionó un argumento de carácter histórico que nos recuerda la figura del papa Julio II como gran mecenas de los más notables maestros del Renacimiento.

Vernet nos lleva a los primeros años del siglo XVI, cuando Roma era un hervidero artístico, auspiciado por la remodelación de su urbanismo y la multiplicación de fundaciones religiosas. El epicentro de la efervescencia urbana se ubica en la basílica de San Pedro y el Palacio vaticano, donde se quería engrandecer el espacio que custodiaba el enterramiento de san Pedro y prepararlo para una acogida universal de los peregrinos que llegaban para su veneración. A su vez, el

palacio se convertiría en nueva residencia papal, con estancias para la celebración de recepciones oficiales y ceremonias protocolarias.

En este impulso arquitectónico y decorativo fue determinante la figura del papa Julio II (1443-1513), Giuliano della Rovere, que destacó también por su papel político y militar desde que accedió a la sede pontificia en 1503, imponiéndose al linaje enemigo de los Borgia. De hecho, Vernet no escoge para su pintura los enfrentamientos bélicos impulsados por este Pontífice contra las tropas francesas, sino que se centra en la labor de Julio II como promotor de las artes, tema más acorde con la arquitectura a la que originalmente estaba destinado este óleo. Probablemente recibió instrucciones muy concretas sobre la iconografía que debía tratar, ya que en el repertorio general de Vernet dominan las pinturas de batallas y los paisajes.

Estamos, por tanto, ante un planteamiento excepcional dentro del catálogo de sus pinturas, perfecta síntesis del nuevo impulso que tomó la basílica de San Pedro desde principios del siglo XVI a partir de tres grandes figuras: Rafael, Bramante y Miguel Ángel. Artistas polifacéticos y hombres universales del Renacimiento, compitieron entre sí para dejar su huella en la gran empresa papal.

Vernet ordena su composición en torno a la figura de Julio II, en quien se centran todas las miradas. El Pontífice, entronizado en un sitial de terciopelo propio del mobiliario noble del siglo XVI, es individualizado por sus vestimentas y por sus rasgos. De hecho, es evidente que Vernet admira y reinterpreta el retrato del pontífice realizado por Rafael de Sanzio en 1511 y que actualmente se conserva en la National Gallery de Londres. Siguiendo el modelo italiano, aunque sin la intensa vivacidad de este, Vernet consigue captar una gran fuerza expresiva en el rostro, reflejo del fuerte carácter de Julio II. Para acentuar su poder, Vernet hace apoyar su mano derecha en una mesa, cuyos documentos nos hablan de este Papa como estratega y administrador de la corte vaticana. Su mirada nos invita a contemplar el plano que el arquitecto Bramante le está mostrando.

En este detalle, Vernet no se muestra totalmente fiel a la realidad histórica, pues sabemos que el genial arquitecto del siglo XVI propuso para la nueva basílica de San Pedro una planta de cruz griega que ensalzara en mayor medida la monumentalidad de la cúpula central. Además, la nueva arquitectura estaría centralizada por el monumento funerario del promotor, Julio II. Siguiendo estas trazas se comenzó la construcción en 1506, si bien esta idea sufrió remodelaciones posteriores, como apreciamos todavía hoy. El diseño que Vernet introduce obedece precisamente a los cambios llevados a cabo a la muerte de Bramante por Rafael y Sangallo el Joven, quien finalmente definió una planta de cruz latina que diera profundidad a las naves para mayor acogida de los peregrinos.

Atento a las explicaciones del arquitecto, encontramos en nuestra pintura a un maestro joven revestido de negro, cuyo rostro, de gesto sereno y contemplativo, nos lleva a identificar a Rafael de Sanzio. Su individualización se completa con el boceto que porta entre sus manos, remitiéndonos a las pinturas que realizó para las estancias vaticanas. Probablemente, el pintor hubo de realizar modelos previos para que fueran revisados y aprobados por el Papa antes de emprender las obras definitivas sobre los muros. En la imagen de Vernet observamos uno de sus característicos lunetos de estructura semicircular, para adaptarse a las medidas de dichas estancias.

En el lado contrapuesto de la composición, Vernet completa el elenco de grandes maestros del *Cinquecento* italiano con la presencia de Miguel Ángel. A diferencia de sus coetáneos, se dispone sedente sobre los emblemas pontificios y en una posición más forzada que Vernet inspira en las figuras de la bóveda de la Capilla Sixtina. Su violento movimiento en primer término de la pintura y el gesto retórico de sus manos recuerdan los constantes enfrentamientos que tuvo con Julio II.

Orgulloso y seguro de sí mismo, Miguel Ángel se sintió en ocasiones desplazado por las intervenciones de Bramante y Rafael. De hecho, cuando llegó a Roma en 1505 lo hizo llamado por Julio II, a fin de realizar la escultura funeraria que centralizaría el espacio, pero la necesidad de llevar a cabo el proyecto arquitectónico hizo que el encargo de Miguel Ángel quedara relegado y comenzaran sus disputas con el Papa y con el propio Bramante. A cambio, aceptó, no sin advertirle a Julio II que él era ante todo escultor, la decoración de la bóveda de la Capilla Sixtina. En esta recreación de Vernet el polifacético artista no muestra obra alguna al Pontífice, quizá porque siempre prefirió trabajar en solitario, sin atender a las directrices y sugerencias que llegaban desde el entorno papal y mostrando únicamente el resultado final.

El gesto teatral y retórico de Miguel Ángel nos dirige a los personajes secundarios, entre los que diferenciamos, por sus hábitos y vestimentas eclesiásticas, al séquito papal y, en un plano más alejado de la composición, a dos ayudantes o miembros de los talleres de Bramante o de Rafael, con los pergaminos entre sus manos. No referimos en este caso colaboradores de Miguel Ángel, pues este se negó a recibir cualquier ayuda para completar la bóveda de la Capilla Sixtina. Todos ellos se integran en una arquitectura de carácter clasicista donde la perspectiva es acentuada por el tratamiento lineal del pavimento y por la apertura del espacio interior a un jardín ornamentado por una fuente de mármol que evidencia la faceta de Vernet como paisajista.

A partir de esta especialización, su pintura muestra un gran dominio del color, con ricos matices que se advierten especialmente en la vestimenta papal. La sobriedad de la escenografía únicamente es interrumpida por la cruz papal, trabajada como minuciosa pieza de orfebrería, y por los emblemas pontificios dispuestos de forma ornamental sobre el mobiliario y que destacan la continuidad papal desde san Pedro a Julio II.

El instante seleccionado aúna a los grandes protagonistas de la fábrica de San Pedro en la primera mitad del siglo XVI, por lo que podría decirse que Vernet convierte su pintura en documento histórico de ella, dejando patente que en la construcción, gracias a Julio II, se dieron cita los máximos representantes de la arquitectura, la escultura y la pintura de su época.

■ *María Rodríguez Velasco*
Profesora de Historia del arte,
Universidad CEU San Pablo, Madrid

☛ **Puede admirar mejor los detalles de esta obra de arte en www.magnificat.es/obra**

CUPÓN DE SUSCRIPCIÓN

Nombre: ……………………………………………………

Apellidos: ……………………………………………………

Dirección: ……………………………………………………

……………………………………………………

CP: ………………………… Ciudad: …………………………

Provincia: ………………………… País: …………………………

Teléfono: ……………………………………………………

E-mail: ……………………………………………………

FORMA DE PAGO

☐ **Ruego carguen en mi cuenta, hasta nuevo aviso, los recibos que les sean presentados por MAGNIFICAT (solo para pagos por domiciliación bancaria).**

☐ DOMICILIACIÓN BANCARIA (solo en España)

Banco o caja: ……………………………………………………

IBAN:

|_|_|_|_| |_|_|_|_| |_|_|_|_| |_|_|_|_| |_|_|_|_| |_|_|_|_|

☐ CHEQUE a nombre de MAGNIFICAT (*solo se admiten cuentas de España*)

☐ TARJETA DE CRÉDITO

Nº: |_|_|_|_| |_|_|_|_| |_|_|_|_| |_|_|_|_|

Caducidad: ………… /………… CVV: |_|_|_|

Titular: ……………………………………………………

Firma y fecha: ……………………………………………………

• *Tarifas válidas hasta el 31 de diciembre de 2023.*

Rogamos que nos dé un mes de plazo
para recibir el primer ejemplar de su suscripción.

Los datos recogidos en este formulario son registrados por MAGNIFICAT. Puede ejercer su derecho de acceso a sus datos personales y rectificarlos contactando con nosotros: magnificat-e@magnificat.com • Sus datos de contacto pueden ser transmitidos a las empresas asociadas de MAGNIFICAT a menos que marque esta casilla ☐